广东省学前教育"新课程"科学保教示范项目，项目类别
项目名称：民间游戏在幼儿园体育活动中的创新与应用（立项

游戏元素在幼儿舞蹈教学中的创意应用与研究

余蓉 钟兆茵 著

哈尔滨出版社
HARBIN PUBLISHING HOUSE

图书在版编目（CIP）数据

游戏元素在幼儿舞蹈教学中的创意应用与研究 / 余蓉, 钟兆茵著. -- 哈尔滨 : 哈尔滨出版社, 2024.5
ISBN 978-7-5484-7958-1

Ⅰ.①游… Ⅱ.①余… ②钟… Ⅲ.①学前教育—儿童舞蹈—教学研究 Ⅳ.①G613.5

中国国家版本馆CIP数据核字（2024）第110911号

书　　名：游戏元素在幼儿舞蹈教学中的创意应用与研究
YOUXI YUANSU ZAI YOU'ER WUDAO JIAOXUE ZHONG DE CHUANGYI YINGYONG YU YANJIU

作　　者：余　蓉　钟兆茵　著
责任编辑：李　欣
封面设计：研杰星空

出版发行：哈尔滨出版社（Harbin Publishing House）
社　　址：哈尔滨市香坊区泰山路82-9号　　邮编：150090
经　　销：全国新华书店
印　　刷：玖龙（天津）印刷有限公司
网　　址：www.hrbcbs.com
E-mail：hrbcbs@yeah.net
编辑版权热线：（0451）87900271　87900272
销售热线：（0451）87900202　87900203

开　本：787mm×1092mm　1/16　印张：14.75　字数：226千字
版　次：2024年5月第1版
印　次：2024年5月第1次印刷
书　号：ISBN 978-7-5484-7958-1
定　价：88.00元

凡购本社图书发现印装错误，请与本社印制部联系调换。
服务热线：（0451）87900279

前　言

在幼儿教育的广阔天地中，舞蹈教学以其独特的魅力，成为培养幼儿身体协调性、节奏感、创造力和情感表达能力的重要手段。然而，传统的幼儿舞蹈教学往往过于注重技能的传授和形式的规整，忽略了幼儿身心发展的特点和需求，导致教学效果不尽如人意。如何更好地将舞蹈融入幼儿的日常生活中，使其成为一种乐趣而不是负担，是幼儿教育工作者面临的重要挑战。

近年来，随着教育理念的不断更新和教学方法的不断创新，游戏元素在幼儿舞蹈教学中的应用逐渐受到关注。游戏元素以其趣味性、互动性和探索性等特点，能够有效激发幼儿的学习兴趣和积极性，促进他们的主动学习和发展。将游戏元素融入幼儿舞蹈教学中，不仅可以丰富教学内容和手段，使教学更加符合幼儿的心理和生理特点，还能够增强教学的互动性和趣味性，提升教学效果，丰富幼儿的学习体验。

本书旨在全面、深入地探讨游戏元素在幼儿舞蹈教学中的作用与价值，分析其在实践中的应用策略与方法，以期为广大幼儿教育工作者提供参考。在编写过程中，我们充分吸收了国内外幼儿舞蹈教学和游戏化教学的最新研究成果和实践经验，结合作者多年的教学实践和研究心得，力求使本书既具有理论深度又具有实践指导意义。

第一章介绍了幼儿舞蹈教学的定义、特点、基本原则以及发展现状，为后续章节的深入讨论奠定了基础。第二章探讨了游戏元素的概念、分类以及在教育领域的作用，为游戏元素在幼儿舞蹈教学中的应用提供了理论支持。第三章至第五章则详细阐述了游戏元素在幼儿舞蹈教学中的优化策略、创意设计原则以及创新策略，旨在帮助读者更好地理解如何将游戏元素有效地融入舞蹈教学中。

第六章和第七章分别探讨了游戏元素在幼儿舞蹈教学中的情感培养以及创造

力培养等方面的作用，进一步揭示了游戏元素在教学中的多重价值。第八章则通过具体的应用场景，展示了游戏元素在舞蹈教学中的实际运用，为读者提供了丰富的实践参考。第九章则关注了游戏元素在幼儿舞蹈教学中的安全保障问题，旨在为读者提供明确的教学指导。

第十章和第十一章则聚焦于游戏元素在幼儿舞蹈教学资源开发与利用以及应用案例分析方面，为读者提供了更多的实践经验。最后一章则展望了游戏元素在幼儿舞蹈教学中的发展趋势和创新方向，同时也指出了在这一过程中可能面临的问题和挑战，以期引起广大教育工作者的关注和思考。

本书既可作为幼儿教育工作者的参考书籍，也可作为高等师范院校学前教育专业、舞蹈专业的教材或教学参考书。我们希望本书的出版能够为广大幼儿教育工作者提供一套科学、实用、可操作的游戏化舞蹈教学方法和策略，推动幼儿舞蹈教学的创新与发展。

本书在编写过程中，许多专家、学者和一线教育工作者给我们提出了宝贵意见和建议，在此表示衷心的感谢。同时，我们也要感谢所有为本书出版付出辛勤劳动的工作人员，他们的辛勤工作使得本书的出版得以顺利完成。

最后，我们希望广大读者能够积极反馈意见建议，以便我们不断改进和完善。让我们携手努力，为幼儿的健康成长和快乐学习贡献我们的智慧和力量！

目　录

第一章　幼儿舞蹈教学概述 ………………………………………… 1
　　第一节　幼儿舞蹈教学的定义和特点 ……………………………… 1
　　第二节　幼儿舞蹈教学的基本原则 ………………………………… 4
　　第三节　幼儿舞蹈教学的发展现状 ………………………………… 17

第二章　游戏元素在幼儿舞蹈教学中的理论基础 ………………… 30
　　第一节　游戏元素的概念和分类 …………………………………… 30
　　第二节　游戏元素在教育领域的作用 ……………………………… 39
　　第三节　游戏元素在幼儿舞蹈教学中的理论支持 ………………… 51

第三章　游戏元素在幼儿舞蹈教学中的优化策略 ………………… 56
　　第一节　游戏元素设计的原则和方法 ……………………………… 56
　　第二节　游戏元素与其他教学手段的融合 ………………………… 60
　　第三节　教师角色的转变与专业发展 ……………………………… 66

第四章　游戏元素在幼儿舞蹈教学中的创意设计原则 …………… 70
　　第一节　幼儿发展特点与游戏元素的匹配性原则 ………………… 70
　　第二节　游戏元素在幼儿舞蹈教学中的创意应用原则 …………… 75
　　第三节　积极、互动和有趣的学习环境的设计原则 ……………… 84

第五章　游戏元素在幼儿舞蹈教学中的创新策略 ………………… 93
　　第一节　游戏元素在幼儿舞蹈教学中的创新意义 ………………… 93
　　第二节　游戏元素创新策略的研究方法和途径 …………………… 98

第三节　游戏元素创新策略的实施效果评价 …………………… 107

第六章　游戏元素在幼儿舞蹈教学中的情感培养……………………… 116
第一节　情感培养的重要性及意义 …………………………… 116
第二节　游戏元素对幼儿情感发展的影响 …………………… 120
第三节　游戏元素在幼儿舞蹈教学中的情感引导和表达 …… 125

第七章　游戏元素在幼儿舞蹈教学中的创造力培养…………………… 131
第一节　游戏元素对幼儿创造力发展的促进 ………………… 131
第二节　游戏元素在幼儿舞蹈教学中的创意激发和培养 …… 138
第三节　游戏元素创造力培养策略的研究和实施 …………… 144

第八章　游戏元素在幼儿舞蹈教学中的具体应用场景………………… 152
第一节　游戏元素在幼儿舞蹈教学中的身体训练应用 ……… 152
第二节　游戏元素在幼儿舞蹈教学中的音乐感知应用 ……… 158
第三节　游戏元素在幼儿舞蹈教学中的创意表达应用 ……… 164

第九章　游戏元素在幼儿舞蹈教学中的安全保障……………………… 170
第一节　游戏元素使用中的安全问题和注意事项 …………… 170
第二节　游戏元素在幼儿舞蹈教学中的安全保障措施 ……… 175

第十章　游戏元素在幼儿舞蹈教学中的教学资源开发与利用………… 182
第一节　游戏元素在幼儿舞蹈教学资源中的应用 …………… 182
第二节　游戏元素在幼儿舞蹈教学资源开发中的原则与步骤 … 191
第三节　游戏元素教学资源利用效果的评估和反馈 ………… 197

第十一章　游戏元素在幼儿舞蹈教学中的应用案例分析……………… 204
第一节　游戏元素在幼儿舞蹈教学中的应用案例介绍 ……… 204
第二节　不同年龄段幼儿的游戏元素应用情况比较 ………… 208

第十二章　游戏元素在幼儿舞蹈教学中的展望与创新 ·············· 211
　　第一节　游戏元素在未来幼儿舞蹈教学中的发展趋势 ············· 211
　　第二节　游戏元素在幼儿舞蹈教学中的创新理念和方法探索 ········· 218

参考文献 ·· 224

第一章　幼儿舞蹈教学概述

第一节　幼儿舞蹈教学的定义和特点

一、幼儿舞蹈教学的定义

幼儿舞蹈教学，作为一种独特的教育形式，专门针对3至6岁的儿童进行舞蹈艺术的教育与培养。它的核心目的在于通过舞蹈这一艺术手段，促进幼儿身心健康，全面发展，培养他们的艺术感知能力、创造力和协作精神。那么，究竟什么是幼儿舞蹈教学呢？

首先，幼儿舞蹈教学是一种艺术教育形式。它不同于成人舞蹈教学，更加注重舞蹈的趣味性和游戏性，以吸引幼儿的注意力，激发他们对舞蹈的兴趣。在教学过程中，教师通常会采用生动、形象的教学方法，如模仿动物、植物等自然元素，或是通过故事情节的引入，使幼儿能够在轻松愉快的氛围中学习舞蹈。

其次，幼儿舞蹈教学注重幼儿身心发展的特点。幼儿阶段是个体身心发展的关键时期，他们的身体机能、认知能力、情感表达等方面都在迅速发展。因此，幼儿舞蹈教学在内容和方法上都需要根据幼儿的身心发展特点进行设计和调整。例如，在教学内容上，应选择适合幼儿年龄段的舞蹈作品，避免过于复杂或成人化的动作；在教学方法上，应采用循序渐进、由易到难的方式，确保幼儿能够逐步掌握舞蹈技巧。

此外，幼儿舞蹈教学还具有综合性的特点。它不仅仅是一种舞蹈技能的传授，更是一种综合素质的培养。在幼儿舞蹈教学中，幼儿不仅需要学习舞蹈动作和技巧，还需要学习如何与他人合作、如何表达情感、如何展现自我等。这些能力的培养对于幼儿的全面发展具有重要意义。

最后，幼儿舞蹈教学是一种审美教育。舞蹈是一种艺术表现形式，通过舞蹈的学习和实践，幼儿可以感受到舞蹈的美感和韵律感，提高他们的审美能力和艺术修养。同时，幼儿舞蹈教学还可以帮助幼儿建立正确的审美观念和价值观，培养他们的审美情感和创造力。

综上所述，幼儿舞蹈教学是一种针对 3 至 6 岁儿童进行的艺术教育形式。它以舞蹈为基本手段，通过游戏化的教学方式和适合幼儿身心发展的教学内容，促进幼儿身体协调性、节奏感、表演能力等多方面的发展。同时，幼儿舞蹈教学还具有审美教育的功能，能够帮助幼儿提高审美能力和艺术修养。

在幼儿舞蹈教学的实践过程中，教师需要充分了解幼儿的身心发展特点和学习需求，制订科学合理的教学计划和内容。同时，教师还需要采用生动有趣的教学方法，激发幼儿对舞蹈的兴趣和积极性。在教学过程中，教师还需要注重培养幼儿的舞蹈表现能力和创造力，鼓励他们发挥自己的想象和创造力，展现自己的个性和魅力。

总之，幼儿舞蹈教学是一种独特而富有成效的教育形式。它不仅能够促进幼儿身心健康的全面发展，还能够培养他们的艺术感知能力、创造力和协作精神。在未来的教育实践中，教师应该进一步加强幼儿舞蹈教学的探索和研究，为幼儿的全面发展提供更加优质的教育资源和服务。

通过幼儿舞蹈教学，教师可以为幼儿打开一扇通往艺术世界的大门，让他们在舞蹈的世界里感受到美的力量和生命的活力。同时，教师也可以通过舞蹈教学培养幼儿的自信心和表现力，让他们在舞台上展现出自己的风采和魅力。因此，幼儿舞蹈教学不仅是一种艺术教育形式，更是一种促进幼儿全面发展的重要手段。教师应该充分认识到它的价值和意义，为幼儿的未来发展奠定坚实的基础。

二、幼儿舞蹈教学的特点

幼儿舞蹈教学，作为艺术教育的重要组成部分，具有其独特的教学特点和规律。针对 3 至 6 岁的幼儿群体，舞蹈教学不仅要求教授舞蹈技巧，更要注重培养幼儿的舞蹈兴趣、审美情感、身体协调性和创造力。以下将详细阐述幼儿舞蹈教学的五大特点。

（一）童趣性

幼儿舞蹈教学的首要特点是童趣性。由于幼儿处于身心发展的关键时期，他们的思维方式和审美观念尚未成熟，因此，幼儿舞蹈作品往往以生动有趣的形象、色彩和情节吸引他们的注意力。在教学过程中，教师会利用动物模仿、情境角色扮演等游戏化教学手段，让幼儿在玩乐中感受舞蹈的乐趣，培养他们的舞蹈兴趣。例如，通过模仿小兔子、小猫咪等动物的动作，幼儿在轻松愉快的氛围中学习舞蹈，既锻炼了身体，又培养了他们的观察力和模仿能力。

（二）动作简单易学

幼儿舞蹈教学的动作设计通常简单易学，符合幼儿的身心发展特点。由于幼儿的骨骼和肌肉发育尚未成熟，过于复杂的舞蹈动作不仅难以掌握，还可能对他们的身体造成负担。因此，幼儿舞蹈教学注重动作的简单性和规范性，通过反复练习和模仿，幼儿能够逐渐掌握舞蹈的基本动作和技巧。这样的教学方式不仅有利于幼儿的身体健康发展，还能够培养他们的自信心和学习兴趣。

（三）音乐节奏明快

幼儿舞蹈教学通常选用节奏明快、旋律优美的音乐作为伴奏。这样的音乐能够激发幼儿的学习热情，使他们在舞蹈中感受到音乐的韵律和节奏。通过跟随音乐的节奏进行舞蹈，幼儿能够逐渐培养出对音乐的感知能力和节奏感。同时，明快的音乐还能够营造出轻松愉快的学习氛围，使幼儿在舞蹈学习中保持愉悦的心情。

（四）情感表达直观

幼儿舞蹈教学注重情感表达的直观性。由于幼儿的认知能力和语言表达能力有限，他们往往通过肢体动作和面部表情来表达自己的情感和想法。在幼儿舞蹈教学中，教师会引导幼儿通过舞蹈动作和表情来传达故事情节和角色情感，使他们在舞蹈中体验到情感的表达和交流。这样的教学方式不仅能够培养幼儿的情感表达能力和创造力，还能够促进他们社交能力和情感的发展。

（五）训练身体协调性

幼儿舞蹈教学对身体协调性的训练具有重要作用。在舞蹈中，幼儿需要协调身体的各个部位来完成动作，如手臂、腿部、躯干等的配合。通过反复练习和训练，幼儿能够逐渐提高身体的协调性和灵活性。这样的训练不仅有利于幼儿的身体健康发展，还能够培养他们的空间感知能力和平衡感。同时，身体协调性的提高还能够促进幼儿其他技能的发展，如运动能力、手眼协调能力等。

幼儿舞蹈教学具有童趣性，动作简单易学，音乐节奏明快，情感表达直观，可进行身体协调性训练。这些特点使得幼儿舞蹈教学成为促进幼儿全面发展的重要手段之一。通过幼儿舞蹈教学，教师可以培养幼儿的舞蹈兴趣、审美情感、身体协调性和创造力，为他们的未来发展奠定坚实的基础。因此，在幼儿教育中，教师应该充分重视舞蹈教学的价值和意义，为幼儿提供更多优质的舞蹈教育资源和服务。

第二节 幼儿舞蹈教学的基本原则

一、循序渐进原则

在幼儿舞蹈教学中，循序渐进原则是一种至关重要的教学理念。它强调在教学过程中，要根据幼儿的身心发展规律和认知水平，有计划、有步骤地开展教学活动，确保幼儿能够逐步掌握舞蹈知识和技能。这一原则的实施，不仅有助于提高幼儿舞蹈教学的效果，还能够促进幼儿的全面发展。以下将详细阐述幼儿舞蹈教学中循序渐进原则的内涵、实施策略及其重要性。

（一）循序渐进原则的内涵

循序渐进原则是指在幼儿舞蹈教学中，按照由浅入深、由易到难、由简单到复杂的顺序进行教学。它要求教师在制订教学计划时，充分考虑幼儿的年龄、身体发育、心理特点和认知水平，合理安排教学内容和进度。同时，在教学过程中，教师要根据幼儿的实际情况和反馈，灵活调整教学策略，确保教学目标的实现。

（二）循序渐进原则的实施策略

1. 根据幼儿年龄和身心特点制订教学计划

在制订教学计划时，教师要充分考虑幼儿的年龄和身心特点。对于年龄较小的幼儿，应选择简单、易学的舞蹈动作和音乐节奏，注重培养他们的舞蹈兴趣和基本舞蹈技能。随着幼儿年龄的增长和身心的发展，逐渐增加舞蹈动作的复杂度和音乐节奏的多样性，以满足他们的学习需求。

2. 合理安排教学内容和进度

在教学过程中，教师要合理安排教学内容和进度。首先，要从基础动作和简单舞蹈开始学习，逐步提高难度。同时，要控制好教学节奏，避免过快或过慢导致幼儿难以适应。此外，教师还要根据幼儿的掌握情况和兴趣变化，及时调整教学内容和进度。

3. 逐步提高教学要求和标准

在教学过程中，教师要逐步提高教学要求和标准。对于每个舞蹈动作和音乐节奏，都要要求幼儿达到一定的标准和要求。随着幼儿技能的提高和经验的积累，教师逐渐增加教学难度和要求，使幼儿在不断挑战中取得进步。

4. 关注幼儿的个体差异和反馈

在教学过程中，教师要关注幼儿的个体差异和反馈。每个幼儿的身体素质、认知能力和兴趣爱好都有所不同，因此教师要根据他们的实际情况进行教学。同时，教师要及时关注幼儿的反馈，了解他们的学习情况和困难，以便及时调整教学策略。

（三）循序渐进原则的重要性

1. 有利于提升教学效果

循序渐进原则的实施，能够使幼儿逐步掌握舞蹈知识和技能，从而提升教学效果。通过由浅入深、由易到难的教学过程，幼儿能够在不断挑战中取得进步，增强自信心和学习兴趣。同时，逐步提高的教学要求和标准也能够激发幼儿的学习动力和创造力。

2. 有利于促进幼儿的全面发展

循序渐进原则的实施，不仅有助于提高幼儿的舞蹈技能，还能够促进他们的全面发展。在教学过程中，幼儿需要协调身体的各个部位来完成舞蹈动作，这有助于培养他们的身体协调性和灵活性。同时，舞蹈教学还能够培养幼儿的审美情感、创造力和社交能力等多方面的素质。

3.有利于培养幼儿的自主学习和终身学习能力

循序渐进原则强调在教学过程中逐步提高教学要求和标准,使幼儿在不断挑战中取得进步。这种教学方式能够培养幼儿的自主学习和终身学习能力。通过逐步掌握舞蹈知识和技能,幼儿能够逐渐培养出自我学习和自我提高的能力,为未来的学习和生活奠定坚实的基础。

循序渐进原则在幼儿舞蹈教学中具有至关重要的作用。它不仅能够提升教学效果,促进幼儿的全面发展,还能够培养幼儿的自主学习和终身学习能力。因此,在幼儿舞蹈教学中,教师应该充分遵循循序渐进原则,制订科学的教学计划,合理安排教学内容和进度,关注幼儿的个体差异和反馈,以确保幼儿能够逐步掌握舞蹈知识和技能,实现全面发展。

二、游戏性原则

幼儿舞蹈教学,作为艺术教育的重要组成部分,对于幼儿的身心发展具有深远的影响。而游戏性原则在幼儿舞蹈教学中占据着举足轻重的地位。这是因为幼儿期是幼儿身心发展的关键时期,他们天性活泼、好奇、好模仿,喜欢在游戏中学习和成长。将游戏性原则融入幼儿舞蹈教学,不仅能激发幼儿的学习兴趣,还能促进他们的身体协调性、音乐感知和创造力等多方面的发展。下文将从游戏性原则的内涵、实施策略及其重要性三个方面,详细阐述幼儿舞蹈教学的游戏性原则。

(一)游戏性原则的内涵

游戏性原则是指在幼儿舞蹈教学过程中,以游戏为主要手段,通过创设富有情趣的游戏情境,引导幼儿在游戏中学习舞蹈知识和技能,实现舞蹈教学目标的过程。它强调舞蹈教学的趣味性、互动性和创造性,使幼儿能够在轻松愉快的氛围中学习和成长。

游戏性原则的内涵包括以下几个方面:首先,游戏性原则强调舞蹈教学的趣味性,通过游戏化的教学内容和方法,激发幼儿对舞蹈的兴趣和热情;其次,游戏性原则注重舞蹈教学的互动性,鼓励幼儿在游戏中与同伴、教师进行交流和合作,培养他们的社交能力和团队协作能力;最后,游戏性原则强调舞蹈教学的创造性，通过游戏化的教学方式，激发幼儿的想象力和创造力，培养他们的创新精神和实践能力。

(二)游戏性原则的实施策略

1. 创设富有情趣的游戏情境

为了激发幼儿对舞蹈的兴趣和热情，教师可以创设富有情趣的游戏情境。例如，可以通过故事、动画、音乐等手段，构建一个充满奇幻和想象力的舞蹈世界。在这个世界里，幼儿可以扮演自己喜欢的角色，如小动物、小仙子等，通过舞蹈来表达情感和故事。这样的游戏情境不仅能让幼儿沉浸其中，还能激发他们的创造力和表现力。

2. 运用游戏化的教学方法

在教学过程中，教师可以运用游戏化的教学方法，如竞赛、角色扮演、模仿等，使舞蹈教学变得更加有趣和生动。例如，可以通过"小小舞蹈家"竞赛的形式，鼓励幼儿展示自己的舞蹈才能；或者通过角色扮演的方式，让幼儿模仿自己喜欢的舞蹈明星或动物形象，从而培养他们的舞蹈技能和表现力。

3. 注重互动与合作

游戏性原则强调舞蹈教学的互动性和合作性。在教学过程中，教师可以组织各种互动游戏和活动，如双人舞、集体舞等，鼓励幼儿与同伴、教师进行交流和合作。这样的互动游戏不仅能够提高幼儿的舞蹈技能，还能培养他们的团队协作能力和社交能力。

4. 提供多元化的舞蹈材料

为了满足不同幼儿的兴趣和需求，教师可以提供多元化的舞蹈材料，如不同风格的音乐、多样的舞蹈服饰和道具等。这些材料可以激发幼儿的想象力和创造力，让他们在游戏中自由发挥和创造。同时，教师还可以鼓励幼儿自己选择和组合舞蹈材料，以培养他们的主动性和创造性。

(三)游戏性原则的重要性

1. 激发幼儿对舞蹈的兴趣和热情

游戏性原则的实施能够激发幼儿对舞蹈的兴趣和热情。通过游戏化的教学内容和方法，幼儿能够在轻松愉快的氛围中学习舞蹈知识和技能，感受到舞蹈的魅力和乐趣。这种积极的情感体验有助于培养幼儿对舞蹈的持久兴趣和热情。

2.促进幼儿身体的协调发展

游戏性原则强调舞蹈教学的身体性和互动性。在游戏化的舞蹈教学中，幼儿需要通过身体动作来表达情感和故事，这有助于促进他们身体的协调发展。同时，游戏中的互动和合作还能够培养幼儿的团队协作能力和社交技能。

3.培养幼儿的创造力和想象力

游戏性原则注重舞蹈教学的创造性和想象力。在游戏化的舞蹈教学中，幼儿可以通过自由发挥和创造来展现自己的舞蹈才能和想象力。这种创造性的学习方式有助于培养幼儿的创新精神和实践能力，为他们未来的学习和生活奠定坚实的基础。

游戏性原则在幼儿舞蹈教学中具有重要的地位和作用。通过创设富有情趣的游戏情境、运用游戏化的教学方法、注重互动与合作以及提供多元化的舞蹈材料等方式，教师可以将游戏性原则有效地融入幼儿舞蹈教学中。这不仅能够激发幼儿对舞蹈的兴趣和热情，促进他们的身体协调发展，还能培养他们的创造力和想象力。因此，教师应该在幼儿舞蹈教学中充分重视和运用游戏性原则，为幼儿的全面发展创造更加有利的条件。

三、创造性原则

在幼儿教育中，舞蹈教学不仅是教授技巧和艺术表现形式的手段，更是培养幼儿创造力、想象力以及自我表达能力的重要途径。创造性原则在幼儿舞蹈教学中占据了核心地位，它鼓励教师和幼儿一同跳出传统框架，探索未知的舞蹈领域，从而培养幼儿的创造力和创新思维。下文将详细探讨幼儿舞蹈教学的创造性原则，包括其内涵、实施策略以及重要性。

（一）创造性原则的内涵

创造性原则强调在幼儿舞蹈教学中，教师应当尊重和鼓励幼儿发挥创造性思维和想象力，通过舞蹈活动激发幼儿的创造潜能，培养他们的创新意识和实践能力。这一原则的内涵主要体现在以下几个方面：

首先，创造性原则鼓励幼儿自由表达。在舞蹈教学中，教师应允许幼儿根据自己的理解和感受来诠释舞蹈，而不是简单地模仿教师的动作。这样，每个幼儿都能在舞蹈中找到自己的表达方式，形成独特的舞蹈风格。

其次，创造性原则注重激发幼儿的想象力。通过创设富有想象力的舞蹈情境和角色，教师可以引导幼儿在舞蹈中展开想象的翅膀，创造出丰富多彩的舞蹈世界。

最后，创造性原则强调培养幼儿的创新精神。在舞蹈教学中，教师应鼓励幼儿尝试不同的舞蹈动作和组合，培养他们的创新思维和解决问题的能力。

（二）创造性原则的实施策略

1. 提供自由的创作空间

为了培养幼儿的创造力，教师应为他们提供充足的自由创作空间。在舞蹈教学中，可以设定一个主题或情境，然后让幼儿根据自己的理解和想象来编排舞蹈。这样，每个幼儿都能有机会展示自己的创造力和想象力。

2. 鼓励幼儿即兴表演

即兴表演是培养幼儿创造力的重要手段之一。在舞蹈教学中，教师可以引导幼儿在没有预先排练或准备的情况下进行即兴表演，让他们根据自己的情绪和感受来创造舞蹈。这样的活动能够激发幼儿的创造潜能，提高他们的即兴创作能力。

3. 引导幼儿参与舞蹈创作

让幼儿参与舞蹈创作过程也是培养创造力的有效途径。教师可以与幼儿一起讨论舞蹈的主题、动作和节奏等要素，并引导他们提出自己的想法和建议。这样，幼儿不仅能感受到创作的乐趣，还能培养他们的合作精神和团队意识。

4. 提供多元化的舞蹈材料

为了激发幼儿的创造力，教师应提供多元化的舞蹈材料。这些材料可以激发幼儿的想象力和创造力，让他们在游戏中自由发挥和创造。同时，教师还可以鼓励幼儿自己选择和组合舞蹈材料，以培养他们的主动性和创造性。

5. 肯定和鼓励幼儿的创造性表现

当幼儿表现出创造性时，教师应及时给予肯定和鼓励。这种正面的反馈能够增强幼儿的自信心和创造动力，促使他们更加积极地投入舞蹈创作中。同时，教师还可以通过展示幼儿的舞蹈作品或组织舞蹈表演等方式，让更多的人欣赏到他们的创造性成果。

（三）创造性原则的重要性

1. 培养幼儿的创造力和想象力

创造性原则的实施能够有效地培养幼儿的创造力和想象力。通过自由的创作空间、即兴表演以及参与舞蹈创作等活动，幼儿能够充分发挥自己的想象力和创造力，创造出独特的舞蹈作品。这种创造性的学习过程不仅能够让幼儿体验到创作的乐趣和成就感，还能为他们的未来发展奠定坚实的基础。

2. 促进幼儿的自我表达和个性发展

舞蹈是一种促进个性发展的手段，通过舞蹈，幼儿能够表达自己的情感和思想。创造性原则鼓励幼儿根据自己的理解和感受来诠释舞蹈，这样他们就能够通过舞蹈来展示自己的个性和特点。同时，在创造性的舞蹈活动中，幼儿还能够学会如何表达自己的情感和思想，从而更好地与他人沟通和交流。

3. 培养幼儿的创新精神和实践能力

创造性原则注重培养幼儿的创新精神和实践能力。通过参与舞蹈创作和表演等活动，幼儿能够学会如何独立思考和解决问题，培养出一种勇于尝试、不断创新的精神。同时，这些活动还能够让幼儿在实践中锻炼自己的技能和能力，提高他们的综合素质和竞争力。

创造性原则在幼儿舞蹈教学中具有重要的地位和作用。通过提供自由的创作空间、鼓励即兴表演、引导幼儿参与舞蹈创作以及提供多元化的舞蹈材料等方式，教师可以有效地培养幼儿的创造力和想象力。同时，这些创造性的舞蹈活动还能够促进幼儿的自我表达和个性发展，培养他们的创新精神和实践能力。因此，教师应该在幼儿舞蹈教学中充分重视和运用创造性原则，为幼儿的全面发展创造更加有利的条件。

四、音乐与舞蹈相结合原则

在幼儿舞蹈教学中，音乐与舞蹈相结合是一个至关重要的原则。音乐为舞蹈提供了节奏、旋律和情感表达的基础，而舞蹈则通过身体语言将这些元素具象化，使幼儿能够更深入地理解和感受音乐。下文将详细探讨幼儿舞蹈教学中音乐与舞蹈相结合原则的重要性、实施方法及其对幼儿全面发展的意义。

（一）音乐与舞蹈相结合原则的重要性

1. 增强幼儿对音乐的理解能力

音乐与舞蹈的结合可以让幼儿通过舞蹈动作来感受音乐的节奏、旋律和情绪变化，从而增强他们对音乐的理解能力。这种跨感官的学习方式不仅有助于幼儿对音乐元素的感知，还能够培养他们的音乐鉴赏力和审美能力。

2. 促进幼儿的身体协调发展

舞蹈是一种身体语言，舞蹈动作可以锻炼幼儿的身体协调性和灵活性。音乐与舞蹈的结合可以让幼儿在音乐的引导下作舞蹈动作，有助于培养他们的节奏感、平衡感和空间感，促进身体的协调发展。

3. 培养幼儿的创造力和想象力

音乐与舞蹈的结合为幼儿提供了一个充满创意的空间。在音乐的启发下，幼儿可以通过舞蹈动作来表达自己的情感和想象，培养他们的创造力和想象力。这种创造性的学习过程有助于激发幼儿的创新思维，为他们的未来发展奠定坚实的基础。

（二）音乐与舞蹈相结合原则的实施方法

1. 选择适合的音乐作品

为了实施音乐与舞蹈相结合的原则，首先需要选择适合的音乐作品。这些作品应该具有明快的节奏、优美的旋律和丰富的情感表达，能够激发幼儿的舞蹈兴趣。同时，音乐作品的选择还应考虑到幼儿的年龄特点和认知水平，确保他们能够理解和感受音乐。

2. 设计与音乐相匹配的舞蹈动作

在选择了合适的音乐作品后，教师需要设计与音乐相匹配的舞蹈动作。这些动作应该能够准确地表达音乐的节奏、旋律和情感，使幼儿能够通过舞蹈来感受和理解音乐。同时，舞蹈动作的设计还应考虑到幼儿的身体发展水平和舞蹈能力，确保他们能够在舞蹈中体验到乐趣和成就感。

3. 引导幼儿感受音乐和舞蹈的关联

在实施音乐与舞蹈相结合的原则时，教师需要引导幼儿感受音乐和舞蹈的关联。他们可以通过讲解、示范和互动等方式，帮助幼儿理解音乐与舞蹈之间的内在联系，使他们能够在舞蹈中更深入地理解和感受音乐。

4.提供多样化的舞蹈体验

为了丰富幼儿的音乐与舞蹈体验，教师可以提供多样化的舞蹈形式和风格。这不仅可以激发幼儿的兴趣和好奇心，还能够拓宽他们的舞蹈视野，培养他们的多元文化素养。

（三）音乐与舞蹈相结合原则对幼儿全面发展的意义

1.促进幼儿认知能力的发展

音乐与舞蹈的结合可以让幼儿通过舞蹈动作来感知和理解音乐的节奏、旋律和情感等元素。这种跨感官的学习方式有助于促进幼儿的认知能力发展，提高他们的感知、记忆和思维能力。

2.培养幼儿的艺术修养和审美能力

音乐与舞蹈的结合为幼儿提供了一个充满艺术气息的学习环境。在这个环境中，幼儿可以欣赏到优美的音乐旋律和富有创意的舞蹈作品，培养他们的艺术修养和审美能力。这些能力对于幼儿未来的全面发展具有重要意义。

3.增强幼儿的社交能力和情感表达能力

音乐与舞蹈的结合可以让幼儿在集体舞蹈中学会与他人合作、交流和分享。这种社交互动有助于增强幼儿的社交能力，培养他们的合作精神和团队意识。同时，通过舞蹈动作，幼儿还可以更好地表达自己的情感和想法，增强情感表达能力。

音乐与舞蹈相结合的原则在幼儿舞蹈教学中具有重要的意义。通过选择适合的音乐作品、设计与音乐相匹配的舞蹈动作、引导幼儿感受音乐和舞蹈的关联以及提供多样化的舞蹈体验等方式，教师可以有效地实施这一原则。这种教学方式不仅有助于增强幼儿对音乐的理解能力和身体协调发展，还能够培养他们的创造力和想象力以及社交能力和情感表达能力。因此，教师应该在幼儿舞蹈教学中充分重视和运用音乐与舞蹈相结合的原则，为幼儿的全面发展创造更加有利的条件。

五、情感培养原则

舞蹈，作为一种古老而富有表现力的艺术形式，不仅仅是身体的律动，更是情感的传递。在幼儿舞蹈教学中，情感培养原则显得尤为关键。通过舞蹈，幼儿可以表达内心的喜怒哀乐，增强情感的表达与沟通能力，这对于他们的心理发展、情感成熟以及未来的社交互动都具有深远的影响。

（一）情感培养原则在幼儿舞蹈教学中的重要性

舞蹈，作为一种融合了音乐、动作和情感的艺术形式，对于幼儿期的孩子来说具有深远的影响。幼儿期是情感发展的关键时期，幼儿开始逐渐认识到自己的情绪，并学会用适当的方式表达出来。在这个阶段，舞蹈以其独特的方式，为幼儿的情感发展和沟通能力提供了宝贵的平台。

首先，舞蹈为幼儿提供了一个表达情感的渠道。在日常生活中，幼儿可能会遇到各种情绪上的困扰或喜悦，但由于年龄和经验的限制，他们可能无法用语言准确地表达自己的情感。而舞蹈则通过动作、节奏和表情，为幼儿提供了一个直观、生动的方式来表达他们的情感。当幼儿感到快乐时，他们可以通过欢快的舞蹈来表达自己的喜悦；当他们感到忧郁时，他们可以通过柔和、缓慢的动作来表达自己的悲伤。这样的表达方式不仅可以帮助幼儿更好地认识和理解自己的情绪，还可以提高他们与他人的沟通能力。通过舞蹈，幼儿可以学会用身体语言来传达情感，这对于他们日后的社交和情感交流有着非常重要的意义。

其次，舞蹈对于培养幼儿的审美情感具有独特的作用。舞蹈本身就是一种美的体现，它融合了音乐、动作和舞台艺术，呈现出一种独特的美感。当幼儿欣赏舞蹈时，他们不仅可以看到优美的动作和流畅的节奏，还可以感受到舞蹈传达的情感和意境。这样的体验可以让幼儿对美产生更深刻的认识和理解，丰富他们的审美情感。同时，通过参与舞蹈表演，幼儿也可以亲身感受到舞蹈的魅力，进一步培养他们的审美情感和鉴赏力。

再次，舞蹈还能够增强幼儿的情感体验。在舞蹈的学习和表演过程中，幼儿会接触到各种情感，如欢快的、忧郁的、激昂的等。这些情感不仅可以帮助幼儿更好地认识和理解自己的情绪，还可以增强他们的情感体验。通过舞蹈，幼儿可以更加深入地感受到情感的丰富多样，学会用舞蹈来表达自己的情感，从而在生活中更加敏感和细腻地体验情感。

最后，舞蹈还能够塑造幼儿积极的情感态度。舞蹈的韵律和动作能够激发幼儿的愉悦感，让他们感受到舞蹈带来的快乐和满足。在舞蹈的学习和表演中，幼儿会不断地面对挑战和困难，但正是这些经历让他们逐渐培养出坚韧不拔的精神和积极向上的态度。他们学会了如何在挫折面前保持乐观，如何在困难中坚持不懈。这种积极的态度不仅可以帮助幼儿更好地应对生活中的挑战，还可以让他们在未来的道路上更加自信和勇敢地前行。

综上所述，舞蹈对于幼儿期的幼儿来说具有深远的影响。它不仅为幼儿提供了一个表达情感的渠道，培养他们的审美情感，增强他们的情感体验，还可以塑造他们积极的情感态度。因此，教师应该鼓励幼儿参与舞蹈活动，让他们在舞蹈的世界里感受情感的丰富多样，学会用舞蹈来表达自己的情感，从而在生活中更加敏感和细腻地体验情感。同时，教师也应该为幼儿提供更多的舞蹈教育和培训机会，让他们在舞蹈的学习和表演中不断成长和进步。只有这样，教师才能真正发挥舞蹈在幼儿情感发展中的重要作用，为幼儿的未来发展奠定坚实的基础。

（二）情感培养原则在幼儿舞蹈教学中的实施策略

舞蹈作为一种富有情感的艺术形式，对于幼儿期的幼儿来说具有独特的教育价值。在幼儿舞蹈教学中，如何更好地促进幼儿的情感表达和沟通能力，成为一个值得深入探讨的话题。以下是一些建议，旨在帮助教师在舞蹈教学中更好地激发幼儿的情感表达和沟通能力。

首先，选择富有情感的舞蹈作品是至关重要的。教师在选择舞蹈作品时，应充分考虑其情感内涵，选择那些能够激发幼儿情感共鸣的作品。这些作品可以表现亲情、友情、爱国主义等情感主题，让幼儿在舞蹈中感受到丰富的情感色彩。例如，可以选择一些描绘自然美景、动物世界或节日庆典的舞蹈作品，让幼儿在舞蹈中感受到大自然的神奇、生命的活力和节日的欢乐。这样的选择不仅可以让幼儿更加投入地学习和表演舞蹈，还可以帮助他们在舞蹈中学会表达各种情感。

其次，创设情境化的教学环境也是非常重要的。为了激发幼儿的情感体验，教师可以创设与舞蹈主题相关的教学环境。例如，在教授表现大自然的舞蹈时，可以在教室内布置一些绿植、花朵等自然元素，让幼儿在贴近自然的环境中感受舞蹈的美妙。这样的环境设置可以让幼儿更加身临其境地感受舞蹈的情感内涵，从而更加深入地理解和表达舞蹈。

在教学过程中，教师应注重引导幼儿感受舞蹈中的情感变化，并鼓励他们通过舞蹈动作和表情来表达这些情感。为了实现这一目标，教师可以通过多种方式来引导幼儿深入感受舞蹈。首先，教师可以通过生动的故事情节或情境设置来吸引幼儿的注意力，让他们更加投入地学习和表演舞蹈。其次，教师可以运用丰富的肢体语言来示范舞蹈动作和表情，让幼儿更加直观地感受到舞蹈的情感内涵。同时，教师还可以鼓励幼儿在舞蹈中自由发挥，根据自己的理解和感受来创作新的动作和表情，从而培养他们的创造力和情感表达能力。

再次，结合音乐与舞蹈也是激发幼儿情感共鸣的重要手段。音乐是舞蹈的灵魂，通过选择与舞蹈情感相匹配的音乐作品，可以更加深入地激发幼儿的情感共鸣。在教学过程中，教师可以引导幼儿在音乐的作用下感受舞蹈的节奏和韵律，从而更加深入地理解舞蹈的情感内涵。同时，教师还可以鼓励幼儿在音乐和舞蹈的结合中表达自己的情感和想象，让他们在舞蹈的世界里自由翱翔。

最后，鼓励即兴创作与表演是培养幼儿情感表达和创造力的重要手段。在教学过程中，教师可以组织一些即兴创作活动，让幼儿根据自己的情感和理解来创作舞蹈动作和表情。这样的活动不仅可以培养幼儿的创造力和想象力，还可以让他们在舞蹈中更加自由地表达自己的情感。同时，教师还可以鼓励幼儿在表演中展示自己的个性和风格，让他们在舞蹈的世界里展现自己的独特魅力。

总之，在幼儿舞蹈教学中，促进幼儿的情感表达和沟通能力是非常重要的。通过选择富有情感的舞蹈作品、创设情境化的教学环境、注重情感引导与表达、结合音乐与舞蹈以及鼓励即兴创作与表演等手段，教师可以更好地激发幼儿的情感共鸣和创造力，让他们在舞蹈的世界里感受情感的丰富多样，学会用舞蹈来表达自己的情感。这样的教学方式不仅可以帮助幼儿更好地理解和表演舞蹈，还可以为他们的未来发展奠定坚实的基础。因此，教师应该在幼儿舞蹈教学中注重情感表达和沟通能力的培养，让幼儿在舞蹈的世界里自由翱翔，感受情感的魅力。

（三）情感培养原则在幼儿舞蹈教学中的意义与价值

在幼儿教育中，情感培养原则的实施具有举足轻重的地位。特别是在幼儿舞蹈教学中，这一原则的应用不仅促进了幼儿舞蹈技能的提升，更在多个层面上推动了幼儿的全面发展。通过舞蹈的学习和表演，幼儿在情感、认知、社交和身体等方面都能得到全面的锻炼和提升，为其未来的生活和学习奠定坚实的基础。

首先，舞蹈作为一种艺术形式，为幼儿的全面发展提供了宝贵的平台。在舞蹈的学习过程中，幼儿需要掌握各种动作和技巧，这不仅锻炼了他们的身体协调性和灵活性，还培养了他们的耐心和毅力。同时，舞蹈作品通常蕴含丰富的情感内涵，要求幼儿在表演中投入真挚的情感。这种情感投入的过程，无疑加深了幼儿对舞蹈作品的理解，也让他们学会了如何更好地表达自己的情感。

其次，情感培养原则在幼儿舞蹈教学中的实施，有助于增强幼儿的情感共鸣能力。通过不断的练习和表演，幼儿会逐渐培养出对舞蹈的情感共鸣能力。这种能力让他们能够更深入地理解舞蹈作品的内涵，感受到舞蹈所传达的情感。同时，这种情感共鸣能力也会在日常生活中发挥作用，让幼儿更加敏感地捕捉到他人的情感变化，从而增强他们的情感沟通能力。这种沟通能力的提升，对于幼儿的人际交往和未来的社交生活都具有重要的意义。

再次，幼儿舞蹈教学还能够培养幼儿的审美情感。舞蹈本身就是一种美的体现，通过欣赏和表演舞蹈，幼儿可以培养对美的敏感度和鉴赏力。他们会在舞蹈中感受到优美的旋律、和谐的节奏和富有表现力的动作，从而逐渐提升自己的审美水平。这种审美情感的培养，不仅有助于让幼儿在日常生活中更加懂得欣赏和珍惜美好的事物，还能够激发他们的创造力和想象力。

同时，舞蹈作为一种集体性的艺术形式，也为幼儿提供了锻炼社交技能的机会。在舞蹈排练和表演过程中，幼儿需要与其他小朋友密切合作，共同完成各种动作和表演任务。这种合作过程不仅培养了他们的团队协作能力，还让他们学会了如何与他人建立良好的关系，如何处理人际冲突等社交技能。这些技能对于幼儿未来的社会交往和人际关系建立都具有重要的意义。通过舞蹈的集体练习和表演，幼儿可以在一个安全、愉快的环境中锻炼自己的社交技能，为未来的社会生活做好充分的准备。

综上所述，情感培养原则在幼儿舞蹈教学中的应用具有重要意义。它不仅能够提升幼儿的舞蹈技能，更能够促进他们在情感、认知、社交和身体等多个方面的全面发展。通过舞蹈的学习和表演，幼儿可以培养自己的情感共鸣能力、审美情感和社交技能，为未来的生活和学习奠定坚实的基础。因此，教师应该在幼儿舞蹈教学中注重情感培养原则的应用，让幼儿在舞蹈的世界里自由翱翔，感受情感的魅力，享受舞蹈带来的快乐。同时，教师也应该不断提升自己的教学水平和专业素养，为幼儿提供更加优质、全面的舞蹈教育服务，让每一个孩子都能在舞蹈的世界中找到自己的价值和乐趣。通过这样的教育方式，教师可以为幼儿的全面发展创造更多的机会和可能性，让他们的未来更加美好和充满希望。

情感培养原则在幼儿舞蹈教学中具有非常重要的意义和价值。通过实施这一原则，教师可以帮助幼儿更好地理解和表达情感，增强他们的情感体验和沟通能力，促进他们的全面发展。同时，这也需要教师在教学过程中注重情感引导与表达、选择富有情感的舞蹈作品、创设情境化的教学环境，为幼儿的情感发展创造一个良好的环境。

第三节 幼儿舞蹈教学的发展现状

一、国内外幼儿舞蹈教学的发展历程

（一）国内幼儿舞蹈教学的发展历程

幼儿舞蹈教学在国内的发展历经多个阶段，从传统的师徒传承到现代教育理念的融入，其变迁不仅反映了舞蹈艺术在国内的传播和普及，也映射出我国教育理念的更新和社会文化的变迁。下文旨在详细梳理国内幼儿舞蹈教学的发展历程，分析其中的重要节点和趋势。

1. 古代至近代的萌芽阶段

在古代，舞蹈往往是宫廷、寺庙或民间庆典的重要组成部分。儿童在家庭中通过观察长辈的舞蹈行为或参与节庆活动，初步接触和学习舞蹈。这一时期的幼儿舞蹈教学并未形成独立体系，而是与生活实践紧密相连。

到了近代，随着西方文化和教育理念的传入，国内的幼儿教育开始受到重视。一些私塾和学堂开始将舞蹈作为体育或艺术教育的一部分，但此时的幼儿舞蹈教学仍然以模仿和简单的技能训练为主。

2. 中华人民共和国成立后的规范化发展

中华人民共和国成立后，国内的教育事业得到了前所未有的发展。幼儿舞蹈教学也逐渐规范化、系统化。在这一时期，教育部门开始制定幼儿舞蹈教学大纲和教材，将舞蹈纳入幼儿教育的课程体系中。同时，也开始培养专业的幼儿舞蹈教师，为幼儿舞蹈教学提供了人才保障。

此外，国内的一些舞蹈团体和机构也开始积极参与到幼儿舞蹈教学中，推动了幼儿舞蹈教学的普及和提高。他们通过组织舞蹈比赛、演出等活动，为幼儿提供了展示才华的平台，也激发了更多儿童对舞蹈的兴趣。

3. 改革开放后的创新与探索

改革开放后，随着国内外文化交流的增多和教育理念的更新，国内幼儿舞蹈教学迎来了新的发展机遇。在这一时期，幼儿舞蹈教学开始注重创新和探索，尝试融入更多元化的元素和教学方法。

一方面，国内的幼儿舞蹈教学开始借鉴国外的先进经验和技术，如引入舞蹈游戏、舞蹈创作等创新性的教学方法，激发幼儿对舞蹈的兴趣和创造力。另一方面，国内的幼儿舞蹈教学也开始注重与本土文化的结合，推广民族民间舞蹈，培养幼儿的民族自豪感和文化自信。

同时，随着舞蹈艺术在国内的普及和提高，越来越多的家长和教育工作者开始认识到幼儿舞蹈教学的重要性。他们不仅将舞蹈作为一种艺术修养来培养，更将其视为促进幼儿身心发展的有效手段。

4. 21世纪以来的多元化与专业化发展

进入21世纪后，随着社会的快速发展和教育理念的进一步更新，国内幼儿舞蹈教学呈现出多元化和专业化的发展趋势。

在多元化方面，幼儿舞蹈教学不再局限于传统的芭蕾舞、现代舞等经典舞蹈形式，而是开始融入街舞、拉丁舞等新兴舞蹈元素。这种多元化的教学模式不仅丰富了幼儿舞蹈教学的内容，也更好地满足了不同年龄段和兴趣爱好的儿童的学习需求。

在专业化方面，幼儿舞蹈教学的师资水平得到了显著提升。许多专业的舞蹈院校和机构开始设立幼儿舞蹈教育专业，培养具备专业知识和技能的幼儿舞蹈教师。同时，各种舞蹈考级和认证制度也逐渐完善，为幼儿舞蹈教学的专业化发展提供了有力保障。

此外，随着互联网和社交媒体的普及，幼儿舞蹈教学也开始与线上教育相结合。家长们可以通过网络平台观看舞蹈教学视频、参与在线互动课程等，为幼儿提供更加便捷和多样化的学习方式。

5. 未来展望与挑战

展望未来，国内幼儿舞蹈教学将继续保持多元化和专业化的发展趋势。同时，随着社会对艺术教育重视程度的提高和儿童全面发展需求的增加，幼儿舞蹈教学将面临更多的机遇和挑战。

一方面，未来的幼儿舞蹈教学将更加注重个性化教学和因材施教。教师将根据不同儿童的身体素质、兴趣爱好和学习需求，制订个性化的教学计划和方法，以最大程度地发挥每个儿童的潜能和创造力。

另一方面，未来的幼儿舞蹈教学也将更加注重与其他艺术形式和学科的融合教学。例如，将舞蹈与音乐、戏剧、美术等相结合，打造综合性的艺术教育模式，为儿童提供更加全面和深入的艺术体验和学习机会。

总之，国内幼儿舞蹈教学的发展历程是一个不断创新和发展的过程。在未来的发展中，教师期待看到更多的教育理念和技术应用于幼儿舞蹈教学中，为儿童的全面发展提供更加丰富多彩的学习体验。同时，也需要关注和解决一些挑战和问题，如何平衡技能训练和艺术表现、如何确保教学质量和效果等。相信在各方的共同努力下，国内幼儿舞蹈教学将迎来更加美好的未来。

（二）国外幼儿舞蹈教学的发展历程

舞蹈，作为一种跨越文化和国界的艺术形式，自古以来便在儿童教育中占据着一席之地。然而，幼儿舞蹈教学作为一个专门的研究领域，其发展历程是随着教育理念和方法的不断进步而逐渐形成的。下文旨在探讨国外幼儿舞蹈教学的发展历程，以及这一过程中重要的里程碑和趋势。

1. 起源与早期发展

在古代社会，舞蹈通常是作为庆典活动或社交场合的一部分而存在的。儿童通常在家庭和社区的环境中，通过观察和模仿成人的舞蹈行为来学习舞蹈。这一时期，幼儿舞蹈教学并没有形成独立的体系，而是融入日常生活和社会实践中。

随着社会的进步和教育理念的变革，人们开始意识到舞蹈对儿童身心发展的重要性。19世纪末至20世纪初，一些欧洲国家开始将舞蹈纳入学校教育体系，作为体育和艺术教育的一部分。这一时期的幼儿舞蹈教学主要以身体训练为主，强调舞蹈的基本技能和体态训练。

2. 专业化与多元化发展

20世纪中叶以后，随着舞蹈艺术的不断发展和教育理念的更新，幼儿舞蹈教学开始逐渐走向专业化和多元化。在这一时期，许多舞蹈教育家和心理学家开始深入研究幼儿舞蹈教学的理论和方法，推动了幼儿舞蹈教学的专业化发展。

同时，随着不同文化和舞蹈风格的交流融合，幼儿舞蹈教学也开始呈现出多元化的趋势。除了传统的芭蕾舞、现代舞等经典舞蹈形式外，民间舞、街舞等新兴舞蹈形式也逐渐进入幼儿舞蹈课堂。这种多元化的教学模式不仅丰富了幼儿舞蹈教学的内容，也更好地满足了不同文化背景下儿童的学习需求。

3. 新教学方法与技术相融合

进入21世纪后，随着科技的进步和教育理念的创新，幼儿舞蹈教学迎来了前所未有的变革。在这一时期，许多新的教学方法和技术开始应用于幼儿舞蹈教学中，如舞蹈游戏、舞蹈创作、舞蹈表演等。这些具有创新性的教学方法不仅激发了幼儿对舞蹈的兴趣和热情，也有效地提升了他们的舞蹈技能。

此外，随着信息技术和多媒体技术的发展，幼儿舞蹈教学也开始与这些先进技术相结合。例如，利用虚拟现实技术创建的舞蹈教学平台，可以让幼儿在沉浸式的环境中学习舞蹈；而在线舞蹈课程和教学资源的丰富，也为幼儿提供了更加便捷和多样化的学习方式。

4. 重视情感表达与创造力培养

近年来，随着教育理念的不断更新和儿童发展研究的深入，幼儿舞蹈教学开始更加注重情感表达和创造力的培养。在这一背景下，许多舞蹈教师开始尝试将情感教育融入舞蹈教学中，鼓励幼儿通过舞蹈来表达自己的情感和思想。同时，他们也开始注重培养幼儿的创造力，鼓励他们在舞蹈创作和表演中发挥想象力和创新精神。

这种注重情感表达和创造力培养的教学理念不仅有助于提升幼儿的舞蹈技能和表演能力，也有助于培养他们的自信心和人际交往能力。在未来的幼儿舞蹈教学中，这种综合性的教育理念将继续得到发展和完善。

5. 未来趋势与展望

展望未来，国外幼儿舞蹈教学的发展将呈现出以下几个趋势：

（1）更加注重个性化教学：随着教育理念的进步和儿童个体差异的日益凸显，未来的幼儿舞蹈教学将更加注重个性化教学，以满足不同儿童的学习需求和发展特点。

（2）跨学科融合教学：未来的幼儿舞蹈教学将更加注重与其他学科的融合，如音乐、戏剧、美术等。这种跨学科的教学模式将有助于培养幼儿的综合素质和创新能力。

（3）科技进步推动教学创新：随着科技的不断发展，未来的幼儿舞蹈教学将更多地利用先进技术来推动教学创新。例如，利用人工智能和大数据等技术来分析幼儿的学习行为和舞蹈技能水平，以便为他们提供更加精准和个性化的教学服务。

总之，国外幼儿舞蹈教学的发展历程是一个不断进步和创新的过程。在未来的发展中，教师期待看到更多的教育理念和技术应用于幼儿舞蹈教学中，为儿童的全面发展提供更加丰富多彩的学习体验。

二、当前幼儿舞蹈教学的现状分析

（一）教学模式与方法

幼儿舞蹈教学在培养儿童的艺术修养、身体协调性和创造力方面扮演着重要的角色。随着教育理念的不断更新和社会文化的发展，当前幼儿舞蹈教学的教学模式与方法也呈现出多样化和创新性的特点。下文旨在深入探讨当前幼儿舞蹈教学的教学模式与方法，分析其实施效果与面临的挑战。

1. 教学模式的多样化

（1）游戏化教学模式：针对幼儿好奇、爱玩的天性，游戏化教学模式在幼儿舞蹈教学中得到了广泛应用。通过设计富有趣味性的舞蹈游戏，激发幼儿对舞蹈的兴趣，他们在轻松愉快的氛围中学习舞蹈动作和节奏感。游戏化教学模式不仅提高了幼儿的学习积极性，还有助于培养他们的团队协作能力和社交技能。

（2）情境化教学模式：情境化教学模式强调将舞蹈与日常生活或故事情境相结合，通过创设特定的情境，引导幼儿进入角色，感受舞蹈的情感和意境。这种教学模式有助于培养幼儿的想象力和创造力，使他们在理解舞蹈内涵的基础上更好地表达自我。

（3）跨学科融合教学模式：随着教育理念的更新，幼儿舞蹈教学开始与其他学科进行融合，如音乐、美术、戏剧等。跨学科融合教学，可以丰富幼儿舞蹈教学的内容和形式，提升教学效果。例如，在音乐课上幼儿学习节奏和旋律，然后在舞蹈课上将这些元素融入舞蹈动作中，使幼儿更全面地理解和表达音乐与舞蹈的关系。

2. 教学方法的创新性

（1）启发式教学：启发式教学方法强调教师的引导作用，通过提问、讨论、示范等方式激发幼儿的思维活动，引导他们主动探索和学习。在幼儿舞蹈教学中，教师可以通过启发式提问，引导幼儿思考舞蹈动作的内涵和表达方式，培养他们的独立思考能力和创新能力。

（2）互动式教学：互动式教学强调师生之间的交流与合作，通过师生互动、生生互动等方式，营造良好的学习氛围。在幼儿舞蹈教学中，教师可以通过与幼儿的互动，了解他们的学习需求和困难，及时调整教学方法和策略，提升教学效果。

（3）个性化教学：个性化教学强调针对每个幼儿的特点和需求因材施教。在幼儿舞蹈教学中，教师可以通过观察和分析每个幼儿的身体素质、兴趣爱好和学习进度，制订个性化的教学计划和方法，以满足不同幼儿的学习需求和发展潜力。

3. 教学效果与实施挑战

多样化的教学模式和创新性的教学方法在幼儿舞蹈教学中取得了显著的教学效果。这些教学模式和方法不仅提高了幼儿的学习兴趣和积极性，还有助于培养他们的创造力、团队协作能力和社交技能。然而，在实施过程中也面临一些挑战，如如何平衡技能训练和艺术表现、如何确保教学质量和效果等。

（二）教材与教学内容

幼儿舞蹈教学作为艺术教育的重要组成部分，对于培养幼儿的审美情感、身体协调性和创造力具有不可替代的作用。教材与教学内容作为幼儿舞蹈教学的核心，其选择与设计直接关系到教学质量和效果。下文将对当前幼儿舞蹈教学的教材与教学内容进行深入探讨，分析其特点、面临的挑战与未来发展方向。

1. 教材特点分析

（1）多元化与趣味性：当前幼儿舞蹈教学的教材呈现出多元化和趣味性的特点。教材内容涵盖了不同风格、不同民族的舞蹈，如民族舞、芭蕾舞、现代舞等，使幼儿能够接触到丰富多彩的舞蹈世界。同时，教材通过趣味性的编排和设计，吸引幼儿的注意力，激发他们的学习兴趣。

（2）注重基础技能培养：幼儿舞蹈教学的教材注重基础技能的培养，如身体协调性、节奏感、表现力等。通过系统的训练，帮助幼儿建立正确的舞蹈姿势和动作规范，为日后的深入学习打下坚实基础。

（3）融合教育理念与教学目标：现代幼儿舞蹈教材在编写过程中融入了先进的教育理念，如全面发展、个性化教育等。教材设计紧密结合教学目标，旨在培养幼儿的综合素质和创造力，促进他们的全面发展。

2. 教学内容的挑战

（1）教材内容的更新与选择：随着舞蹈艺术的发展和社会文化的变迁，幼儿舞蹈教学的教材内容需要不断更新和调整。如何选择既符合时代特点又适合幼儿身心发展的舞蹈作品，成为教材编写者面临的一大挑战。

（2）教学内容的难易程度与梯度：幼儿舞蹈教学的内容需要循序渐进，既要考虑到幼儿的年龄特点和认知水平，又要确保教学内容具有一定的挑战性和梯度。如何合理安排教学内容的难易程度，使幼儿在学习过程中既能获得成就感又能不断挑战自我，是教学内容设计的重要问题。

（3）教学内容的创新与多样性：为了激发幼儿的学习兴趣，教学内容需要不断创新和多样化。然而，如何在保持教学内容的创新性的同时，又保持舞蹈艺术的纯粹性和规范性，也是教学内容设计需要面对的问题。

3. 教学内容的创新方向

（1）强调舞蹈文化的传承与多元融合：未来的幼儿舞蹈教学内容应更加注重舞蹈文化的传承与多元融合。通过教授不同风格的舞蹈，幼儿能够了解并尊重多元文化，培养他们的跨文化交流能力。

（2）注重舞蹈与其他艺术形式的融合：未来的幼儿舞蹈教学可以尝试与音乐、戏剧、美术等其他艺术形式进行融合，创造出更加丰富多样的舞蹈作品。这种跨学科的融合不仅有助于拓展幼儿的艺术视野，还能培养他们的综合艺术素养。

（3）引入现代科技手段辅助教学：随着科技的发展，未来的幼儿舞蹈教学内容可以引入更多的现代科技手段进行辅助教学。例如，利用虚拟现实技术让幼儿身临其境地感受舞蹈的魅力，利用智能设备记录和分析幼儿的学习过程等。这些现代科技手段的应用将为幼儿舞蹈教学带来更多的可能性。

（三）教师队伍与教学资源

幼儿舞蹈教学作为艺术教育的重要组成部分，其教师队伍与教学资源的状况直接关系到教学质量和幼儿的全面发展。在当前的教育环境下，幼儿舞蹈教学的教师队伍与教学资源面临着一系列挑战和机遇。下文将对这一问题进行深入探讨，分析当前教师队伍的现状、教学资源的配置情况，并提出相应的建议与展望。

1. 教师队伍现状

（1）数量与质量：目前，幼儿舞蹈教学的教师数量正在不断增加，但质量却参差不齐。一些教师虽然具备舞蹈技能，但缺乏教育经验和专业知识，难以胜任幼儿舞蹈教学工作。同时，也有一部分教师虽然拥有丰富的教学经验，但舞蹈技能水平有限，难以满足幼儿对学习舞蹈艺术的需求。

（2）专业背景与培训：当前幼儿舞蹈教师队伍的专业背景较为多样，有舞蹈专业背景的，也有非舞蹈专业但通过自学或短期培训进入舞蹈教学领域的。这种多样性在一定程度上丰富了教学内容和方法，但也带来了教学水平和专业度上的差异。同时，针对幼儿舞蹈教师的专业培训体系还不够完善，培训内容和形式也需要进一步优化。

（3）教师待遇与职业发展：与其他教育领域相比，幼儿舞蹈教师的待遇普遍偏低，职业发展空间有限。这在一定程度上影响了教师的工作积极性和职业归属感,也制约了幼儿舞蹈教学的专业发展。

2.教学资源配置

(1)教学场地与设施:幼儿舞蹈教学需要专门的场地和设施来保障教学质量。然而,目前一些幼儿园和学校的教学场地有限,设施简陋,难以满足幼儿舞蹈教学的需求。同时,教学场地的安全性和舒适性也亟待提高。

(2)教材与教具:教材是幼儿舞蹈教学的重要载体,但当前市场上的幼儿舞蹈教材种类繁多,质量参差不齐。一些教材过于注重技能训练,忽视了幼儿的身心发展特点;而一些教材则过于简单,缺乏挑战性和趣味性。此外,教具的选择和使用也是影响教学效果的重要因素之一。合适的教具可以激发幼儿的学习兴趣,提升教学效果;而不合适的教具则可能导致幼儿受伤或影响教学质量。

(3)信息技术资源:随着信息技术的发展,越来越多的教学资源被引入到幼儿舞蹈教学中。例如,多媒体教学软件、在线教学平台等,这些资源可以丰富教学内容,提升教学效果。然而,当前一些幼儿园和学校的信息技术资源配置不足,教师的信息技术应用能力也有待提高。

三、幼儿舞蹈教学面临的挑战与机遇

幼儿舞蹈教学作为艺术教育的重要组成部分,对于培养幼儿的审美情趣、身体素质和创造力具有重要意义。然而,在当前的教育环境下,幼儿舞蹈教学也面临着诸多挑战和机遇。下文将深入探讨这些挑战与机遇,以期为幼儿舞蹈教学的未来发展提供有益的参考。

(一)面临的挑战

(1)教育理念的转变:传统的幼儿舞蹈教学往往注重技能训练和表演效果,忽视了幼儿的兴趣和身心发展特点。随着教育理念的不断更新,幼儿舞蹈教学需要更加注重幼儿的主体地位和个性发展,关注幼儿的兴趣和需求,注重培养幼儿的创造力和想象力。

(2)教师素质的参差不齐:当前幼儿舞蹈教师的素质参差不齐,一些教师缺乏专业知识和教育经验,难以胜任幼儿舞蹈教学工作。同时,也有一些教师虽然具备丰富的舞蹈技能和教学经验,但缺乏创新精神,难以满足幼儿对舞蹈艺术的

需求。

（3）教学资源的不足：幼儿舞蹈教学需要专门的场地、设施和教材等教学资源来保障教学质量。然而，一些幼儿园和学校的教学资源有限，难以满足幼儿舞蹈教学的需求。此外，幼儿舞蹈教学资源也存在地区性差异，影响了教学的公平性和普及性。

（4）社会对幼儿舞蹈教育的认知偏差：部分家长和社会公众对幼儿舞蹈教育的认知存在偏差，认为舞蹈只是表演和娱乐，忽视了其在幼儿全面发展中的重要作用。这种认知偏差可能导致幼儿舞蹈教育得不到足够的重视和支持。

（二）面临的机遇

（1）教育政策的支持：随着国家对艺术教育重视程度的提高，相关政策也在不断完善。例如，教育部门在幼儿教育中强调艺术教育的重要性，提倡将艺术教育纳入幼儿教育的整体规划。这些政策的出台为幼儿舞蹈教学提供了有力的支持和发展空间。

（2）社会文化的需求：随着人们生活水平的提高和审美观念的转变，社会对幼儿舞蹈教育的需求也在不断增加。家长们越来越注重培养孩子的综合素质和兴趣爱好，幼儿舞蹈教育作为一种富有创造性和表现力的艺术形式，受到了广大家长的青睐。

（3）科技发展的助力：科技的发展为幼儿舞蹈教学提供了新的教学手段和资源。例如，多媒体技术的应用可以让幼儿更加直观地了解舞蹈动作和节奏；在线教学平台的出现打破了地域限制，让更多的幼儿能够接触到优质的舞蹈教育资源。

（4）跨学科合作的机会：幼儿舞蹈教学可以与其他学科进行跨学科合作，共同推动幼儿教育的整体发展。例如，音乐、美术等学科可以与舞蹈教学相结合，形成综合性的艺术课程，培养幼儿的多元智能和创造力。

（三）应对挑战与把握机遇的建议

随着社会的不断发展和教育理念的持续更新，幼儿舞蹈教学正逐渐从传统的技能传授模式转向更加注重幼儿主体地位和个性发展的新型教育模式。这一转变不仅体现了对幼儿个体差异的尊重，更是对幼儿舞蹈教育价值和意义的深化认识。在新的教育背景下，教师需要从多个维度来审视和改进幼儿舞蹈教学，以更好地

第一章 幼儿舞蹈教学概述

促进幼儿的全面发展。

首先，更新教育理念是幼儿舞蹈教学改革的核心。传统的舞蹈教学往往注重技能的训练和动作的规范性，忽视了幼儿的兴趣和需求。新的教育理念强调，幼儿舞蹈教学应更加注重幼儿的主体地位，尊重他们的个性和兴趣，让他们在舞蹈学习中找到快乐和成就感。这意味着教师在教学过程中需要转变角色，从单纯的知识传授者变为引导者、合作者和支持者。通过与幼儿的互动和交流，了解他们的想法和创意，鼓励他们大胆尝试和创新，培养他们的创造力和想象力。

其次，提高教师素质是实现幼儿舞蹈教学改革的关键。教师的专业素养和教学水平直接关系到教学质量和效果。因此，教师需要加强幼儿舞蹈教师的专业培训和素质提升。这包括提高教师的舞蹈技能和教学能力，让他们掌握最新的舞蹈教学方法和理念。同时，还应注重培养教师的创新精神和教育意识，让他们能够灵活应对教学中的各种挑战和问题。此外，教师还需要具备良好的职业道德和责任心，关注每一个幼儿的发展需求，为他们提供个性化的指导和帮助。

再次，优化教学资源配置是提升幼儿舞蹈教学质量的重要保障。优质的教学资源能够为幼儿提供更好的学习环境和条件。因此，教师需要加大对幼儿舞蹈教学场地、设施和教材等教学资源的投入。通过改善教学设施、更新教材内容和丰富教学手段，提高教学的趣味性和互动性，激发幼儿的学习兴趣和动力。同时，教师还应注重教学资源的公平分配和普及性，让更多的幼儿能够享受到优质的舞蹈教育。这需要政府、学校和社会各界共同努力，形成合力推动幼儿舞蹈教育的普及和发展。

最后，加强社会宣传与教育是提高幼儿舞蹈教育认知度和重视程度的有效途径。通过各种渠道宣传和推广幼儿舞蹈教育的价值和意义，让更多的人了解并关注这一领域。同时，加强与家长和社区的沟通与合作也是至关重要的。家长是幼儿成长的重要陪伴者和支持者，他们的理解和支持对于幼儿舞蹈教育的顺利开展具有重要意义。因此，教师需要通过各种方式与家长进行沟通，让他们了解幼儿舞蹈教育的目标和内容，引导他们正确看待孩子的舞蹈学习成果。此外，与社区的合作也可以为幼儿提供更多的展示和交流平台，让他们的舞蹈才华得到更广泛的认可和赞赏。

综上所述，更新教育理念、提高教师素质、优化教学资源配置以及加强社会宣传与教育等方面的努力是提升幼儿舞蹈教学质量的关键所在。在新的时代背景下，教师需要不断探索和创新幼儿舞蹈教育的方法和途径，为幼儿的全面发展创造更好的条件和机会。让教师携手共进，为幼儿的舞蹈梦想插上翅膀，让他们在舞蹈的世界里自由翱翔！同时，教师也要清醒地认识到，幼儿舞蹈教育的发展还面临着诸多挑战和问题。例如，教育资源的不均衡分配、教师队伍的素质参差不齐、社会对幼儿舞蹈教育的认知误区等。这些问题都需要教师持续关注和努力解决。通过加强政策引导、加大投入力度、完善培训体系和提高公众认知等途径，教师可以逐步推动幼儿舞蹈教育的健康发展，为培养更多具有创新精神和实践能力的优秀人才贡献力量。

四、未来幼儿舞蹈教学的发展趋势与展望

幼儿舞蹈教学作为艺术教育的重要组成部分，随着时代的进步和社会的发展，正面临着前所未有的变革。随着教育理念的不断更新、科技手段的日益丰富以及社会需求的日益多元化，未来幼儿舞蹈教学将呈现出怎样的发展趋势？又将如何满足社会的期望与需求？下文将从教育理念、科技应用、课程内容与形式以及评价体系等方面，对未来幼儿舞蹈教学的发展趋势进行深入探讨，并展望其未来发展前景。

（一）教育理念的创新与深化

未来的幼儿舞蹈教学将更加注重幼儿的主体地位和个性发展。教师将不再是单纯的技能传授者，而是成为幼儿舞蹈探索的引导者和支持者。在教学过程中，将更加注重培养幼儿的创造力、想象力以及批判性思维，鼓励幼儿通过舞蹈表达自己的情感和思想。同时，幼儿舞蹈教学也将更加注重跨学科融合，与其他艺术领域如音乐、美术等相结合，形成综合性的艺术教育体系。

（二）科技手段的深度融合与应用

科技的快速发展为幼儿舞蹈教学提供了无限的可能性。虚拟现实（VR）、增强现实（AR）等技术的应用，可以让幼儿沉浸在丰富的舞蹈场景中，提高学习的兴趣和效果。智能舞蹈教学系统，可以根据每个幼儿的学习特点和进度，提供

个性化的教学方案。同时，在线教学平台的普及也将打破地域限制，让更多的幼儿能够接触到优质的舞蹈教育资源。

（三）课程内容和形式的丰富与多元

未来的幼儿舞蹈教学将更加注重课程内容的多样性和形式的创新性。除了传统的民族舞、芭蕾舞等经典舞蹈外，还将引入街舞、爵士舞等现代舞蹈元素，以满足不同幼儿的兴趣和需求。同时，课程内容也将更加注重与实际生活的联系，让幼儿在舞蹈学习中感受到舞蹈的实用性和趣味性。在教学形式上，将更加注重游戏化和情境化，通过舞蹈游戏、角色扮演等形式，幼儿在轻松愉快的氛围中学习舞蹈。

（四）评价体系的完善与科学化

未来的幼儿舞蹈教学将更加注重评价体系的科学性和完善性。传统的以技能水平为主要评价标准的评价方式将被逐渐取代，更加注重幼儿在舞蹈学习过程中的表现、进步和创新能力。同时，评价体系也将更加注重个体差异和多元智能的发展，鼓励幼儿在舞蹈学习中展现自己的独特性和创造力。此外，家长和社会的参与也将成为评价体系的重要组成部分，形成家、校、社会共同参与的多元化评价体系。

（五）展望未来

随着教育理念的不断更新和科技手段的不断进步，未来幼儿舞蹈教学将呈现出更加多元化、个性化和科学化的特点。幼儿舞蹈教学将更加注重幼儿的全面发展和个性培养，满足社会对多元化人才的需求。同时，随着科技手段的不断融合和应用，幼儿舞蹈教学将打破传统的时间和空间限制，实现更加高效和便捷的教学模式。此外，随着社会的不断进步和人们对艺术教育认知的提高，幼儿舞蹈教学将得到更多的关注和支持，为幼儿的全面发展提供更加有力的保障。

未来幼儿舞蹈教学将面临巨大的变革和发展机遇。只有不断创新教育理念、深度融合科技手段、丰富课程内容与形式以及完善评价体系，才能满足社会的期望与需求，推动幼儿舞蹈教学的健康发展。教师期待着未来幼儿舞蹈教学能够绽放出更加绚丽的光彩，为幼儿的全面发展贡献更大的力量。

第二章　游戏元素在幼儿舞蹈教学中的理论基础

第一节　游戏元素的概念和分类

一、游戏元素的概念

在探讨游戏元素的概念时，教师首先要明确什么是游戏元素。简而言之，游戏元素是构成游戏整体体验的各个组成部分，它们共同构建了一个完整、有趣且吸引人的游戏世界。游戏元素不仅限于视觉和听觉效果，还包括游戏规则、角色设定、故事情节、交互界面等多个方面。这些元素在游戏设计中扮演着至关重要的角色，它们通过各自的特性和相互之间的关联，共同创造出一个充满挑战和乐趣的游戏环境。

（一）视觉元素

视觉元素是游戏设计中最为直观和显眼的元素之一。它们包括游戏的场景、角色、道具、界面设计等各个方面。这些元素通过色彩、形状、纹理等视觉手段，为玩家呈现出一个丰富多彩的游戏世界。例如，在一款冒险游戏中，茂密的森林、险峻的山脉、神秘的城堡等场景设计，能够让玩家沉浸在游戏的世界中，感受到探险的刺激和乐趣。

（二）听觉元素

与视觉元素相辅相成的是听觉元素，它们通过音效、背景音乐和声音设计等手段，为游戏增添了更多的层次和深度。音效能够让玩家更加真实地体验游戏中的各种动作和事件，如脚步声、枪声、爆炸声等。背景音乐则能够营造出不同的氛围和情感，使玩家更加深入地投入游戏的情境中。声音设计则通过精细的声音处理和音效合成，为游戏创造出独特的听觉体验。

（三）游戏规则和机制

游戏规则和机制是游戏元素中最为核心的部分，它们决定了游戏的玩法和交互方式。游戏规则规定了玩家在游戏中所需要遵循的基本准则，如得分规则、时间限制、操作方式等。游戏机制则是指游戏内部的各种系统和机制，如战斗系统、升级系统、任务系统等。这些机制和规则通过各自的设定和相互之间的关联，构成了游戏的核心玩法和体验。

（四）角色设定与故事情节

角色设定和故事情节是构成游戏叙事体验的重要元素。角色设定包括角色的外貌、性格、能力等方面，它们通过游戏的剧情和任务系统，与玩家建立起深厚的情感联系。故事情节则是通过游戏的主线任务和支线任务，为玩家呈现出一个完整而引人入胜的故事。这些故事情节和角色设定通过精心的设计和编排，能够让玩家在游戏中体验到情感的波动和共鸣。

（五）交互界面与操作体验

交互界面和操作体验是游戏元素中与玩家最为直接相关的部分。交互界面设计简洁明了、易于操作，能够让玩家快速上手并享受到游戏的乐趣。操作体验则是指玩家在游戏中进行操作时所感受到的反馈和手感，如按键的灵敏度、角色的移动速度等。这些元素通过精细的调整和优化，能够让玩家在游戏中获得更加流畅和舒适的操作体验。

（六）游戏元素之间的关联与互动

在游戏设计中，各个元素之间并不是孤立存在的，它们通过相互之间的关联和互动，共同构成了一个完整的游戏世界。例如，视觉元素和听觉元素之间的紧密结合，能够为玩家营造出更加逼真的游戏环境；游戏规则和机制与角色设定和故事情节之间的融合，能够创造出更加有趣和富有挑战性的游戏体验；而交互界面和操作体验的优化，则能够让玩家更加轻松地沉浸在游戏的世界中。

综上所述，游戏元素是构成游戏整体体验的各个组成部分，它们通过各自的特性和相互之间的关联，共同创造出一个充满挑战和乐趣的游戏环境。在未来的游戏设计中，教师应该更加注重各个元素之间的融合与创新，为玩家带来更加丰富多彩、引人入胜的游戏体验。

二、游戏元素的分类

游戏元素，作为构成游戏核心体验的基础，可以根据不同的游戏类型和玩法进行详细的分类。这些分类不仅反映了游戏的多样性，也体现了游戏设计者在创造游戏时所侧重的不同方面。下面，笔者将针对几种常见的游戏类型，探讨其内部的主要游戏元素。

（一）角色扮演游戏元素

角色扮演游戏（RPG）是一种深受玩家喜爱的游戏类型，它允许玩家扮演一个虚拟角色，并在一个充满奇幻、冒险和探索的虚构世界中展开旅程。这种游戏类型起源于20世纪七八十年代的桌面角色扮演游戏，随着科技的进步和游戏设计的创新，RPG逐渐发展成为一种多元化的游戏形式，涵盖了各种不同的主题、风格和玩法。

在RPG游戏中，角色发展是核心要素之一。玩家通过完成任务、战斗或探索来积累经验，进而提升角色的能力、技能或等级。每个角色都有自己独特的属性和技能树，玩家可以根据自己的喜好和游戏需求来定制角色的成长路径。例如，在某些游戏中，玩家可以选择将角色培养成为一名强大的战士，或者一名精通魔法的法师。随着角色的成长，玩家将面临越来越多的挑战和机遇，需要不断提升自己的能力来应对各种情况。

故事情节是RPG游戏的另一个重要组成部分。通常，这类游戏都有一个复杂而引人入胜的主线故事，伴随着多个支线任务和剧情线。这些故事往往充满了冒险、战斗、爱情、友情等元素，为玩家提供了丰富的叙事体验。玩家需要通过与NPC对话、探索环境、解谜等方式来推动故事的发展，并逐渐揭示这个世界的秘密和背景。故事情节的丰富程度和吸引力直接影响了玩家的游戏体验，因此游戏开发者通常会花费大量心思来构建精彩的故事情节。

世界构建也是RPG游戏的一大特色。游戏开发者会设计出一个充满细节和沉浸感的虚拟世界，包括各种环境、建筑、景观和背景设定。这些元素共同构建了一个庞大而真实的世界，让玩家仿佛置身于一个真实的奇幻世界中。此外，游戏中还有各种非玩家角色（NPC），他们有着各自的故事和背景，与玩家进行互动和交流。这些NPC的存在不仅丰富了游戏世界的细节和深度，也为玩家提供了更多的任务和剧情线索。

在RPG游戏中，装备与物品也是不可或缺的元素之一。玩家可以通过战斗、交易、探索等方式获得各种装备和物品，这些物品可以增强角色的能力、改变外观或提供特殊效果。装备和物品的设计通常都非常精美和细致，不仅具有实用价值，还能为玩家带来一定的收藏和展示价值。玩家可以根据自己的喜好和需求来搭配装备和物品，打造出独一无二的角色形象。

社交互动是RPG游戏中另一个重要的方面。玩家之间可以通过组队、交易、PK等方式进行互动，增加了游戏的社交性和竞争性。组队可以让玩家与其他玩家一起完成任务和打怪升级，共同面对更大的挑战和敌人。交易则可以让玩家之间交换物品和装备，满足各自的需求和喜好。而PK则是一种竞技玩法，玩家之间可以进行对战和竞技，展示自己的实力和技巧。这些社交互动的机制不仅增加了游戏的趣味性和多样性，还能让玩家结交更多的朋友和对手。

除了以上几个核心元素外，RPG游戏通常还包含其他一些辅助元素和特色玩法。例如，一些游戏会引入宠物系统、坐骑系统或房屋系统等，让玩家可以养宠物、骑乘各种坐骑或购买房屋来装饰和展示自己的成就和个性。此外，还有一些游戏会引入交易系统、拍卖行等经济元素，让玩家可以通过交易和买卖物品来赚取游戏内的货币和财富。

总之，角色扮演游戏（RPG）是一种充满奇幻、冒险和探索的游戏类型。它通过角色发展、故事情节、世界构建、装备与物品以及社交互动等核心元素为玩家提供了丰富的游戏体验。随着游戏技术的不断进步和创新，未来的RPG游戏将会更具多样性、开放性和互动性，为玩家带来更加精彩和刺激的冒险之旅。

（二）竞赛与合作游戏元素

竞赛与合作游戏，作为游戏领域的一个重要分支，侧重于玩家之间的竞争或合作，以达到共同的目标。这类游戏不仅要求玩家具备出色的策略制定和反应能力，还需要玩家之间建立有效的沟通和协作。这种游戏形式为玩家提供了一个充满挑战和乐趣的环境,让他们可以与其他玩家一同竞技或携手合作,共同追求游戏中的胜利。

实时对战是竞赛与合作游戏的核心元素之一。在这种模式下,玩家需要在实时环境中与其他玩家进行对战,这意味着玩家需要拥有极高的反应速度和准确的决策能力。实时对战不仅考验玩家的技术水平,还要求玩家具备出色的心理素质和抗压能力。在这种紧张刺激的竞技环境中,玩家需要时刻保持冷静,灵活应对各种突发情况,才能在激烈的战斗中脱颖而出。

团队协作是多人合作游戏中不可或缺的元素。在某些竞赛与合作游戏中,玩家需要相互配合以完成任务或达到目标。这就要求玩家之间建立良好的沟通和协作能力,共同制定和执行战略。团队协作不仅考验玩家的个人技能,还要求玩家具备团队意识和大局观。在这种游戏模式下,玩家需要学会倾听和尊重他人的意见,发挥自己的优势,与队友携手共进,才能取得最终的胜利。

排名与奖励是竞赛与合作游戏中激发玩家竞争欲望的重要手段。通过竞赛排名,玩家可以获得荣誉和奖励,这增加了游戏的竞争性和吸引力。排名系统通常根据玩家的胜率、得分或其他指标进行排序,让玩家能够直观地了解自己的竞技水平和在玩家群体中的位置。奖励则可以是游戏内的货币、装备、皮肤等虚拟物品,也可以是实物奖品或游戏周边产品。这些奖励不仅能让玩家在游戏中获得成就感,还能激发他们的竞技热情,进一步提高游戏的参与度。

赛事与活动是竞赛与合作游戏的重要组成部分。游戏开发商通常会定期举办各种赛事和活动,为玩家提供额外的挑战和奖励。这些赛事可以是线上的也可以是线下的,形式多种多样,如锦标赛、挑战赛、限时活动等。通过参与这些赛事和活动,玩家可以与其他高手切磋技艺,展示自己的实力,同时还有机会获得丰厚的奖励和荣誉。赛事与活动的举办不仅丰富了游戏的内容,还提高了玩家的参与度和黏性,使游戏更具吸引力和生命力。

除了以上几个核心元素外,竞赛与合作游戏通常还具备一些辅助功能和特色玩法,以进一步提升玩家的游戏体验。例如,一些游戏会提供观战系统,让玩家可以观看其他玩家的比赛,学习他们的战术和技巧;还有的游戏会引入语音聊天功能,方便玩家之间进行更高效的沟通和协作。此外,一些游戏还会设置社交功能，让玩家可以结交朋友、组建战队或公会，共同追求游戏中的荣誉和胜利。

总之，竞赛与合作游戏通过实时对战、团队协作、排名与奖励以及赛事与活动等元素为玩家提供了一个充满挑战和乐趣的游戏环境。这类游戏不仅考验玩家的技术和策略水平，还要求玩家之间建立良好的沟通和协作能力。同时，通过举办各种赛事和活动，游戏开发商为玩家提供了更多的挑战和奖励机会，进一步激发了玩家的竞争欲望和参与热情。随着游戏技术的不断发展和创新，未来的竞赛与合作游戏将会更加多样化、丰富化和竞技化，为玩家带来更加精彩和刺激的游戏体验。

（三）音乐节奏游戏元素

音乐节奏游戏，一种独特的电子游戏类型，要求玩家根据音乐的节奏进行操作，以完成各种任务或挑战。这类游戏以其独特的魅力，吸引了众多玩家的关注和喜爱。它们不仅要求玩家有出色的反应速度和精准度，还需要玩家对音乐有深入的理解和感受。

在音乐节奏游戏中，音乐选择是至关重要的一个环节。游戏通常会提供多种音乐供玩家选择，这些音乐通常具有不同的节奏和风格，如流行、摇滚、电子、古典等。玩家可以根据自己的喜好和擅长的音乐类型，选择适合自己的曲目进行游戏。这种音乐选择的多样性，使得游戏更具吸引力和挑战性。

反应速度也是音乐节奏游戏中不可或缺的一个元素。玩家需要根据音乐的节奏快速而准确地进行操作，这对玩家的反应速度提出了极高的要求。玩家需要在短时间内做出正确的反应，以完成游戏中的各种任务或挑战。这种快速而准确的反应，不仅要求玩家有敏锐的听觉，还需要玩家具备出色的手眼协调能力。

除了反应速度，精准度也是音乐节奏游戏中非常重要的一个方面。玩家在操作过程中需要尽量保持精准，以获得更高的得分或评价。这种精准度的要求，使得玩家在操作过程中需要全神贯注，不能有丝毫的分心。玩家需要根据音乐的节奏和旋律，精准地进行操作，以获得最佳的游戏效果。

在音乐节奏游戏中，连击与组合也是非常重要的一个元素。通过连续的操作和组合，玩家可以获得额外的奖励或效果，这增加了游戏的挑战性和乐趣。玩家需要在游戏的过程中，不断地尝试和探索，找到最适合自己的操作方式和组合方式。这种连击与组合的操作方式，不仅要求玩家有出色的反应速度和精准度，还需要玩家具备较高的游戏技巧和策略意识。

除了以上提到的几个主要元素外，音乐节奏游戏还有许多其他的游戏元素和特色。例如，一些游戏会加入剧情模式，让玩家在游戏的过程中，体验到更加丰富和多样的故事情节。这些剧情模式通常与音乐紧密相连，通过音乐的节奏和旋律，将玩家带入一个充满情感和故事的世界。

另外，一些音乐节奏游戏还会加入多人对战模式，让玩家可以与其他玩家进行实时对战或合作。这种多人对战的模式，不仅增加了游戏的互动性和竞技性，还让玩家可以在游戏中结交更多的朋友，分享彼此的游戏经验和心得。

此外，音乐节奏游戏还会不断推出新的音乐曲目和更新内容，以保持游戏的新鲜感和吸引力。这些新的音乐曲目和更新内容，通常都会根据玩家的反馈和需求进行调整和优化，以满足玩家的期望和需求。

总的来说，音乐节奏游戏是一种非常有趣和富有挑战性的游戏类型。它不仅要求玩家有出色的反应速度和精准度，还需要玩家对音乐有深入的理解和感受。通过不断的练习和探索，玩家可以在游戏中不断提高自己的技巧和水平，享受到游戏带来的乐趣和成就感。同时，音乐节奏游戏也为玩家提供了一个与音乐紧密相连的平台，让玩家可以在游戏中感受到音乐的魅力和力量。

（四）身体协调性游戏元素

身体协调性游戏是一种独特的电子游戏类型，它要求玩家通过身体动作来控制游戏中的角色或进行操作。这类游戏为玩家提供了一个全新的互动体验，让他们不再仅仅是通过手柄、键盘或触摸屏来与游戏互动，而是真正地将自己的身体融入游戏中。

首先，动作捕捉是身体协调性游戏的核心技术之一。通过先进的传感器或摄像头，游戏能够捕捉玩家的身体动作，并将其精确地转化为游戏中的操作。这种技术的运用，不仅让玩家能够更直观地控制游戏中的角色，还为他们带来了更加真实和沉浸式的游戏体验。

其次，平衡与稳定是许多身体协调性游戏中不可或缺的元素。在这些游戏中，玩家需要保持身体的平衡和稳定，才能完成任务或避免失败。例如，在一些模拟滑雪、滑板或骑自行车等运动的游戏中，玩家需要通过调整身体姿势和重心分布，来保持角色的稳定和速度。这种对身体平衡和稳定的要求，不仅考验了玩家的身体协调性，还让他们在游戏中体验到了真实的运动感受。

再次，体力消耗也是身体协调性游戏的一个重要特点。由于需要频繁地做动作，这类游戏通常会让玩家消耗较多的体力。在长时间的游戏过程中，玩家需要不断地调整身体姿势和动作，这不仅考验了他们的身体耐力和协调性，还让他们在游戏中体验到了运动带来的快乐和满足感。

空间感知也是身体协调性游戏中不可或缺的一个元素。玩家需要准确地感知自己在空间中的位置和方向，以便进行有效的操作。这种对空间感知的要求，使得玩家在游戏中需要更加关注自己的身体和环境，从而更好地融入游戏世界。同时，空间感知的培养和提高，也有助于玩家在现实生活中更好地感知和理解空间，提高他们的空间认知能力。

除了以上提到的几个主要元素外，身体协调性游戏还有许多其他的游戏元素和特色。例如，一些游戏会加入多人对战模式，这种模式不仅增加了游戏的互动性和竞技性，还让玩家可以在游戏中结交更多的朋友，分享彼此的游戏经验和心得。

此外，身体协调性游戏还会根据游戏类型和目标受众的不同，设计不同的游戏内容和难度。例如，一些游戏可能更注重玩家的身体灵活性和协调性，而另一些游戏则可能更注重玩家的耐力和反应速度。这种多样化的游戏内容和难度设计，使得身体协调性游戏能够吸引更广泛的玩家群体，满足他们不同的游戏需求和喜好。

总的来说，身体协调性游戏是一种充满挑战和乐趣的游戏类型。它不仅要求玩家具备良好的身体协调性和稳定性，还需要玩家具备较高的空间感知能力和体力消耗能力。通过不断的练习和探索，玩家可以在游戏中不断提高自己的身体素质和协调能力，享受到游戏带来的乐趣和成就感。同时，身体协调性游戏也为玩家提供了一个全新的互动体验，让他们能够更加深入地融入游戏世界，感受到游戏的魅力和力量。随着技术的不断发展和创新，相信未来身体协调性游戏将会有更加广阔的发展空间和前景。

（五）创意性游戏元素

创意性游戏是一种独特而富有魅力的游戏类型，它侧重于玩家的创造力和想象力，为玩家提供了一个自由发挥和创造的舞台。在创意性游戏中，玩家可以充分发挥自己的创造力和想象力，通过建造、设计或创造来构建自己的游戏世界或角色。这种游戏体验让玩家能够沉浸在一个充满无限可能性的虚拟世界中，实现自己的创意和梦想。

首先，建造与创造是创意性游戏的核心元素之一。玩家可以利用游戏中的各种工具和材料，自由地进行建造、设计和创造。他们可以建造自己的房屋、城堡、城市或星球，设计独特的服装、道具或装备，甚至创造全新的生物、植物或景观。这种建造与创造的过程不仅考验了玩家的创造力和想象力，还让他们在游戏中体验到了创作的乐趣和成就感。

其次，资源收集是创意性游戏中不可或缺的一个环节。为了进行创造，玩家通常需要收集各种资源或材料。这些资源可以是游戏中的自然物品，如木材、石头、金属等，也可以是其他玩家分享的作品或创意。玩家需要探索游戏世界，寻找并收集这些资源，以便在创造过程中使用。资源收集的过程不仅增加了游戏的挑战性和趣味性，还让玩家更加深入地了解游戏世界的细节和特色。

再次，自由度是创意性游戏的另一个重要特点。这类游戏通常给予玩家较高的自由度，允许他们自由探索、尝试和创造。玩家可以自由选择自己的游戏目标和玩法，不受固定的任务或剧情限制。他们可以在游戏中自由行动、交互和创造，获得更加开放和自由的游戏体验。这种自由度不仅让玩家能够根据自己的兴趣和想象力来构建自己的游戏世界，还让他们能够在游戏中享受到更加多样化和丰富的游戏内容。

最后，社区分享是创意性游戏中一个重要的互动环节。玩家可以在游戏中分享自己的作品或创意，与其他玩家互动和交流。他们可以将自己的建筑、设计或创造分享给其他玩家，也可以从其他玩家那里获取灵感和创意。这种社区分享的机制不仅增加了游戏的互动性和社交性，还让玩家能够在游戏中结交更多的朋友，分享彼此的创作经验和心得。

除了以上提到的几个主要元素外，创意性游戏还有许多其他的游戏元素和特色。例如，一些游戏会提供丰富的素材库和工具集，让玩家能够更加便捷地进行创造和设计。同时，这些游戏还会不断更新和推出新的内容和功能，以保持游戏的活力和吸引力。

总的来说，创意性游戏是一种充满创造力和想象力的游戏类型。它允许玩家在游戏中自由发挥和创造，通过建造、设计或创造来构建自己的游戏世界或角色。这种游戏体验不仅让玩家能够充分发挥自己的创造力和想象力，还让他们在游戏中体验到了创作的乐趣和成就感。同时，创意性游戏也为玩家提供了一个与其他玩家互动和交流的平台，让他们能够分享自己的作品和创意，结交更多的朋友。随着技术的不断发展和创新，相信未来创意性游戏将会有更加广阔的发展空间和前景。

第二节　游戏元素在教育领域的作用

一、游戏元素与幼儿认知发展的关系

幼儿期是认知发展极为关键的时期，而游戏作为幼儿日常生活中最主要的活动形式，对其认知发展起着不可替代的作用。游戏元素多种多样，每一种元素都在不同程度上促进着幼儿认知能力的提升。下文将从多个方面探讨游戏元素与幼儿认知发展之间的紧密关系。

（一）注意力与记忆力

幼儿在游戏过程中，通常需要集中注意力来完成任务或目标。这种集中注意力的过程对于提升幼儿的注意稳定性、注意分配和注意转移能力至关重要。例如，在拼图游戏中，幼儿需要专注地将不同形状的拼图块放入正确的位置，这不仅锻炼了他们的注意力，还培养了他们的耐心和坚持性。同时，游戏中的规则、情节和任务等都需要幼儿在脑海中进行记忆，从而促进了他们记忆能力的发展。

（二）语言能力

游戏通常涉及语言的交流和表达。在角色扮演游戏中，幼儿需要模仿成人的语言和行为，这有助于他们理解和学习语言。同时，通过与同伴或成人的互动，

幼儿可以学习新的词汇、语法和表达方式，提升他们的语言理解和表达能力。此外，游戏中的故事、儿歌和指令等也是培养幼儿语言能力的良好载体。

（三）思维能力

游戏元素中的逻辑、推理、判断和解决问题等都需要幼儿运用思维能力。在棋类游戏中，幼儿需要根据规则和对手的行动进行策略调整，这有助于培养他们的逻辑思维能力。同时，游戏中的难题和挑战也需要幼儿进行创造性思考，从而培养他们的创新能力和问题解决能力。

（四）感知与运动能力

许多游戏元素涉及幼儿的感知和运动能力。例如，在体育游戏中，幼儿需要准确地感知身体的位置和运动状态，从而做出正确的动作。这种感知与运动的协调对于提升幼儿的身体协调性和平衡感至关重要。此外，游戏中的美术元素如色彩、形状和空间等也可以刺激幼儿的视觉感知能力。

（五）情绪与社会性发展

游戏中的合作、分享、竞争和规则遵守等元素对于幼儿情绪和社会性的发展具有重要影响。通过游戏，幼儿可以学会如何与他人相处、如何处理冲突和如何表达自己的情感。同时，游戏中的角色扮演和情景模拟也有助于幼儿理解社会角色和行为规范，从而培养他们的社会责任感和同理心。

（六）创造力与想象力

游戏中的自由探索、创造和想象元素对于培养幼儿的创造力和想象力具有重要意义。在创造性游戏中，幼儿可以根据自己的兴趣和想象来构建游戏世界，这有助于激发他们的创造潜能。同时，游戏中的故事情节和角色设定也可以激发幼儿的想象力，促进他们创造新的故事和情节。

综上所述，游戏元素与幼儿认知发展之间存在着密切的关系。游戏中的不同元素可以促进幼儿注意力、记忆力、语言能力、思维能力、感知与运动能力、情绪与社会性发展以及创造力与想象力的提升。因此，在教育实践中，教师应该充分利用游戏的优势，为幼儿提供丰富多样的游戏环境和材料，以促进他们全面而均衡的发展。同时，家长和教育工作者也应该关注幼儿在游戏中的表现和需求，给予他们适当的引导和支持，帮助他们在游戏中获得更好的认知发展体验。

二、游戏元素在幼儿情感和社会性发展中的作用

幼儿期是情感和社会性发展的奠基时期，游戏作为一种幼儿天性，不仅仅是为了娱乐和休闲，更是他们探索社会规则、培养情感表达和人际交往能力的重要途径。游戏元素在幼儿情感和社会性发展中扮演着至关重要的角色。下文将从多个方面探讨游戏元素如何影响和促进幼儿的情感和社会性发展。

（一）情感表达和情绪管理

在游戏中，幼儿常常需要表达自己的情感和情绪。无论是角色扮演游戏中的喜怒哀乐，还是合作游戏中的成功与失败，幼儿都需要学会如何正确地表达自己的情感。通过游戏，他们可以模拟不同的情境，学习如何控制自己的情绪，以及如何与他人分享和沟通自己的感受。这种情感的表达和分享不仅有助于幼儿自我认知的深化，还有助于他们建立健康的情感表达方式，从而更好地管理自己的情绪。

（二）同理心和情感共鸣

许多游戏元素要求幼儿站在他人的角度思考问题，培养他们的同理心。例如，在角色扮演游戏中，幼儿需要理解并扮演不同的角色，设身处地地感受角色的情感和需求。这样的游戏体验可以帮助幼儿理解他人的感受，培养他们的同理心和情感共鸣能力。这种能力对于幼儿的社会交往和人际关系建立至关重要，有助于他们更好地融入社会，与他人和谐相处。

（三）合作与分享

合作游戏是幼儿社会性发展的重要推动力。在合作游戏中，幼儿需要学会与同伴协同工作，共同解决问题。通过游戏，他们可以学习到如何倾听他人的意见，如何协商和妥协，以及如何分享自己的成果和资源。这种合作和分享的精神不仅有助于幼儿在游戏中的成功，更有助于他们在日常生活中建立良好的人际关系，成为受欢迎的社会成员。

（四）规则意识和行为规范

游戏中的规则和规则意识是幼儿社会性发展的重要组成部分。在游戏中，幼儿需要遵守一定的规则和约定，这对于培养他们的规则意识和行为规范至关重要。

通过游戏，他们可以学习到如何遵守规则，如何尊重他人的权利，以及如何对自己的行为负责。这种规则意识和行为规范的培养不仅有助于幼儿在游戏中形成自律和公正意识，更有助于他们在日常生活中形成良好的行为习惯和社会责任感。

（五）解决冲突和社交技巧

在游戏中，幼儿常常会遇到各种冲突和矛盾。如何处理这些冲突和矛盾，是幼儿社会性发展的重要课题。通过游戏，他们可以学习到如何与他人沟通、协商和妥协，如何解决冲突和化解矛盾。这种解决冲突能力和社交技巧的培养有助于幼儿更好地应对日常生活中的社交挑战，建立良好的人际关系。

（六）自我认知和自我评价

游戏中的角色扮演和情景模拟可以帮助幼儿更好地认识自己，了解自己的优点和不足。通过游戏，他们可以观察到自己在不同情境下的表现，从而对自己的能力和行为进行评价和反思。这种自我认知和自我评价的能力有助于幼儿形成积极的自我形象，增强自信心和自尊心，为他们的未来发展奠定坚实的基础。

游戏元素在幼儿情感和社会性发展中起着不可或缺的作用。游戏中的合作、分享、规则遵守、情感表达、同理心培养等元素，都有助于幼儿情感和社会性的全面发展。因此，在教育实践中，教师应该充分利用游戏的优势，为幼儿提供丰富多样的游戏环境和材料，以促进他们情感和社会性的健康发展。同时，家长和教育工作者也应该关注幼儿在游戏中的情感和社会性表现，给予他们适当的引导和支持，帮助他们在游戏中获得更好的情感和社会性发展体验。

三、游戏元素对幼儿学习动机的激发

学习动机是推动幼儿进行学习活动的内部动力，对其未来的学术成就和社会适应性具有深远的影响。在幼儿教育中，游戏作为一种深受幼儿喜爱的活动形式，对于激发幼儿的学习动机具有重要的作用。游戏元素能够通过其独特的魅力和吸引力，使幼儿在玩乐中学习，从而提高学习的效果和质量。下文将从多个方面探讨游戏元素如何激发幼儿的学习动机。

（一）游戏元素的趣味性激发幼儿的好奇心

幼儿期是一个人成长发展过程中极为关键的阶段，这一时期的孩子对世界充满了好奇与探索的欲望。游戏，作为一种深受幼儿喜爱的活动形式，不仅具有丰富的情节、生动的画面和多样的玩法，更在无形中满足了幼儿的好奇心，激发了他们的学习动机。

首先，游戏的丰富情节往往能吸引幼儿的注意力。在游戏中，幼儿可以体验到不同的角色、场景和故事情节，这些元素使得游戏充满了趣味性和吸引力。例如，在角色扮演游戏中，幼儿可以扮演自己喜欢的角色，体验不同的生活场景和情感，这种沉浸式的体验让幼儿更加投入和享受游戏的过程。而在冒险类游戏中，曲折离奇的故事情节和未知的挑战更是激发了幼儿的好奇心和探索欲望，促使他们不断地去探索和尝试。

其次，游戏的生动画面也是吸引幼儿的重要因素之一。现代游戏技术的不断发展，使得游戏的画面越来越逼真、生动，给幼儿带来了更加震撼的视觉体验。这种生动的画面不仅让幼儿更容易沉浸在游戏的世界中，还能激发他们的想象力和创造力。比如，在绘画类游戏中，幼儿可以通过游戏提供的各种画笔和颜料，自由地创作出属于自己的作品，这种创作过程不仅锻炼了幼儿的动手能力，还培养了他们的审美能力和创新意识。

再次，游戏的多样玩法也是吸引幼儿的重要因素之一。不同的游戏有着不同的玩法和规则，这些玩法和规则既满足了幼儿的好奇心和探索欲望，又让他们在游戏中不断挑战自我、超越自我。例如，在益智类游戏中，幼儿需要通过思考和推理来解决各种问题，这种挑战不仅锻炼了幼儿的思维能力，还培养了他们的耐心和毅力。而在运动类游戏中，幼儿可以通过跑、跳、爬等动作来锻炼身体和提高运动能力，这种活动不仅让幼儿在游戏中得到了乐趣，还促进了他们的身体健康发展。

游戏对于幼儿来说，不仅仅是一种娱乐方式，更是一种学习方式。当幼儿在游戏中遇到问题时，他们的好奇心会驱使他们去探索、去尝试，从而激发他们的学习动机。这种学习动机的激发，不仅有助于幼儿在游戏中获得更多的知识和技能，还能促进他们的全面发展。在游戏中，幼儿需要不断地思考、尝试和创新，这些过程不仅锻炼他们的思维能力，还培养了他们的创造力和创新精神。同时，游戏中的团队合作和社交互动也让幼儿学会了与他人合作和沟通的技巧，培养了他们的社交能力和情感素质。

然而，教师也需要认识到游戏并非万能的，家长和教育者在引导幼儿参与游戏时，应当选择适合幼儿年龄和发展水平的游戏，避免过度沉迷游戏而影响幼儿的身心健康。同时，家长和教育者还应当引导幼儿正确地看待游戏，让他们意识到游戏只是一种辅助学习的工具，而非生活的全部。

游戏以其丰富的情节、生动的画面和多样的玩法，成为满足幼儿好奇心、激发学习动机的重要途径之一。在游戏中，幼儿可以体验到不同的角色、场景和故事情节，锻炼自己的思维能力、创造力和社交能力。因此，教师应当充分利用游戏这一教育资源，为幼儿提供一个充满趣味性和探索性的学习环境，促进他们的全面发展。同时，教师也需要引导幼儿正确地看待游戏，让他们在游戏与学习的平衡中找到自己的成长之路。

（二）游戏元素的互动性促进幼儿的社会参与

游戏，作为一种深受幼儿喜爱的活动形式，其互动性是其独特魅力的重要组成部分。这种互动性不仅让游戏变得更加有趣，而且极大地促进了幼儿的社会参与和合作能力的发展。在幼儿期，幼儿正处于社交技能形成的关键时期，而游戏正是他们锻炼这些技能的重要场所。

当幼儿在游戏中与其他玩家互动时，他们首先需要学会的是倾听。在游戏中，每个玩家都有自己的角色和任务，需要相互配合才能完成任务或解决问题。这就需要幼儿认真倾听其他玩家的意见和建议，理解他们的需求和意图。通过不断地倾听和实践，幼儿逐渐学会了如何与他人进行有效的沟通，这是他们未来获得社交技能的基础。

除了倾听，理解和尊重他人的意见也是游戏中不可或缺的一部分。在游戏中，不同的玩家可能会有不同的想法和策略，这就需要幼儿学会理解和尊重他人的观点。他们需要认识到，每个人都有自己的价值和贡献，只有相互理解和尊重，才能共同完成任务或解决问题。这种尊重和理解的态度，不仅有助于游戏的顺利进行，更是幼儿未来建立良好人际关系的基础。

游戏的互动性还促进了幼儿的团队精神和合作能力的发展。在游戏中，幼儿需要相互配合、协作完成任务或解决问题。这就需要他们学会分工合作、互相支持、互相鼓励。通过不断地合作和实践，幼儿逐渐明白了团队合作的重要性，学会了如何在团队中发挥自己的优势，为团队的成功贡献自己的力量。这种团队精神和合作能力，不仅有助于他们在游戏中取得更好的成绩，更是他们未来学习和工作中不可或缺的重要素质。

此外，游戏的互动性还为幼儿提供了体验成功喜悦的机会。在游戏中，当幼儿通过合作和努力共同完成任务或解决问题时，他们会感受到成功的喜悦和成就感。这种成功的喜悦不仅增强了他们的自信心和学习动力，还让他们更加珍惜与他人的合作和互动。这种积极的情感体验对于幼儿的成长和发展具有积极的影响。

然而，游戏并非万能的，家长和教育者应当选择适合幼儿年龄和发展水平的游戏，避免过度沉迷游戏而影响幼儿的身心健康。同时，家长和教育者还应当引导幼儿正确地看待游戏，让他们意识到游戏只是一种辅助学习的工具，而非生活的全部。此外，为了充分发挥游戏的教育价值，家长和教育者还可以在游戏中设置一些具有挑战性的任务或问题，激发幼儿的好奇心和探索欲望。他们也可以与幼儿一起参与游戏，与他们分享游戏的乐趣和收获，促进亲子关系和师生关系的和谐发展。

游戏的互动性不仅增强了游戏的趣味性，还促进了幼儿的社会参与和合作能力的发展。在游戏中，幼儿通过与其他玩家的互动和合作，学会了倾听、理解和尊重他人的意见，培养了他们的社交技巧和团队精神。同时，游戏的互动性还为幼儿提供了体验成功喜悦的机会，增强了他们的自信心和学习动力。因此，教师应当充分利用游戏这一教育资源，为幼儿提供一个充满互动性和探索性的学习环境，促进他们的全面发展。同时，教师也需要引导幼儿正确地看待游戏，让他们在游戏与学习的平衡中找到自己的成长之路。在这个过程中，家长和教育者的引导和陪伴也是至关重要的。只有家庭、学校和社会共同努力，才能为幼儿创造一个更加丰富多彩、充满乐趣和挑战的成长环境。

（三）游戏元素的自主性满足幼儿的自我实现需求

在游戏中，幼儿被赋予了前所未有的自由度和选择权。他们可以根据自己的喜好和兴趣，挑选心仪的游戏内容和难度，这种个性化的游戏体验使得游戏成为满足幼儿自我实现需求的绝佳途径。当幼儿在游戏中，通过不断的尝试和努力，最终取得成功时，他们会深刻感受到自我价值的实现和成就感。这种成功的体验，无疑会极大地激发他们的学习动机，让他们更加热爱学习和探索。

游戏中的自我实现，不仅仅是一种简单的成功体验，更是一种心理需求的满足。在游戏中，幼儿可以自由地展现自己的想象力和创造力，他们可以创造出独一无二的游戏角色、设计出别具一格的游戏场景，甚至可以通过游戏解决现实生活中难以解决的问题。这种自由度和创造力，使得幼儿在游戏中能够感受到自己的能力和价值，从而增强他们的自信心和自尊心。

除了自我实现，游戏中的挑战和困难也是激发幼儿学习动机的重要因素。在游戏中，幼儿需要面对各种各样的挑战和困难，如解决谜题、战胜敌人、完成任务等。这些挑战和困难，不仅考验着幼儿的游戏技能，更考验着他们的思维能力、判断能力和团队协作能力。当幼儿通过不断的努力和实践，成功地完成这些挑战和克服困难时，他们会感受到一种前所未有的成就感和满足感。这种成就感和满足感，会促使他们更加热爱游戏，更加投入地学习和进步。

游戏中的挑战和困难，还能激发幼儿的挑战欲望和求知欲。在游戏中，幼儿需要不断地学习和探索新的知识和技能，才能应对越来越复杂的挑战和困难。这种学习和探索的过程，不仅让幼儿感受到了游戏的乐趣和魅力，更让他们体验到了知识的力量和魅力。通过不断地挑战自我、超越自我，幼儿会逐渐培养出一种勇于探索、敢于挑战的精神，这种精神将伴随他们一生，成为他们不断学习和进步的不竭动力。

当然，教师也要看到游戏中可能存在的潜在风险。虽然游戏能够激发幼儿的学习动机，但过度沉迷于游戏也可能导致幼儿忽视现实生活中的学习和责任。因此，家长和教育者在引导幼儿参与游戏时，需要把握好游戏的度，确保游戏成为促进幼儿学习和发展的有益工具，而不是阻碍他们成长的绊脚石。

为了更好地发挥游戏在激发幼儿学习动机方面的作用，家长和教育者可以采取以下措施：首先，为幼儿提供丰富多样的游戏选择，以满足他们不同的兴趣和需求；其次，鼓励幼儿在游戏中挑战自我、超越自我，培养他们的勇气和毅力；最后，与幼儿一起分享游戏的乐趣和收获，促进亲子关系和师生关系的和谐发展。

综上所述，游戏中的自我实现、挑战和困难等因素，共同构成了激发幼儿学习动机的重要机制。通过游戏，幼儿可以体验到自我价值的实现和成就感，培养勇于探索、敢于挑战的精神，从而激发他们不断学习和进步的内在动力。因此，教师应当充分利用游戏这一教育资源，为幼儿创造一个充满乐趣和挑战的成长环境，促进他们的全面发展和自我实现。只有家庭、学校和社会共同努力，才能为幼儿创造一个更加丰富多彩、充满乐趣和挑战的成长环境。

（四）游戏元素的多样性满足不同幼儿的学习需求

游戏，作为一种寓教于乐的方式，其种类繁多，几乎涵盖了各个领域的知识和技能。这种多样性不仅为幼儿提供了丰富的选择，还使得游戏成为一个满足不同幼儿学习需求的综合平台。在这个平台上，幼儿可以根据自己的兴趣和特长，自由选择适合自己的游戏内容和难度，从而在轻松愉快的氛围中学习各种知识和技能。

对于喜欢数学的幼儿来说，游戏中的数值计算、逻辑推理和空间感知等元素无疑将成为他们最好的学习伙伴。通过参与数学类的游戏，幼儿可以在游戏中锻炼自己的数学思维和解决问题的能力，从而培养起对数学的兴趣和热爱。

对于热爱科学的幼儿来说，游戏中的实验探索、物理原理和生物知识等内容将为他们打开一扇通往科学世界的大门。在游戏中，幼儿可以亲手操作实验，观察现象，探索规律，从而培养起对科学的好奇心和求知欲。

对于喜欢语言和艺术的幼儿来说，游戏中的故事叙述、角色扮演和创意表达等元素将为他们提供一个展现自我才华的舞台。在游戏中，幼儿可以通过语言交流、艺术创作和表演等方式，表达自己的思想和情感，从而培养起对语言和艺术的热爱和创造力。

除了满足幼儿的不同学习需求外，游戏的多样性还为幼儿创造了一个充满挑战和刺激的学习环境。在游戏中，幼儿需要不断适应新的规则、解决新的问题和面对新的挑战。这种不断变化的环境不仅锻炼了幼儿的适应能力和应变能力，还激发了他们的挑战欲望和求知欲。

此外，游戏的多样性还为幼儿提供了一个与他人互动和合作的机会。在游戏中，幼儿需要与同伴一起合作完成任务、分享经验和互相学习。这种互动和合作不仅培养了幼儿的团队协作能力和社交技能，还让他们懂得了尊重他人、倾听他人和与他人共同成长的重要性。

值得注意的是，游戏的多样性并不意味着每个孩子都需要接触所有的游戏类型。每个孩子都有自己独特的兴趣和特长，家长和教育者应该根据孩子的个性和需求，为他们选择适合的游戏类型和内容。同时，教师也应该鼓励幼儿尝试不同类型的游戏，以便更好地发掘他们的潜力和兴趣点。

最后，教师还需要认识到游戏作为一种教育资源的潜力和限制。虽然游戏具有很多优点和益处，但过度沉迷于游戏也可能对幼儿的成长产生负面影响。因此，在引导幼儿参与游戏时，教师需要把握好游戏的度，确保游戏成为促进幼儿学习和发展的有益工具，而不是阻碍他们成长的绊脚石。同时，教师还需要关注游戏内容的健康性和适宜性，确保幼儿在游戏中接触到的是积极、健康、有益的信息和知识。只有这样，教师才能真正发挥游戏在激发幼儿学习动机和促进全面发展方面的作用。

（五）游戏元素的反馈性增强幼儿的学习成就感

游戏，作为一种深受幼儿喜爱的活动形式，通常具备着明确的反馈机制。这种反馈机制在游戏过程中起到了至关重要的作用，它不仅能够及时告诉幼儿他们在游戏中的表现和成绩，还能够激发幼儿的学习动力和兴趣。

首先，游戏中的反馈机制有助于增强幼儿的学习成就感。在游戏中，幼儿可以通过完成任务、达到目标等方式获得明确的反馈，比如得分、奖励等。这种及时的反馈可以让幼儿清晰地了解自己在游戏中的表现，从而感受到自己的进步和成长。当幼儿在游戏中取得好成绩时，他们会因此产生强烈的成就感，这种成就感会进一步激发他们的学习动力和兴趣，促使他们更加努力地学习和探索。

其次，游戏中的反馈机制还有助于激发幼儿的学习动力。在游戏中，幼儿可以通过不断尝试和努力来提高自己的成绩和表现。当他们在游戏中遇到挑战和困难时，反馈机制会告诉他们哪里做得不好，需要改进。这种有针对性的反馈可以帮助幼儿及时纠正错误和不足，促使他们不断改进和提高。在这个过程中，幼儿会不断体验到成功的喜悦和成就感，这种积极的情绪会进一步激发他们的学习动力，促使他们更加积极地投入学习中去。

再次，游戏中的反馈机制还有助于培养幼儿的自主学习能力和自我管理能力。

在游戏中，幼儿需要根据反馈机制来调整自己的学习策略和行为，比如调整游戏难度、改变游戏策略等。这种自我调整和管理的过程可以帮助幼儿逐渐培养出自主学习的能力和习惯，让他们更加主动地学习和探索。同时，游戏中的反馈机制还可以帮助幼儿培养自我管理能力，让他们更加自律和有计划地学习。

最后，值得注意的是，游戏中的反馈机制并不是万能的。虽然它能够在一定程度上激发幼儿的学习动力和兴趣，但过度依赖反馈机制也可能导致幼儿产生浮躁和急功近利的心态。因此，在引导幼儿参与游戏时，教师需要合理利用反馈机制，确保它成为促进幼儿学习和发展的有益工具，而不是导致他们产生不良心态的根源。

综上所述，游戏中的反馈机制在激发幼儿学习动力和兴趣方面发挥着重要作用。它不仅能够及时告诉幼儿他们在游戏中的表现和成绩，还能够帮助他们纠正错误和不足，促使他们不断改进和提高。同时，游戏中的反馈机制还有助于培养幼儿的自主学习能力和自我管理能力。因此，教师应该充分利用这一机制，为幼儿创造一个更加有利于学习和发展的游戏环境。

（六）游戏元素的创新性激发幼儿的创造力

游戏中的情节、规则和玩法，无一不体现了设计者们的匠心独运和创新精神。这些元素不仅给玩家带来了乐趣和挑战，更为幼儿提供了一个发挥创造力的广阔舞台。在游戏中，幼儿可以充分发挥自己的想象力和创造力，通过不同的方式解决问题和完成任务。

首先，游戏中的情节往往充满了奇幻和创意。这些情节往往突破了现实生活的限制，给幼儿带来了一个充满想象的世界。在这个世界里，幼儿可以扮演各种角色，体验不同的生活场景和冒险经历。他们可以通过自己的想象和创造，与游戏中的角色互动，探索未知的世界，完成各种有趣的任务。这种创造性的体验不仅激发了幼儿的想象力，还培养了他们的创新思维和解决问题的能力。

其次，游戏中的规则和玩法也具有一定的创新性。这些规则和玩法往往需要幼儿运用智慧和策略来应对。在游戏中，幼儿可以通过尝试不同的方法和策略来解决问题和完成任务。这种创新性的玩法不仅激发了幼儿的学习兴趣和动力，还培养了他们的逻辑思维和策略规划能力。

再次，游戏中的创新性还为幼儿提供了一个与他人合作和交流的平台。在游戏中，幼儿可以与其他玩家组队合作，共同解决问题和完成任务。这种合作和交流的过程不仅培养了幼儿的团队合作和沟通能力，还让他们学会了如何与他人分享创意和想法。

值得注意的是，游戏中的创新性并不是简单地追求新奇和刺激，而是为了更好地满足幼儿的学习和发展需求。游戏中的情节、规则和玩法都是经过精心设计和调整的，以确保它们能够激发幼儿的兴趣和动力，同时也能够培养他们的各种能力和素质。

综上所述，游戏中的创新性为幼儿提供了一个发挥创造力的广阔舞台。在这个舞台上，幼儿可以通过自己的想象力和创造力来解决问题和完成任务。这种创新性的体验不仅激发了幼儿的创造力和创新思维，还培养了他们解决问题的能力。同时，游戏中的创新性还为幼儿提供了一个与他人合作和交流的平台，让他们学会了如何与他人分享创意和想法。

因此，教师应该鼓励幼儿多参与具有创新性的游戏，让他们在游戏中充分发挥自己的创造力和想象力。同时，教师也应该关注游戏中的教育价值，引导幼儿在游戏中学习和发展各种能力和素质。只有这样，教师才能真正实现游戏与教育的有机结合，让幼儿在游戏中得到全面的发展和成长。

游戏元素在激发幼儿学习动机方面具有重要的作用。游戏中的趣味性、互动性、自主性、多样性、反馈性和创新性等元素都能够激发幼儿的好奇心、社会参与意识、自我实现需求、学习兴趣、学习成就感和创造力等方面的学习动机。因此，在教育实践中，教师应该充分利用游戏的优势，将游戏元素融入幼儿的学习中，以激发幼儿的学习动机，提高他们的学习效果和质量。同时，教师也需要注意游戏的选择和使用，确保游戏内容健康、适宜、有益于幼儿的全面发展。

第三节　游戏元素在幼儿舞蹈教学中的理论支持

一、游戏元素与幼儿舞蹈教学的契合点

幼儿舞蹈教学作为一种艺术教育的形式，对于培养幼儿的节奏感、身体协调性、创造力和表现力具有重要的作用。然而，传统的幼儿舞蹈教学往往注重技能的传授和动作的规范，忽视了幼儿的兴趣和参与度。为了激发幼儿对舞蹈的兴趣和热情，游戏元素的引入成为一种有效的教学策略。下文将探讨游戏元素与幼儿舞蹈教学的契合点，分析如何通过游戏化的舞蹈教学提高幼儿的学习效果和参与度。

（一）游戏元素与幼儿舞蹈教学的共同目标

游戏和舞蹈都是幼儿喜爱的活动形式，它们共同追求的目标是让幼儿在快乐中学习和成长。游戏元素通过其趣味性、互动性和自由性吸引幼儿的注意力，激发他们的学习兴趣。而舞蹈教学则通过身体的律动和音乐的节奏，培养幼儿的审美情感、身体协调性和创造力。因此，将游戏元素融入幼儿舞蹈教学中，可以使两者在共同目标的指导下相互促进，取得更好的教学效果。

（二）游戏元素激发幼儿学习舞蹈的兴趣

幼儿对于新奇、有趣的事物充满了好奇心，而游戏元素正是通过其趣味性来吸引幼儿的注意力。在舞蹈教学中，通过引入游戏化的情节、角色和道具等元素，可以让舞蹈变得更加生动有趣，激发幼儿对舞蹈的兴趣和热情。例如，在教授某个舞蹈动作时，教师可以设计一个有趣的游戏情境，让幼儿在游戏中学习和掌握动作要领，从而达到寓教于乐的效果。

（三）游戏元素提高幼儿舞蹈学习的参与度

游戏具有互动性强的特点，幼儿可以通过与他人的合作和竞争来体验游戏的乐趣。在舞蹈教学中，通过引入游戏化的互动环节，如双人舞、小组舞等，可以促进幼儿之间的合作和交流，提高他们的舞蹈表现力和团队协作能力。同时，游戏化的评价方式也可以激发幼儿的竞争意识，促使他们更加努力地学习和练习。

（四）游戏元素培养幼儿的创造力和表现力

游戏通常具有一定的自由度和开放性，幼儿可以在游戏中根据自己的想象和创造来进行游戏。同样地，舞蹈教学也可以鼓励幼儿发挥自己的创造力和表现力。通过引入游戏元素，如即兴舞蹈、创造性舞蹈等，可以让幼儿在舞蹈中表达自己的情感和想象，培养他们的创造力和表现力。这种自由、开放的舞蹈教学方式有助于激发幼儿的创造潜能，促进他们个性的发展。

（五）游戏元素增强幼儿学习舞蹈的自信心

游戏化的舞蹈教学注重幼儿的参与和体验，通过游戏化的评价和反馈机制，可以让幼儿及时了解自己的表现和进步。这种正向的反馈有助于增强幼儿的自信心和学习动力。当幼儿在游戏中取得好成绩或得到他人的认可时，他们会感受到自己的价值和能力，从而更加自信地面对舞蹈学习中的挑战和困难。

（六）游戏元素提升幼儿舞蹈教学的趣味性

舞蹈教学本身具有一定的规范性和技巧性，容易让幼儿感到单调和枯燥。而游戏元素的引入可以为舞蹈教学增添趣味性，使幼儿在轻松愉快的氛围中学习舞蹈。例如，教师可以通过设计有趣的舞蹈游戏、设置奖励机制等方式来增加舞蹈教学的趣味性，激发幼儿的学习兴趣和积极性。

（七）游戏元素促进幼儿舞蹈技能的掌握

虽然游戏元素强调趣味性和互动性，但它们也可以与舞蹈技能的学习相结合。通过设计具有挑战性的舞蹈游戏和任务，教师可以让幼儿在游戏中学习和掌握舞蹈技能。这种寓教于乐的教学方式不仅可以提高幼儿的学习效果，还可以使他们在游戏中体验到成功的喜悦和成就感。

游戏元素与幼儿舞蹈教学之间存在着密切的契合点。通过将游戏元素融入幼儿舞蹈教学中，可以激发幼儿对舞蹈的兴趣和热情，提高他们的参与度和学习效果。同时，游戏元素还可以培养幼儿的创造力、表现力和自信心等综合素质，促进他们的全面发展。因此，幼儿舞蹈教师应该积极探索和实践游戏化的舞蹈教学方式，为幼儿创造一个更加生动、有趣的学习环境。

二、游戏元素在幼儿舞蹈教学中的教学效果评估

在幼儿舞蹈教学中融入游戏元素已成为一种趋势，其目的在于通过更具趣味性和互动性的方式激发幼儿对舞蹈的兴趣，进而提升他们的舞蹈技能和身体素质。然而，仅仅引入游戏元素并不足以证明其教学效果，需要对其实际教学效果进行评估。下文将通过详细分析教学实验、观察幼儿表现、收集反馈意见等方法，全面评估游戏元素在幼儿舞蹈教学中的教学效果。

（一）教学实验设计

为了准确评估游戏元素在幼儿舞蹈教学中的效果，教师设计了一系列教学实验。实验分为两组，对照组和实验组。对照组采用传统的舞蹈教学方式，注重舞蹈动作的传授和练习；而实验组则在教学过程中融入各种游戏元素，如角色扮演、竞赛、即兴创作等。实验周期为一个学期，对象为幼儿园中班的幼儿。

（二）幼儿表现观察

在实验过程中，教师对幼儿的舞蹈学习表现进行了密切观察。发现实验组的幼儿在舞蹈课堂上的参与度明显高于对照组。他们更加积极主动地参与到各种游戏中，通过游戏学习舞蹈动作，表现出了更高的学习兴趣和热情。同时，实验组的幼儿在舞蹈动作的掌握和表现力方面也表现出了一定的优势。他们能够更好地理解和表现舞蹈动作，展现出更加生动、有趣的舞蹈表演。

（三）反馈意见收集

为了更全面地了解游戏元素在幼儿舞蹈教学中的效果，教师还收集了教师、家长和幼儿的反馈意见。教师们普遍认为，融入游戏元素的舞蹈教学方式能够更好地吸引幼儿的注意力，提高他们的学习兴趣。同时，这种教学方式还能够促进幼儿之间的交流和合作，培养他们的团队合作精神。家长们也表示，他们的孩子在参与舞蹈游戏后，不仅舞蹈技能得到了提升，还变得更加活泼、开朗。幼儿们则纷纷表示，他们喜欢这种有趣的舞蹈教学方式，希望能够继续参与。

（四）教学效果评估

综合以上观察和分析，教师可以对游戏元素在幼儿舞蹈教学中的教学效果进行评估。首先，从幼儿的学习兴趣和参与度来看，融入游戏元素的舞蹈教学方式

能够显著提高幼儿的学习兴趣和参与度。这种教学方式更符合幼儿的心理特点，能够激发他们的学习动力。其次，从幼儿的舞蹈技能和表现力来看，实验组的幼儿在舞蹈动作的掌握和表现力方面明显优于对照组。这表明游戏元素有助于幼儿更好地理解和表现舞蹈动作，提高他们的舞蹈技能。最后，从幼儿的综合素质发展来看，游戏元素在舞蹈教学中的运用还能够促进幼儿之间的交流、合作和分享，培养他们的团队合作精神和社交能力。

三、游戏元素在幼儿舞蹈教学中的创新应用与探索

幼儿舞蹈教学作为幼儿艺术教育的重要组成部分，对于培养幼儿的审美情感、身体协调性以及创造力等方面都具有重要意义。随着教育理念的不断更新，传统的舞蹈教学模式已逐渐显露出其局限性，而游戏元素的引入则为幼儿舞蹈教学带来了新的生机与活力。下文旨在探讨游戏元素在幼儿舞蹈教学中的创新应用，并对其进行深入探索，以期为幼儿舞蹈教学的改革与发展提供新的思路与方向。

（一）游戏元素与幼儿舞蹈教学的融合

幼儿阶段是个体身心发展的重要时期，他们的学习方式更倾向于直观、有趣和互动性强的内容。游戏作为幼儿最喜欢的活动之一，具有天然的教育价值。将游戏元素与幼儿舞蹈教学相结合，不仅可以激发幼儿的学习兴趣，还能使他们在轻松愉快的氛围中掌握舞蹈技能，提高身体素质。

在游戏元素的融入过程中，教师应根据幼儿的年龄特点和兴趣爱好，选择适合的游戏形式和内容。例如，可以通过角色扮演游戏，让幼儿扮演不同的舞蹈角色，从而增强他们对舞蹈情节的理解和表现力；或者利用音乐节奏游戏，培养幼儿的节奏感和音乐感受力。这些游戏化的教学方式能够使幼儿在舞蹈学习中获得更多乐趣，进而提高他们的学习效果。

（二）创新应用游戏元素的策略

1.创设游戏化教学情境

为了营造轻松愉快的舞蹈学习氛围，教师可以创设游戏化教学情境。例如，在教授某个舞蹈动作时，可以将其融入一个有趣的故事情节中，让幼儿扮演故事中的角色进行舞蹈表演。这样的情境设置能够激发幼儿的兴趣和想象力，使他们

在参与游戏的过程中自然而然地掌握舞蹈动作。

2. 引入竞技性游戏元素

竞技性游戏元素能够激发幼儿的竞争意识和团队精神。在舞蹈教学中，教师可以设计一些舞蹈比赛或团队挑战活动，让幼儿在比赛中展示自己的舞蹈技能，同时培养他们的团队合作精神和竞争意识。这样的教学方式不仅能够提高幼儿的学习积极性，还能促进他们之间的交流与合作。

3. 利用多媒体技术增强游戏感

随着科技的进步，多媒体技术在教学中的应用越来越广泛。在幼儿舞蹈教学中，教师可以利用多媒体技术为幼儿呈现丰富多彩的舞蹈画面和音效，增强游戏的沉浸感和趣味性。例如，可以通过投影设备播放舞蹈视频或动画，让幼儿跟随视频中的示范进行舞蹈练习；或者利用音响设备播放动感十足的音乐，激发幼儿的舞蹈热情。

（三）探索游戏元素在幼儿舞蹈教学中的应用效果

通过实践探索，教师发现游戏元素在幼儿舞蹈教学中的应用取得了显著的效果。首先，游戏化的教学方式能够显著提高幼儿的学习兴趣和参与度，使他们在舞蹈学习中更加积极主动。其次，游戏元素的应用有助于培养幼儿的舞蹈技能和身体素质，使他们在轻松愉快的氛围中掌握舞蹈动作和技巧。最后，游戏化的舞蹈教学还能够促进幼儿之间的交流与合作，培养他们的团队精神和社交能力。

尽管游戏元素在幼儿舞蹈教学中展现出了巨大的潜力与价值，但在实际应用中仍面临着一些挑战。例如，如何平衡游戏与舞蹈教学之间的关系，确保游戏元素不会过分干扰舞蹈技能的传授；如何针对不同年龄段和兴趣爱好的幼儿设计更具针对性的游戏化教学内容等。

展望未来，教师期待看到更多游戏元素在幼儿舞蹈教学中应用的实践与研究成果。同时，也希望广大教育工作者能够不断创新教育理念和方法，为幼儿舞蹈教学的改革与发展贡献智慧和力量。

第三章　游戏元素在幼儿舞蹈教学中的优化策略

第一节　游戏元素设计的原则和方法

一、游戏元素设计的原则

幼儿舞蹈教学作为艺术教育和身体教育的重要结合点，对于幼儿的身心发展具有不可替代的作用。游戏元素的融入，无疑为这一领域注入了新的活力。然而，要想合理、有效地将游戏元素与舞蹈教学相结合，确保教育的目的与游戏的趣味性相得益彰，则需要遵循一系列设计原则。下文旨在探讨这些原则，以期为实践者提供明确的指导。

（一）适龄性原则

在设计幼儿舞蹈教学中的游戏元素时，首先要考虑的是幼儿的年龄特征。不同年龄段的幼儿具有不同的认知能力和兴趣爱好，因此游戏的设计应当与幼儿的年龄相适应。对于较小年龄的幼儿，游戏应当更加简单、直观，以吸引他们的注意力；对于稍大一些的幼儿，游戏则可以适当增加难度和挑战性，以激发他们的探索欲望和挑战精神。

（二）教育性原则

游戏元素虽然是为了增加舞蹈教学的趣味性，但其最终目的还是促进幼儿的发展。因此，游戏的设计应当具有一定的教育性，能够帮助幼儿掌握舞蹈技巧、提高身体素质、培养审美情感等。教师在设计游戏时，应当明确游戏的教育目标，确保游戏与教学内容紧密相连，实现教育与游戏的有机结合。

（三）安全性原则

幼儿的安全是任何教育活动中都不可忽视的问题。在设计舞蹈教学中的游戏元素时，教师应当充分考虑游戏的安全性。游戏场地应当宽敞、平整，避免有棱角的物品或滑动的风险；游戏动作应当适合幼儿的身体特点，避免过于激烈或危险的动作；同时，教师还要时刻关注幼儿的活动情况，确保他们在游戏中能够安全、自由地活动。

（四）互动性原则

幼儿阶段是个体社会性发展的重要时期，他们渴望与同伴、教师进行互动。因此，在设计游戏元素时，应当注重游戏的互动性。可以通过设计小组合作游戏、角色扮演游戏等形式，促进幼儿之间的交流与合作；同时，教师也要积极参与游戏，与幼儿建立亲密的师生关系，为他们营造一个温馨、和谐的学习氛围。

（五）趣味性原则

游戏的趣味性是游戏元素能够吸引幼儿参与的关键。在设计游戏时，教师应当充分考虑幼儿的兴趣爱好和心理特点，设计出具有趣味性的游戏。可以通过夸张的动作、生动的情节、鲜艳的色彩等手段来增强游戏的趣味性；同时，还可以根据幼儿的反馈和表现，不断调整游戏内容和形式，保持游戏的新鲜感和吸引力。

（六）渐进性原则

幼儿的学习和发展是一个循序渐进的过程。在设计游戏元素时，教师应当遵循渐进性原则，逐步增加游戏的难度和挑战性。可以先从简单的动作和规则开始，随着幼儿技能的提高和经验的积累，逐渐增加游戏的复杂性和多样性。这样不仅可以保持幼儿的学习兴趣和动力，还能有效促进他们的身心发展。

（七）创新性原则

创新是推动教育发展的重要动力。在设计游戏元素时，教师应当注重创新，尝试新的游戏形式和内容。可以通过引入现代科技手段、融合其他艺术形式、借鉴其他领域的成功经验等方式来创新游戏设计。这样不仅可以为幼儿带来全新的学习体验，还能激发他们的创新思维和想象力。

（八）可评估性原则

为了确保游戏元素在舞蹈教学中的有效性，教师应当设计具有可评估性的游戏。可以通过观察幼儿在游戏中的表现、记录他们的学习进步、收集他们的反馈意见等方式来评估游戏的效果。这样不仅可以及时调整游戏设计和教学策略，还能为未来的教学提供有益的参考。

综上所述，游戏元素在幼儿舞蹈教学中的设计需要遵循适龄性、教育性、安全性、互动性、趣味性、渐进性、创新性以及可评估性等原则。只有在这些原则的指导下，才能确保游戏元素与舞蹈教学的有机结合，实现教育目标与游戏趣味性的双赢。同时，这些原则也为广大教育工作者提供了明确的指导方向，有助于推动幼儿舞蹈教学的创新与发展。

二、游戏元素设计的方法

幼儿舞蹈教学不仅是传授舞蹈技巧的过程，更是激发幼儿创造力、想象力以及艺术感知能力的重要途径。将游戏元素融入幼儿舞蹈教学中，可以极大地提高幼儿的参与度和学习兴趣。然而，如何巧妙地设计游戏元素，使其与舞蹈教学紧密结合，是一项需要深入研究和探索的任务。下文将详细介绍游戏元素在幼儿舞蹈教学中设计的方法，以期为教育工作者提供有益的参考。

（一）明确教学目标

在设计游戏元素之前，首先要明确舞蹈教学的目标。这包括培养幼儿的舞蹈基本技能、节奏感、身体协调性，还是更侧重于激发幼儿的创造力和想象力。只有明确了教学目标，才能有针对性地设计游戏元素，确保游戏与教学目标相辅相成。

（二）选择适当的游戏类型

根据教学目标和幼儿的年龄特点，选择适当的游戏类型是至关重要的。例如，对于较小的幼儿，可以选择一些简单的模仿游戏或音乐节奏游戏；对于稍大一些的幼儿，则可以选择一些更具挑战性的角色扮演游戏或团队合作游戏。同时，游戏类型的选择还应考虑到幼儿的性别和兴趣差异，以确保每个幼儿都能在游戏中找到乐趣。

（三）设计有趣的游戏情节

游戏情节的设计是游戏元素成功的关键。一个有趣、生动的游戏情节可以吸引幼儿的注意力，激发他们的参与欲望。在设计游戏情节时，可以借鉴幼儿熟悉的童话故事、动画片等元素，将舞蹈动作融入其中，使幼儿在游戏的过程中自然而然地学习到舞蹈技巧。

（四）结合音乐与舞蹈

音乐是舞蹈的灵魂，也是游戏元素与舞蹈教学相结合的重要桥梁。在选择游戏音乐时，应当选择与舞蹈主题相契合的音乐作品，使音乐与舞蹈相互映衬、相得益彰。同时，还可以通过调整音乐的节奏、速度等要素，来引导幼儿更好地掌握舞蹈技巧，增强他们的节奏感和身体协调性。

（五）注重身体语言的运用

幼儿舞蹈教学中，身体语言的运用至关重要。通过夸张、生动的身体语言，可以更好地表达舞蹈的情感和意境，吸引幼儿的关注。在设计游戏元素时，应注重身体语言的运用，使幼儿在模仿、表演等过程中自然而然地掌握舞蹈技巧。

（六）创造互动与合作的机会

幼儿阶段是个体社会性发展的重要时期，他们渴望与同伴、教师进行互动与合作。在设计游戏元素时，应当创造互动与合作的机会，鼓励幼儿与同伴一起完成舞蹈动作、共同参与游戏等。这样不仅可以提高幼儿的社交能力，还能增强他们的团队合作精神和集体荣誉感。

（七）利用道具增强游戏效果

道具是增强游戏效果的有力工具。在幼儿舞蹈教学中，可以利用各种道具来增强游戏的趣味性和吸引力。例如，可以使用彩带、手绢等道具来丰富舞蹈动作的表现力；还可以利用玩具、乐器等道具来增强游戏的互动性和合作性。巧妙地运用道具可以让幼儿在游戏中更加投入和兴奋。

（八）及时反馈与调整

在游戏元素的设计过程中，教师的反馈与调整是不可或缺的。通过观察幼儿在游戏中的表现、收集他们的反馈意见等方式，教师可以了解游戏元素的实际效果，并根据实际情况及时调整游戏设计和教学策略。这样不仅可以确保游戏元素与舞蹈教学的紧密结合，还能为未来的教学提供有益的参考。

综上所述，游戏元素在幼儿舞蹈教学中的设计是一项复杂而富有挑战性的任务。通过明确教学目标、选择适当的游戏类型、设计有趣的游戏情节、结合音乐与舞蹈、注重身体语言的运用、创造互动与合作的机会、利用道具增强游戏效果和及时反馈与调整等方法，可以巧妙地将游戏元素融入幼儿舞蹈教学中，幼儿在轻松愉快的氛围中学习舞蹈技巧、发展身心能力。同时，这些方法也为广大教育工作者提供了有益的参考和指导方向，有助于推动幼儿舞蹈教学的创新与发展。

第二节　游戏元素与其他教学手段的融合

一、游戏元素与多媒体技术的融合

在当今的数字化时代，多媒体技术以其丰富的表现形式和强大的交互性，已经深入到了各个领域，而游戏作为多媒体技术的集大成者，更是将多媒体技术发挥到了极致。游戏元素与多媒体技术的融合，不仅为游戏本身带来了革命性的变革，也为其他领域如教育、娱乐、广告等提供了全新的可能性。下文将从多个方面探讨游戏元素与多媒体技术的融合及其带来的深远影响。

（一）游戏元素与多媒体技术的相互渗透

游戏元素与多媒体技术的融合首先体现在它们之间的相互渗透。游戏设计过程中，图像、音频、视频等多媒体元素被广泛应用于游戏场景、角色设计、背景音乐、特效等方面，为玩家提供了沉浸式的游戏体验。同时，多媒体技术的发展也为游戏设计提供了更多的可能性和工具。例如，虚拟现实（VR）和增强现实（AR）技术的出现，使得游戏可以更加真实地模拟现实世界，为玩家带来前所未有的游戏体验。

（二）游戏元素在多媒体内容创作中的应用

除了在游戏设计中的应用，游戏元素也开始被广泛应用于多媒体内容创作中。在电影、电视剧等影视作品中，游戏元素如特效、角色设计、场景构建等被大量使用，增强了作品的视觉效果和吸引力。此外，在广告、教育等领域，游戏元素也被用来增加内容的互动性和趣味性，提高用户的参与度和学习效果。

第三章 游戏元素在幼儿舞蹈教学中的优化策略

（三）多媒体技术在游戏推广和营销中的作用

多媒体技术在游戏推广和营销中也发挥着重要作用。通过网络直播、短视频等多媒体平台，游戏可以更加快速地传播给更广泛的受众。同时，这些平台也为游戏开发者提供了与玩家直接互动的机会，收集玩家的反馈和建议，进一步优化游戏设计。

（四）游戏元素与多媒体技术融合的未来趋势

随着技术的不断进步和创新，游戏元素与多媒体技术的融合将呈现出更加多样化和深入的趋势。首先，随着5G、云计算等技术的发展，游戏的传输速度和数据处理能力将得到大幅提升，为游戏元素与多媒体技术的融合提供了更加坚实的基础。其次，随着人工智能和大数据技术的应用，游戏将更加智能化和个性化，能够根据玩家的喜好和需求提供更加精准的游戏体验。此外，随着虚拟现实（VR）、增强现实（AR）等技术的进一步发展，游戏将能够更加真实地模拟现实世界，为玩家带来更加沉浸式的游戏体验。

（五）面临的挑战与机遇

游戏元素与多媒体技术的融合虽然带来了无限的可能性，但也面临着一些挑战。例如，如何确保游戏内容的原创性和创新性、如何保护玩家的隐私和安全、如何平衡游戏的娱乐性和教育性等。同时，这也为相关产业带来了巨大的机遇。例如，游戏产业可以与电影、音乐、动漫等产业进行更加深入的融合与合作，共同打造更加丰富的多媒体内容生态。此外，随着技术的不断进步和创新，游戏产业还将为教育、医疗、娱乐等领域提供更加先进的解决方案和服务。

综上所述，游戏元素与多媒体技术的融合已经成为一种不可逆转的趋势。这种融合不仅为游戏本身带来了革命性的变革，也为其他领域提供了全新的可能性。在未来，随着技术的不断进步和创新，游戏元素与多媒体技术的融合将更加深入和多样化，为人类的生活带来更多惊喜和乐趣。同时，教师也需要关注这种融合带来的挑战和问题，并积极寻求解决方案和对策，以确保游戏产业和多媒体技术的健康、可持续发展。

二、游戏元素与舞蹈道具的结合

舞蹈，作为一种古老而充满活力的艺术形式，一直以来都在寻求创新和突破。随着科技的进步和文化的交融，舞蹈不再局限于传统的表演形式，而是开始与各种现代元素进行融合。其中，游戏元素与舞蹈道具的结合，为舞蹈艺术带来了前所未有的变革和可能性。这种结合不仅丰富了舞蹈的表现形式，还让观众在欣赏舞蹈的同时，感受到了科技与艺术的完美结合。

（一）游戏元素在舞蹈道具设计中的应用

游戏元素在舞蹈道具设计中的应用，主要体现在道具的外观、功能和互动性上。首先，从外观上看，许多舞蹈道具开始借鉴游戏中的元素和符号，如色彩搭配、形状设计等，使道具本身就具有浓厚的游戏氛围。其次，从功能上说，舞蹈道具借鉴了游戏中的交互性设计，使得道具不再仅仅是舞者手中的工具，而是成为与观众互动、与音乐呼应的重要媒介。最后，在互动性方面，舞蹈道具通过融入游戏元素，舞者与观众之间的互动更加紧密，舞蹈表演也因此变得更加有趣和吸引人。

（二）舞蹈道具对游戏元素的表现和诠释

舞蹈道具作为舞蹈表演中的重要组成部分，对于游戏元素的表现和诠释起到了至关重要的作用。首先，舞蹈道具可以帮助舞者更好地传达游戏中的情节和角色性格。通过道具的巧妙运用，舞者可以将游戏中的角色形象生动地呈现在观众面前，使观众更加深入地理解游戏的内涵。其次，舞蹈道具还可以增强游戏的氛围和代入感。在舞蹈表演中，运用道具可以营造出与游戏相匹配的氛围，使观众仿佛置身于游戏世界之中。

（三）游戏元素与舞蹈道具结合的实践案例

近年来，越来越多的舞蹈作品开始尝试将游戏元素与舞蹈道具相结合，取得了显著的效果。例如，在某次舞蹈大赛中，一支名为《舞动幻境》的舞蹈作品就将游戏元素与舞蹈道具巧妙地结合在一起。舞者们身着科技感十足的服装，手持各种形状和颜色的道具，在舞台上演绎了一场充满奇幻色彩的舞蹈盛宴。整个表演过程中，道具与舞者的动作、音乐的节奏以及舞台的灯光效果相互呼应，为观众带来了一场视觉和听觉的盛宴。

（四）游戏元素与舞蹈道具结合的意义与价值

游戏元素与舞蹈道具的结合不仅丰富了舞蹈艺术的表现形式和内容，还具有重要的意义和价值。首先，这种结合有助于推动舞蹈艺术的创新和发展。将游戏元素融入舞蹈道具中，可以为舞蹈艺术注入新的活力和灵感，推动其在形式和内容上的不断创新。其次，这种结合有助于拓宽舞蹈艺术的受众群体。游戏作为一种广受欢迎的娱乐形式，拥有庞大的粉丝群体。将游戏元素与舞蹈道具相结合，可以吸引更多年轻人和游戏爱好者关注舞蹈艺术，从而拓宽其受众群体。最后，这种结合有助于提升舞蹈艺术的社会影响力。将舞蹈艺术与游戏相结合，可以让更多的人了解和欣赏舞蹈艺术，提升其在社会中的影响力和地位。

（五）面临的挑战与前景展望

虽然游戏元素与舞蹈道具的结合为舞蹈艺术带来了许多变革和可能性，但也面临着一些挑战和问题。例如，如何平衡游戏元素与舞蹈艺术的内在逻辑和风格、如何确保道具在舞蹈中的实用性和美观性、如何吸引和保持观众的兴趣等。未来，随着科技的进步和文化的交融，游戏元素与舞蹈道具的结合将更加深入和广泛。教师期待看到更多富有创意和独特风格的舞蹈作品出现，为教师带来更多的惊喜和享受。

综上所述，游戏元素与舞蹈道具的结合是一种富有创意和独特魅力的艺术形式。它通过将游戏元素融入舞蹈道具中，为舞蹈艺术注入了新的活力和灵感，推动了其在形式和内容上的不断创新和发展。同时，这种结合也为教师提供了一个全新的视角去欣赏和理解舞蹈艺术以及游戏文化的魅力与价值。

三、游戏元素与舞蹈故事的融合

舞蹈，作为一种古老的艺术形式，通过身体的律动、姿态的变换和情感的传递，讲述着无数动人的故事。而游戏，作为一种现代娱乐方式，以其丰富的情节、角色和互动性，吸引着无数玩家的眼球。当这两者相遇，游戏元素与舞蹈故事的融合便成为一种全新的艺术表达形式，为观众带来了前所未有的视听盛宴。

（一）游戏情节与舞蹈叙事的交织

游戏往往拥有复杂而引人入胜的情节，这些情节通过玩家的互动和参与得以展现。而舞蹈，则通过舞者的身体语言和动作来传达情感和故事。当游戏情节与舞蹈叙事交织在一起时，舞者们不再仅仅是表演者，而是成为故事情节的参与者和诠释者。他们通过舞蹈动作、表情和道具，将游戏中的情节和角色性格生动地呈现在观众面前，使观众仿佛置身于游戏世界之中。同时，舞者们还可以根据游戏情节的变化，调整自己的舞蹈动作和节奏，与音乐、灯光等舞台元素相互呼应，共同构建出一个完整而富有张力的故事世界。

（二）游戏角色与舞蹈形象的融合

游戏中的角色往往有着独特的性格特点和形象设计，这些角色成为玩家们喜爱的对象。而舞蹈中的形象则通过舞者的身体语言、服装和道具来塑造。当游戏角色与舞蹈形象相融合时，舞者们可以通过对游戏角色的深入理解和体验，将角色的性格特点、情感状态以及动作习惯融入自己的舞蹈表演中。例如，舞者可以通过特定的舞蹈动作和表情来模仿游戏中的角色形象，让观众能够更直观地感受到角色的魅力和故事的情感深度。同时，舞者们还可以根据游戏角色的设定，选择适合的服装和道具来增强舞蹈形象的视觉效果，使观众更加沉浸于舞蹈所营造的故事世界中。

（三）游戏互动性与舞蹈表演的碰撞

游戏以其高度的互动性吸引着无数玩家。而在舞蹈表演中，舞者与观众之间的互动同样重要。当游戏互动性与舞蹈表演相碰撞时，可以产生许多意想不到的效果。例如，舞者们可以通过设置与观众互动的环节，让观众参与到舞蹈表演中来，共同完成一些舞蹈动作或游戏任务。这种互动式的表演方式不仅增强了观众的参与感和体验感，还使舞蹈表演变得更加有趣和生动。此外，舞者们还可以利用现代科技手段，如虚拟现实、增强现实等，将游戏元素与舞蹈表演相结合，为观众带来更加沉浸式的观赏体验。

（四）游戏元素与舞蹈故事融合的实践案例

近年来，越来越多的舞蹈作品开始尝试将游戏元素与舞蹈故事相融合，取得了显著的效果。例如，在某次舞蹈节中，一支名为《幻境之旅》的舞蹈作品就成功地将游戏元素与舞蹈故事融合在一起。舞者们身着与游戏角色相匹配的服装,手持道具,在舞台上演绎了一段充满奇幻色彩的舞蹈旅程。整个表演过程中,舞者们通过精湛的舞蹈技巧和丰富的情感表达,将游戏中的角色形象和故事情节生动地呈现在观众面前。同时,舞者们还巧妙地运用了舞台上的灯光、音效等多媒体元素,与舞蹈动作相互呼应,共同构建了一个充满神秘和奇幻氛围的舞蹈世界。

(五)游戏元素与舞蹈故事融合的意义与价值

游戏元素与舞蹈故事的融合不仅丰富了舞蹈艺术的表现形式和内涵,还具有重要的意义和价值。首先,这种融合有助于推动舞蹈艺术的创新和发展。通过将游戏元素融入舞蹈故事中,可以为舞蹈艺术注入新的活力和灵感,推动其在形式和内容上的不断创新。其次,这种融合有助于拓宽舞蹈艺术的受众群体。游戏这种娱乐形式拥有庞大的粉丝群体。将游戏元素与舞蹈故事相结合可以拓宽其受众群体。最后,这种融合还有助于提升舞蹈艺术的社会影响力。

(六)面临的挑战与前景展望

尽管游戏元素与舞蹈故事的融合为舞蹈艺术带来了许多变革和可能性,但也面临着一些挑战和问题。例如,如何平衡游戏元素与舞蹈艺术的内在逻辑和风格、如何确保道具在舞蹈中的实用性和美观性、如何吸引和保持观众的兴趣等。未来,随着科技的进步和文化的交融,游戏元素与舞蹈故事的融合将更加深入和广泛。

第三节　教师角色的转变与专业发展

一、教师角色的转变

幼儿舞蹈教学是培养幼儿艺术素养和审美能力的重要途径。传统的幼儿舞蹈教学往往注重舞蹈技巧和动作的教授，忽略了幼儿的心理特点和兴趣需求。近年来，随着教育理念的不断更新，游戏元素被越来越多地引入幼儿舞蹈教学中，这不仅激发了幼儿的学习兴趣，也促使教师在角色上发生了显著的转变。

（一）从传统的主导者到游戏伙伴的转变

在传统的幼儿舞蹈教学中，教师往往扮演着主导者的角色，负责教授舞蹈动作和技巧，幼儿则处于被动接受的地位。然而，游戏元素的引入使得教师角色发生了转变。在游戏中，教师不再是单纯的主导者，而是成为幼儿的游戏伙伴。他们与幼儿一起参与游戏，共同探索舞蹈的乐趣，分享游戏的快乐。这种角色的转变使得课堂氛围更加轻松愉悦，有助于激发幼儿的学习兴趣和创造力。

（二）从技能的传授者到创意引导者的转变

传统的幼儿舞蹈教学注重技能的传授，教师往往会花费大量时间教授幼儿舞蹈动作和技巧。然而，游戏元素的引入使得教师角色从技能的传授者转变为创意引导者。在游戏中，教师不再仅仅关注幼儿是否掌握了某个舞蹈动作，而是更加注重激发幼儿的创意和想象力。他们鼓励幼儿自由发挥，尝试不同的舞蹈动作和组合，甚至允许幼儿根据自己的理解和想象来创造新的舞蹈。这种转变不仅有助于培养幼儿的创新意识和创造力，也使得舞蹈教学更加贴近幼儿的生活和兴趣。

（三）从评价者到支持者的转变

在传统的幼儿舞蹈教学中，教师往往会担任评价者的角色，对幼儿的舞蹈表现进行评价和打分。然而，游戏元素的引入使得教师角色从评价者转变为支持者。在游戏中，教师不再仅仅关注幼儿的表现结果，而是更加注重幼儿在舞蹈过程中的体验和感受。他们鼓励幼儿大胆尝试，不怕失败，给予幼儿充分的支持和鼓励。当幼儿遇到困难时，教师会提供适当的帮助和指导，帮助幼儿克服困难，增强自信心。这种转变使得幼儿在学习过程中感受到更多的关爱和支持，有助于培养他们的学习动力和自信心。

（四）从知识传递者到情感交流者的转变

幼儿期是一个情感发展的重要阶段，幼儿不仅需要学习知识和技能，更需要与他人建立情感联系和交流。游戏元素的引入使得教师角色从单纯的知识传递者转变为情感交流者。在游戏中，教师与幼儿之间的互动更加频繁和深入，教师可以通过游戏与幼儿建立更加紧密的情感联系。他们关注幼儿的情感需求，倾听幼儿的心声，与幼儿分享快乐和悲伤。这种情感交流不仅有助于增进师生之间的了解和信任，也有助于培养幼儿的情感表达能力和情感素养。

（五）从静态教育者到动态参与者的转变

传统的幼儿舞蹈教学中，教师往往处于静态教育者的角色，负责教授和指导。然而，游戏元素的引入使得教师的角色转变为动态参与者。教师需要积极参与到游戏中来，与幼儿一起舞蹈、一起游戏。这种动态参与不仅有助于营造更加活跃的课堂氛围，也有助于教师更好地了解幼儿的学习情况和需求。通过参与游戏，教师可以及时发现幼儿的问题和困难，并给予及时的帮助和指导。

（六）教师角色转变的挑战与应对策略

虽然游戏元素的引入给幼儿舞蹈教学带来了诸多积极的影响，但同时也给教师角色的转变带来了一些挑战。首先，教师需要适应新的角色定位，从主导者转变为游戏伙伴、创意引导者、支持者和情感交流者。这需要教师具备较高的专业素养和教育理念。其次，教师需要不断学习和探索新的教学方法和手段，以适应游戏元素在舞蹈教学中的应用。此外，教师还需要关注幼儿的心理特点和兴趣需求，确保游戏元素能够真正激发幼儿的学习兴趣和创造力。

为了应对这些挑战，教师可以采取以下策略：首先，加强自我学习和专业发展，不断提升自己的专业素养和教育理念。其次，积极参与教研活动和学术交流，与其他教师共同探讨和研究游戏元素在舞蹈教学中的应用方法和效果。此外，教师还可以与幼儿保持密切的沟通和交流，了解他们的需求和反馈，及时调整教学方法和策略。

总之，游戏元素的引入使得教师在幼儿舞蹈教学中的角色发生了显著的转变。

这种转变不仅有助于激发幼儿的学习兴趣和创造力，也促使教师不断提升自己的专业素养和教育理念。未来随着教育理念的不断更新和教学方法的不断创新，相信教师在幼儿舞蹈教学中的角色将会更加多元化和丰富化。

二、教师专业发展

幼儿舞蹈教学作为幼儿教育的重要组成部分，对于培养幼儿的节奏感、协调性和审美能力具有重要意义。随着教育理念的不断更新，游戏元素被越来越多地引入幼儿舞蹈教学中，这不仅为教学带来了趣味性，也对教师的专业发展提出了新的要求。下文将从游戏元素在幼儿舞蹈教学中的作用出发，探讨游戏元素如何促进教师的专业发展，并提出相应的策略和建议。

（一）游戏元素在幼儿舞蹈教学中的作用

游戏元素在幼儿舞蹈教学中具有显著的作用。首先，游戏元素能够激发幼儿的学习兴趣。通过引入游戏元素，教师可以将舞蹈动作和技能融入有趣的游戏情境中，使幼儿在轻松愉快的氛围中学习舞蹈，从而提高学习效果。其次，游戏元素有助于培养幼儿的创造力和想象力。在游戏中，幼儿可以自由发挥，尝试不同的舞蹈动作和组合，这有助于激发他们的创造力和想象力，培养幼儿的个性和创造力。最后，游戏元素还能促进幼儿的社交能力。通过合作游戏和团队舞蹈，幼儿可以学会与他人合作、沟通和分享，培养他们的社交能力和团队协作精神。

（二）游戏元素对教师专业发展的促进作用

游戏元素在幼儿舞蹈教学中的引入，对教师专业发展具有积极的促进作用。首先，游戏元素要求教师具备创新意识和创新能力。为了设计有趣、富有挑战性的游戏，教师需要不断学习和探索新的教学方法和手段，这有助于提升教师的专业素养和教学能力。其次，游戏元素需要教师具备良好的课堂管理能力和组织能力。在游戏中，教师需要确保课堂秩序井然，同时也要激发幼儿的学习兴趣和参与意愿，这需要教师具备较高的课堂管理能力和组织能力。最后，游戏元素还要求教师具备较高的观察能力和评估能力。通过观察幼儿在游戏中的表现和反应，教师可以了解幼儿的学习情况和需求，从而及时调整教学策略和方法，提升教学效果。

第三章 游戏元素在幼儿舞蹈教学中的优化策略

（三）教师在游戏元素应用中的专业发展策略

为了更好地将游戏元素应用于幼儿舞蹈教学中，教师需要采取一系列专业发展策略。首先，教师应加强自我学习，不断更新教育理念和教学方法。通过阅读专业书籍、参加培训课程、与同行交流等方式，教师可以了解最新的教育理念和教学方法，从而更好地将游戏元素融入舞蹈教学中。其次，教师应注重实践探索，不断积累教学经验。通过设计不同类型的游戏和舞蹈活动，教师可以了解哪些游戏元素更适合幼儿舞蹈教学，哪些方法更有效，从而逐渐形成自己的教学风格和特色。此外，教师还应注重反思和总结，不断改进教学方法和策略。在每次教学活动结束后，教师应及时反思和总结自己的教学表现和效果，分析存在的问题和不足，并寻求改进的方法和策略。最后，教师应积极参与教研活动和学术交流，与其他教师共同探讨和研究游戏元素在舞蹈教学中的应用方法和效果。通过分享经验和交流心得，教师可以相互学习、相互启发，从而不断提高自己的教学水平和专业素养。

（四）挑战与对策

尽管游戏元素给幼儿舞蹈教学带来了许多积极的影响，但教师在专业发展过程中也面临着一些挑战。首先，教师需要平衡游戏与教学的关系，确保游戏元素能够有效地促进幼儿的学习和发展。其次，教师需要关注幼儿的个体差异，设计适合不同幼儿的游戏和舞蹈活动。此外，教师还需要不断更新游戏内容和形式，以保持幼儿的学习兴趣和参与度。

为了应对这些挑战，教师可以采取以下对策：首先，加强理论与实践的结合，深入了解游戏元素在幼儿舞蹈教学中的作用和价值；其次，与同事和专家进行交流合作，共同研究和探索更有效的游戏元素应用策略；最后，关注幼儿的反馈和需求，及时调整教学策略和方法，确保游戏元素能够更好地服务于幼儿的学习和发展。

总之，游戏元素在幼儿舞蹈教学中对于教师的专业发展具有重要的促进作用。通过加强自我学习、实践探索、反思总结以及参与教研活动和学术交流等方式，教师可以不断提升自己的专业素养和教学能力，更好地将游戏元素应用于幼儿舞蹈教学中，为幼儿的全面发展作出更大的贡献。

第四章 游戏元素在幼儿舞蹈教学中的创意设计原则

第一节 幼儿发展特点与游戏元素的匹配性原则

一、幼儿身心发展特点分析

幼儿期是人生发展的重要阶段，这一时期的身心发展特点对于个体未来的成长具有深远的影响。幼儿身心发展涉及多个方面，包括生理发展、认知发展、情感发展、社会性以及性别角色的认知等。下文将从这些方面对幼儿身心发展特点进行详细分析。

（一）生理发展特点

幼儿生理发展呈现出以下特点：

1.身体增长速度较快，体重和身高都有显著增长。

2.骨骼和肌肉逐渐发育，动作协调能力逐渐增强，能够完成一些简单的运动任务。

3.感官器官逐渐完善，对外界环境的感知能力增强，对色彩、声音等刺激更为敏感。

4.睡眠需求较大，通常需要较长的睡眠时间来保证身体的正常发育。

这些生理发展特点要求教师和家长在幼儿教育中提供适合他们身体发育的活动和环境，以促进其健康成长。

（二）认知发展特点

在认知方面，幼儿期呈现出以下特点：

1. 好奇心强，对周围事物充满探索和发现的欲望。

2. 注意力集中时间短，容易受到外界干扰，因此需要采用多样化的教学方法来吸引他们的注意力。

3. 思维发展以直观形象思维为主，逐渐向抽象逻辑思维过渡。他们通常通过观察和模仿来学习新知识。

4. 记忆力逐渐增强，但记忆方式以机械记忆为主，需要不断重复和巩固。

针对这些认知发展特点，教师应采用游戏化、互动式的教学方式，激发幼儿的好奇心和学习兴趣，帮助他们建立良好的学习习惯。

（三）情感发展特点

情感发展是幼儿期非常重要的一部分，其特点如下：

1. 情绪表达直接而真实，喜怒哀乐易于表露。

2. 情感体验丰富多样，容易受到周围环境和人的影响。

3. 开始形成基本的情感调控能力，但仍有较大的波动性。

4. 亲子关系、师幼关系等对幼儿情感发展有重要影响，良好的关系能够促进其积极情感的发展。

为了促进幼儿情感健康发展，教师和家长应给予幼儿充分的关爱和支持，建立良好的互动关系，帮助他们学会情感表达和调控。

（四）社会性发展特点

社会性发展是幼儿期不可忽视的一个方面，其特点包括：

1. 逐渐融入社会群体，与同龄伙伴的互动增多。

2. 开始形成基本的社交技能，如分享、合作、交流等。

3. 对规则和秩序有一定的认知，但遵守能力尚待提高。

4. 对自我和他人有一定的认知，但自我评价和他人评价能力尚不成熟。

为了促进幼儿的社会性发展，教师和家长应提供多种社交场景和机会，鼓励幼儿与他人互动合作，培养良好的社交习惯和能力。

（五）性别角色认知发展特点

性别角色认知是幼儿期性别教育的重要内容，其特点如下：

1. 对性别有一定的认知，但通常是基于外部特征和生理差异。

2. 开始模仿同性别的父母或监护人,学习与性别相关的行为规范和角色定位。

3. 对性别角色的理解较为刻板,认为某些行为或职业只适合某一性别。

4. 受到社会文化、家庭环境等多种因素的影响,性别角色认知存在个体差异。

为了培养幼儿正确的性别角色认知,教师和家长应提供多元化的性别教育内容和方式,避免性别刻板印象的形成,鼓励幼儿尝试不同的活动和职业,发展其全面的能力和兴趣。

综上所述,幼儿身心发展特点涉及多个方面,需要教师和家长全面了解并采取相应的教育策略。在教育实践中,应关注幼儿的个体差异和需求,提供适合他们发展的环境和资源,促进他们全面、健康地成长。同时,也要注重与幼儿的情感交流和互动,建立良好的师生关系和亲子关系,为他们的未来发展奠定坚实的基础。

二、游戏元素与幼儿发展阶段的匹配策略

幼儿期是人生中最为关键的发展阶段之一,而游戏作为幼儿生活中不可或缺的一部分,对其身心发展具有深远的影响。游戏不仅能够满足幼儿的好奇心和探索欲望,还能促进他们的认知、情感、社会性和身体等多方面的发展。然而,不是所有的游戏都适合幼儿,游戏元素与幼儿发展阶段的匹配至关重要。下文将探讨如何将游戏元素与幼儿的不同发展阶段相匹配,以促进他们的全面发展。

(一)幼儿发展阶段概述

在探讨游戏元素与幼儿发展阶段的匹配策略之前,教师首先需要了解幼儿的主要发展阶段。根据皮亚杰的认知发展理论,幼儿的发展可以分为四个阶段:感知运动阶段、前运算阶段、具体运算阶段和形式运算阶段。其中,前三个阶段与幼儿期的游戏元素选择密切相关。

1. 感知运动阶段(出生至2岁)

感知运动阶段的幼儿主要通过感觉和运动来探索世界,游戏元素应以简单的操作为主,如抓握、拍打等。

2. 前运算阶段(2岁至7岁)

前运算阶段的幼儿开始有了符号思维和直观形象思维,游戏元素可以包含简

单的角色扮演、模仿和基本的规则理解。

3. 具体运算阶段（7岁至11岁）

具体运算阶段的幼儿开始能够进行逻辑推理和抽象思维，游戏元素可以更加复杂，涉及策略制定、团队合作等。

（二）游戏元素与幼儿发展阶段的匹配策略

了解了幼儿的主要发展阶段后，教师可以针对不同阶段的特点，选择适合的游戏元素。

1. 感知运动阶段

对于感知运动阶段的幼儿，游戏元素应以刺激他们的感觉和运动能力为主。例如，可以选择色彩鲜艳、形状各异的玩具，鼓励幼儿进行抓握、拍打、摸索等动作。此外，简单的音乐游戏和亲子互动游戏也能有效促进幼儿的感知运动发展。

2. 前运算阶段

在前运算阶段，幼儿开始有了简单的符号思维和直观形象思维。因此，游戏元素可以包含简单的角色扮演、模仿游戏和具有基本规则的游戏。例如，通过"过家家"游戏，幼儿可以模仿成人的社交行为；而简单的拼图游戏则能帮助他们建立空间概念和手眼协调能力。此外，亲子共读的绘本和简单的益智游戏也能促进幼儿的思维发展。

3. 具体运算阶段

随着幼儿进入具体运算阶段，他们的思维能力逐渐增强，能够进行更加复杂的游戏。此时，游戏元素可以涉及策略制定、团队合作、问题解决等。例如，棋类游戏可以帮助幼儿锻炼策略思维和决策能力；团队运动游戏则能培养他们的合作精神和沟通能力。此外，科普类游戏和创意性游戏也能激发幼儿的好奇心和探索欲望。

（三）游戏元素与幼儿发展的互动关系

除了根据幼儿的发展阶段选择适合的游戏元素外，教师还需要关注游戏元素与幼儿发展之间的互动关系。游戏元素的选择不仅会影响幼儿的发展水平，还会受到幼儿个体差异、家庭环境和社会文化等多种因素的影响。

例如，不同文化背景下的幼儿可能对某些游戏元素有着不同的偏好和认知方式。因此，在选择游戏元素时，教师需要充分考虑这些因素，确保游戏元素与幼儿的发展需求和文化背景相契合。

同时，随着幼儿的发展，他们对游戏的需求和兴趣也会发生变化。因此，教师需要定期评估和调整游戏元素的选择，以满足幼儿不断变化的发展需求。

（四）结论与建议

综上所述，游戏元素与幼儿发展阶段的匹配对于促进幼儿的全面发展至关重要。在选择游戏元素时，教师需要充分了解幼儿的发展阶段和特点，确保游戏元素与他们的需求相契合。同时，教师还需要关注游戏元素与幼儿发展之间的互动关系，充分考虑文化、家庭环境等因素的影响。

为了更好地促进幼儿的发展，教师建议家长和教育工作者在选择游戏元素时遵循以下原则：

1. 适龄性原则

适龄性原则是指根据幼儿的年龄和发展阶段选择适合的游戏元素。

2. 多样性原则

多样性原则是指提供多种类型的游戏元素，以满足幼儿不同的兴趣和需求。

3. 互动性原则

互动性原则是指鼓励幼儿与他人互动合作，促进社交技能和情感发展。

4. 创新性原则

创新性原则是指引入新颖有趣的游戏元素，激发幼儿的好奇心和探索欲望。

通过遵循这些原则，教师可以更好地利用游戏元素促进幼儿的全面发展。

第二节　游戏元素在幼儿舞蹈教学中的创意应用原则

一、创意游戏元素的选择与整合

在幼儿教育中，游戏不仅是娱乐方式，更是教育工具。创意游戏元素的选择与整合对于激发幼儿兴趣、促进其全面发展具有重要意义。下文将从创意游戏元素的选择标准、整合方法以及实施策略三个方面进行详细探讨。

（一）创意游戏元素的选择标准

创意游戏元素的选择在幼儿教育中扮演着至关重要的角色。为了确保游戏既能吸引幼儿，又能达到教育目的，教师需要基于一系列的标准来精挑细选这些元素。以下是对这些标准的详细阐述：

首先，游戏元素必须符合幼儿的兴趣和年龄特点。幼儿正处于身心迅速发展的阶段，他们的兴趣、爱好和认知特点都在不断变化。因此，教师需要密切关注幼儿的生活经验和兴趣爱好，选择那些能够引起他们共鸣的游戏元素。对于年龄较小的幼儿，教师可以选择色彩鲜艳、形状各异的玩具和道具，因为这些元素能够吸引他们的注意力并激发他们的好奇心。而对于年龄稍大的幼儿，教师可以选择更具挑战性和策略性的游戏元素，以满足他们日益增长的认知需求。

其次，游戏元素应具有教育价值。游戏的本质是一种寓教于乐的活动，它应该能促进幼儿在多个方面的发展。因此，在选择游戏元素时，教师需要考虑它们是否能够培养幼儿的认知能力、情感表达、社交技能以及身体协调性等方面。例如，拼图游戏可以锻炼幼儿的空间感知和手眼协调能力，而角色扮演游戏则可以培养幼儿的社交技能和情感表达能力。通过选择这些具有教育价值的游戏元素，教师可以使幼儿在玩耍的过程中潜移默化地获得知识和技能。

再次，游戏元素应具有创意性和新颖性。幼儿天生就是好奇的探索者，他们喜欢尝试新事物并寻求刺激和挑战。因此，教师需要选择那些独特而新颖的游戏元素，以激发幼儿的好奇心和探索欲望。教师可以尝试利用废旧物品制作玩具，或者设计一些富有创意的游戏规则和任务。这些元素不仅能够吸引幼儿的注意力，还能培养他们的创新思维和解决问题的能力。

最后，安全性是选择游戏元素时必须考虑的重要因素。幼儿的身心发展尚未成熟，他们对外界的认知能力和自我保护能力相对较弱。因此，教师需要确保选择的游戏元素在材质、结构、玩法等方面都是安全可靠的。游戏材料的材质应该无毒、环保且耐用；游戏道具的结构应该稳固、不易损坏；游戏规则和任务应该简单易懂、不会造成意外伤害。只有这样，教师才能确保幼儿在玩耍的过程中既能够享受到乐趣，又能够保障他们的安全。

综上所述，选择创意游戏元素时，教师需要综合考虑幼儿的兴趣和年龄特点、教育价值、创意性和新颖性以及安全性等多个方面。通过精心挑选和设计这些元素，教师可以为幼儿创造一个既有趣又富有教育意义的游戏环境。在这个环境中，幼儿可以充分发挥自己的想象力和创造力，通过与游戏元素的互动来探索世界、学习知识、培养技能。同时，这种寓教于乐的方式也能够激发幼儿的学习兴趣和动力，为他们的全面发展奠定坚实的基础。

因此，作为教育工作者和家长，教师应该高度重视创意游戏元素的选择和应用。教师需要不断关注幼儿的发展需求和学习特点，积极寻找和创造适合他们的游戏元素。同时，教师也需要加强与幼儿的沟通和交流，了解他们的兴趣和需求，以便更好地为他们提供符合其特点和需求的游戏元素。只有这样，教师才能真正实现游戏与教育的有机结合，让幼儿在游戏中得到全面的发展和成长。

此外，教师还需要注意不断更新和升级游戏元素，以保持其吸引力和教育价值。随着科技的进步和幼儿认知水平的提高，一些传统的游戏元素可能会逐渐失去吸引力。因此，教师需要时刻关注新的教育理念和科技发展趋势，及时引入新的游戏元素和玩法。这样不仅可以激发幼儿的新鲜感和好奇心，还可以促进他们的认知发展和技能提升。

总之，选择符合幼儿兴趣和年龄特点、具有教育价值、创意性和新颖性以及安全性的游戏元素是确保游戏既能吸引幼儿又能达到教育目的的关键。作为教育工作者和家长，教师应该以幼儿为中心，以他们的需求和发展为导向，精心挑选和设计游戏元素。只有这样，教师才能真正实现游戏与教育的有机结合，让幼儿在游戏中快乐成长并获得全面的发展。

（二）创意游戏元素的整合方法

创意游戏元素的整合是一门艺术，它要求教师将各种元素巧妙地融合在一起，形成一个完整、有趣且富有教育意义的游戏过程。这种整合不仅能增强游戏的吸引力和趣味性，还能促进幼儿在各个学科领域的发展。以下是一些常见的整合方法，以及它们如何帮助教师实现这一目标。

首先，跨学科整合是一种非常有效的方法。这种方法将不同学科领域的知识和技能融入游戏中，使幼儿在游戏中能够体验到跨学科的学习乐趣。例如，在音乐游戏中加入数学元素，可以让幼儿在唱歌跳舞的同时数节奏或排列音符，从而培养他们的音乐感知能力和数学逻辑思维能力。同样，在科学探索游戏中融入语言元素，可以让幼儿通过描述和表达实验过程和结果，提升他们的观察力和语言表达能力。这种整合方法有助于打破学科之间的界限，促进幼儿全面发展。

其次，主题式整合也是一种常见的整合方法。它围绕一个特定的主题或故事情节，将不同的游戏元素和活动整合在一起。这种方法能够帮助幼儿更好地理解和体验游戏所传达的信息，同时也能增强他们的参与感和投入度。以"农场生活"为例，教师可以整合角色扮演、绘画、手工制作等多种游戏元素，让幼儿在模拟农场生活的过程中了解动植物的生长过程和农作物的种植技术。这样，幼儿不仅能在游戏中获得乐趣，还能学到实际的知识和技能。

最后，开放式整合提供了一种更加自由和灵活的游戏方式。它提供一个开放的游戏环境，允许幼儿根据自己的兴趣和想象力自由选择和组合游戏元素。这种整合方法能够激发幼儿的创造力和自主性，促进他们在游戏中探索和发现。在这样的环境中，幼儿可以根据自己的喜好选择不同的游戏元素，创造出属于他们自己的游戏玩法和故事情节。这不仅能够满足他们的个性化需求，还能培养他们的创新思维和解决问题的能力。

为了实现有效的创意游戏元素整合，教师需要关注以下几个方面。首先，整合要符合幼儿的年龄和认知特点，确保他们能够理解和参与其中。其次，整合要注重游戏的趣味性和教育性，使幼儿在游戏中既能获得乐趣又能学到知识。此外，整合还需要考虑游戏的安全性和可行性，确保游戏元素能够在实际操作中得到有效应用。

为了实现这些目标，教师可以采取一些具体的策略。首先，教师可以通过观察和研究幼儿的兴趣和需求，了解他们喜欢什么样的游戏元素和活动。然后，教师可以根据这些信息来选择和整合适合的游戏元素，以满足幼儿的需求和期望。同时，教师还可以与幼儿一起参与游戏的设计和实施过程，让他们成为游戏的创造者和参与者，从而提高他们的积极性和投入度。

除了以上提到的整合方法外，还有一些其他的策略也可以帮助教师实现创意游戏元素的整合。例如，教师可以利用现代科技手段来增强游戏的互动性和趣味性，如使用虚拟现实（VR）、增强现实（AR）等技术来创建更加逼真的游戏环境。此外，教师还可以与其他领域教师进行跨界合作，如与艺术教育、体育教育等领域结合，共同开发富有创意和教育意义的游戏活动。

总之，创意游戏元素的整合是一项复杂而富有挑战性的任务。它需要教师深入了解幼儿的需求和特点，灵活运用各种整合方法，以创造出既有趣又有教育意义的游戏过程。通过不断尝试和创新，教师可以为幼儿提供更加丰富多彩的游戏体验，促进他们的全面发展。同时，这种整合也有助于提升游戏的教育价值和社会认可度，为幼儿教育的发展作出更大的贡献。

（三）创意游戏元素的实施策略

为了确保创意游戏元素的有效实施，教师需要采取一系列精心设计的策略，以确保游戏不仅能够吸引幼儿，还能促进他们的全面发展。以下是一些关键策略，它们对于实现创意游戏元素的有效整合和实施至关重要。

首先，教师的角色必须发生转变。在传统的教育模式中，教师往往是知识的传递者，但在创意游戏中，教师的角色应当转变为引导者和支持者。这意味着教师需要放下"教导者"的身份，成为幼儿在游戏中的合作伙伴和指引者。他们应鼓励幼儿在游戏中自主探索和发现，为他们提供必要的支持和帮助。这种角色的转变有助于建立一种更加民主、平等的教育环境，让幼儿在游戏中感受到自由和尊重，从而更加积极地参与游戏过程。

其次，创设一个良好的游戏环境是至关重要的。这个环境应该宽敞、安全、有趣，并且充满各种游戏材料和道具，以满足幼儿不同的游戏需求。教师可以通过巧妙的设计和布置，将游戏环境变得更加富有创意和挑战性。同时，游戏环境的更新和维护也是非常重要的，能保持游戏的新鲜感和吸引力。教师可以定期更换游戏材料和道具，或者根据幼儿的兴趣和需求调整游戏环境，让幼儿始终保持对游戏的兴趣和热情。

再次，注重游戏的过程性评价也是创意游戏元素有效实施的关键。与传统的结果性评价不同，过程性评价更加注重幼儿在游戏过程中的表现和发展。这意味着教师需要关注幼儿在游戏中的互动、合作、解决问题等能力的发展情况，并及时给予反馈和指导。通过过程性评价，教师可以更好地了解每个幼儿的发展水平和特点，从而为他们提供个性化的指导和建议。同时，鼓励幼儿自我评价和同伴评价也是非常重要的，这可以促进他们在游戏中的自我反思和学习。

最后，实现家园共育是确保创意游戏元素有效实施不可忽视的一环。家长是幼儿成长的重要伙伴和支持者，他们对于幼儿的发展具有至关重要的影响。因此，教师应与家长建立良好的沟通机制，共同关注和支持幼儿的游戏活动。可以通过家长会、亲子活动等方式向家长介绍游戏的价值和意义，引导家长在家中为幼儿提供支持和帮助。同时，鼓励家长参与幼儿的游戏活动也是非常有益的，这不仅可以增强亲子间的互动和沟通，还可以让家长更加了解幼儿在幼儿园的学习和生活情况。

为了将上述策略付诸实践，教师还需要采取一些具体的措施。首先，教师需要接受相关的培训和教育，以了解创意游戏元素的价值和实施方法。通过参加专业研讨会、阅读相关书籍和文章等方式，教师可以不断提升自己的专业素养和教育理念。其次，幼儿园需要与社区、家庭等建立紧密的联系和合作，共同为幼儿提供更加丰富和多样化的游戏资源和活动。例如，可以邀请社区艺术家、体育教练等来幼儿园指导幼儿进行创意游戏，或者组织亲子游戏活动等，让家庭和社区成为幼儿园教育的重要延伸。

同时，教师还需要关注创意游戏元素实施过程中的一些潜在问题。例如，如何确保游戏的安全性和适宜性？如何平衡游戏的趣味性和教育性？如何激发幼儿的创造力和想象力？为了解决这些问题，教师需要不断地进行反思和调整，根据幼儿的实际情况和需求来优化游戏设计和实施方案。

综上所述，为了确保创意游戏元素的有效实施，教师需要从教师角色的转变、游戏环境的创设、过程性评价以及家园共育等多个方面入手。通过采取一系列精心设计的策略和措施，教师可以为幼儿提供更加丰富多彩、有趣且具有教育意义的游戏体验，促进他们的全面发展。同时，这也有助于提升游戏在幼儿教育中的地位和价值，为幼儿教育的发展注入新的活力和动力。

综上所述，创意游戏元素的选择与整合对于促进幼儿全面发展具有重要意义。通过遵循一定的选择标准、采用合理的整合方法以及实施有效的策略，教师可以更好地利用游戏元素激发幼儿的兴趣和潜力，促进其在认知、情感、社会性和身体等方面的全面发展。

二、游戏元素与舞蹈教学的融合策略

舞蹈教学作为一种富有创造性和表现力的艺术形式，对于培养学生的身体协调性、节奏感和审美情感具有重要意义。而将游戏元素融入舞蹈教学中，不仅可以增强教学的趣味性和吸引力，还能有效激发学生的学习兴趣和积极性。下文将从游戏元素与舞蹈教学的融合意义、融合策略及实施效果三个方面进行详细论述。

（一）游戏元素与舞蹈教学融合的意义

1. 提高学生的学习兴趣和动力

舞蹈教学往往要求学生进行反复的身体练习和技能训练，这可能会使学生感到单调和枯燥。而游戏元素的加入，可以使教学过程变得更加有趣和生动，从而激发学生的学习兴趣和动力。

2. 促进学生的身心发展

游戏元素通常具有挑战性和互动性，可以帮助学生锻炼身体、提高身体协调性和反应能力。同时，游戏中的合作和竞争元素还能培养学生的团队协作能力和竞争意识。

3. 增强学生的创造力和表现力

舞蹈本身就是一种富有创造性和表现力的艺术形式。将游戏元素融入舞蹈教学中，可以为学生提供更多的创作空间和表达方式，从而增强其创造力和表现力。

（二）游戏元素与舞蹈教学的融合策略

1. 选择适合的游戏元素

在选择游戏元素时，应考虑学生的年龄、兴趣和舞蹈教学的目标。例如，可以选择一些节奏明快、动作简单的游戏作为热身活动，或者选择一些富有创意和挑战性的游戏来锻炼学生的舞蹈技能。

2. 设计有趣的游戏化任务

将舞蹈教学内容转化为游戏化任务，可以激发学生的学习兴趣和积极性。例如，可以设计一些寻宝、挑战或角色扮演等游戏任务，让学生在完成任务的过程中学习和掌握舞蹈技能。

3. 利用游戏化的评价方式

传统的舞蹈评价方式往往注重技术的准确性和规范性，忽视了学生的创造性和表现力。因此，可以尝试采用一些游戏化的评价方式，如评分、评级或奖励机制等，以鼓励学生在舞蹈创作和表现中发挥自己的想象力和创造力。

4. 创造互动和合作的游戏环境

舞蹈是一种需要多人协作的艺术形式。将游戏元素融入舞蹈教学中，可以为学生创造一个互动和合作的游戏环境。例如，可以设计一些需要多人配合完成的舞蹈游戏或任务，让学生在互动和合作中锻炼自己的舞蹈技能和团队协作能力。

综上所述，将游戏元素融入舞蹈教学中具有重要意义。通过选择适合的游戏元素、设计有趣的游戏化任务、利用游戏化的评价方式和创造互动和合作的游戏环境等策略，教师可以有效地激发学生的学习兴趣和积极性，促进其身心发展，并增强其创造力和表现力。因此，在舞蹈教学中应积极探索和实践游戏元素与舞蹈教学的融合策略，以更好地实现舞蹈教学的目标。

三、创意游戏元素在教学中的实施步骤

随着教育理念的更新和教学方法的多样化，传统的教学模式已不再是唯一的选择。将创意游戏元素融入教学中，不仅能激发学生的学习兴趣，还能促进他们的全面发展。然而，如何有效地实施这一策略，确保游戏与教学内容的有机结合，是教育者需要深入思考的问题。下文将从明确教学目标、选择适合的游戏元素、

设计游戏化教学方案、实施与调整、评估与反馈五个方面,详细阐述创意游戏元素在教学中的实施步骤。

(一)明确教学目标

在实施创意游戏元素教学之前,教育者首先需要明确教学目标。这包括了解学生需要掌握的知识和技能,以及期望通过游戏元素达到的教学效果。例如,在语文教学中,教学目标可能是提高学生的阅读理解能力、写作能力或语言表达能力。明确教学目标有助于教育者有针对性地选择游戏元素和设计游戏化教学活动。

(二)选择适合的游戏元素

在选择游戏元素时,教育者需要考虑学生的年龄、兴趣和学习需求,以及教学内容的特点。游戏元素的选择应有助于实现教学目标,并能引起学生的兴趣和参与度。例如,在数学教学中,可以选择与数学概念和解题技巧相关的游戏元素,如数学谜题、数学竞赛等。同时,教育者还需要确保游戏元素与教学内容紧密相连,避免游戏元素与教学内容脱节。

(三)设计游戏化教学方案

设计游戏化教学方案是实施创意游戏元素教学的关键步骤。教育者需要根据教学目标和游戏元素,设计具有挑战性和趣味性的教学活动。这些活动应能激发学生的学习兴趣,促使他们积极参与并主动探索。在设计游戏化教学方案时,教育者还需要考虑活动的难度梯度,确保活动既能满足基础较差学生的需求,又能挑战基础较好的学生。

游戏化教学方案的设计还需要注重学生的个体差异和合作学习。教育者可以通过分组合作、角色扮演等方式,让学生在游戏中相互学习、互相帮助,从而培养他们的团队协作能力和沟通能力。同时,教育者还需要设定明确的游戏规则和奖励机制,以确保游戏的公平性和激励性。

(四)实施与调整

在实施游戏化教学方案时,教育者需要密切关注学生的反应和表现,及时调整教学策略和活动内容。例如,如果学生在游戏中表现出较高的兴趣和参与度,教育者可以适当增加游戏的难度和挑战性;如果学生在游戏中遇到困难或挫折,教育者则需要给予适当的引导和帮助。

此外，教育者还需要根据学生的反馈和教学效果，对游戏化教学方案进行持续优化和改进。这包括调整游戏元素的选择、优化游戏规则和奖励机制、增加互动性和合作性等方面。通过不断地实施与调整，教育者可以逐步完善游戏化教学方案，使其更加符合学生的需求和期望。

（五）评估与反馈

评估与反馈是创意游戏元素教学的重要环节。教育者需要通过多种方式对学生的学习成果进行评估，包括学生的参与度、作品质量、测试成绩等。同时，教育者还需要收集学生的反馈意见，了解他们对游戏化教学方案的看法和建议。

通过评估与反馈，教育者可以了解创意游戏元素教学的实际效果，以便进一步调整和完善教学策略。例如，如果评估结果显示学生在某个知识点上掌握不足，教育者可以在后续的教学中增加相关游戏元素或调整游戏化教学活动的设计，以帮助学生更好地理解和掌握该知识点。

此外，评估与反馈还有助于提高教育者自身的教学水平和能力。通过收集和分析学生的反馈意见，教育者可以发现自己的不足之处，并不断改进和完善自己的教学方法和策略。同时，通过与其他教育者的交流和分享，教育者还可以学习借鉴他人的成功经验和方法，以进一步提升自己的教学效果。

综上所述，实施创意游戏元素教学需要教育者明确教学目标、选择适合的游戏元素、设计游戏化教学方案、实施与调整以及评估与反馈。通过这些步骤的有效实施，教育者可以激发学生的学习兴趣和积极性，促进他们的全面发展，实现教学效果的提升。

第三节 积极、互动和有趣的学习环境的设计原则

一、环境创设的重要性

学习环境是学生学习和发展过程中的关键要素,不仅影响学生的学习效果和兴趣,还对学生的心理健康、社会适应能力和未来发展产生深远影响。因此,学习环境创设的重要性不容忽视。下文将从多个方面详细阐述学习环境创设的重要性。

(一)提升学习效率和效果

学习环境对于学生的学习效率和效果具有显著影响。一个安静、整洁、明亮的学习环境有助于学生集中注意力,减少干扰因素,从而更加专注于学习。在这样的环境中,学生能够更加有效地吸收知识,提升学习效率和效果。此外,良好的学习环境还能激发学生的学习兴趣和动力,促使他们更加主动地参与到学习活动中去。

(二)促进学生心理健康发展

学习环境对于学生的心理健康发展同样具有重要意义。一个温馨、和谐、支持性的学习环境有助于学生形成积极的心态和情感状态,增强他们的自信心和自尊心。在这样的环境中,学生能够感受到来自老师和同学的关爱和支持,从而更加愿意与他人交流、合作和分享。这对于培养学生的社交能力和情感智商具有重要意义。

(三)培养学生自主学习能力

创设良好的学习环境还有助于培养学生的自主学习能力。在一个自由、开放、有序的学习环境中,学生能够根据自己的兴趣和需求自主选择学习内容和方法,从而更加主动地参与到学习过程中去。这样的环境能够激发学生的探究欲望和创新精神,促使他们不断挑战自我、超越自我。这对于培养学生的终身学习能力和创新精神具有重要意义。

（四）增强学生社会适应能力

学习环境创设还有助于增强学生的社会适应能力。在一个多元化、包容性强的学习环境中，学生能够接触到不同背景、不同观点的人和事，从而更加全面地了解社会和世界。这样的环境能够培养学生的开放思维和跨文化交流能力，使他们在未来的社会生活中更加从容自信地面对各种挑战和机遇。

（五）促进教育公平

学习环境创设对于实现教育公平也具有重要作用。一个公平、公正、无歧视的学习环境能够为所有学生提供平等的发展机会和资源，确保他们都能够获得优质的教育资源和支持。在这样的环境中，不同背景、不同能力的学生都能够得到充分的关注和帮助，从而更加公平地参与到学习过程中去。这对于缩小教育差距、实现教育公平具有重要意义。

（六）推动教育创新与发展

学习环境创设是推动教育创新与发展的重要途径之一。随着科技的进步和社会的发展，学习环境也在不断发生变革。通过引入新技术、新理念和新方法等手段来创设现代化的学习环境，能够为学生提供更加丰富多样的学习资源和方式。这样的环境能够激发学生的创造力和创新精神，推动教育领域的不断发展和进步。

综上所述，学习环境创设在提高学生学习效率、促进学生心理健康发展、培养学生自主学习能力、增强学生社会适应能力、促进教育公平以及推动教育创新与发展等方面都具有重要作用。因此，教育者应该充分认识到学习环境创设的重要性，并在实践中不断探索和创新，为学生创造一个更加优质、多元、开放的学习环境。同时，家长和社会各界也应该关注学习环境创设问题，共同为学生的全面发展提供有力支持。

二、积极学习环境的设计要素

学习环境作为学生日常学习和成长的重要场所，其设计对于提高学生的学习效果、激发学习兴趣以及培养自主学习能力具有至关重要的作用。一个积极的学习环境不仅能够提供舒适的学习空间，还能够激发学生的学习动力，促进他们的全面发展。下文将从多个方面详细阐述积极学习环境的设计要素。

（一）空间布局与物理环境

1. 空间布局

学习空间的布局应当合理，确保每个学生都有足够的个人学习空间，同时也有足够的空间进行小组讨论和合作学习。教室内的桌椅摆放应避免过于拥挤，保证空气流通和视野开阔。

2. 照明与通风

良好的照明和通风是确保学习环境舒适的关键因素。教室应当配备适当的照明设备，确保光线均匀且柔和，避免过强或过弱的光线对学生的视力造成影响。同时，教室的通风系统也应当良好，确保空气新鲜，避免学生因长时间处于封闭环境中而感到不适。

3. 温度与湿度

教室的温度和湿度应当适宜，避免过冷或过热的环境影响学生的学习状态。此外，教室内还应配备必要的清洁设施，确保环境的整洁和卫生。

（二）学习资源与设施

1. 图书资料

图书馆或资料室是学习环境中不可或缺的一部分。提供丰富的图书资料可以帮助学生扩展知识面、加深理解，并激发他们的探索欲望。图书馆应当定期更新图书资源，确保资料的时效性和准确性。

2. 教学设备

现代化的教学设备如多媒体投影仪、电脑、实验器材等可以为学生提供多样化的学习方式。这些设备能够帮助学生更加直观地理解抽象知识，提高他们的学习兴趣和效果。

3. 互联网接入

互联网是学习的重要工具之一。学习环境应当提供稳定的互联网接入服务，方便学生查找资料、进行在线学习，以及与同学和老师进行在线交流和讨论。

（三）学习氛围与文化

1. 鼓励自主学习

学习环境应当鼓励学生自主学习和独立思考。教室内可以设置一些自主学习区域，供学生自由选择学习内容和方式。同时，老师也应当给予学生足够的自主学习时间和空间，激发他们的学习动力和创新精神。

2. 合作学习的氛围

除了自主学习外，合作学习也是培养学生团队协作能力和社交能力的重要途径。学习环境应当提供足够的空间和机会供学生进行小组讨论、项目合作等活动，培养他们的合作精神和沟通能力。

3. 尊重与包容

学习环境应当尊重每个学生的个性和差异，营造包容、平等的氛围。教师应当关注学生的情感需求和心理状态，及时给予关爱和支持。同时，学生之间也应当相互尊重、理解和帮助，共同营造一个和谐的学习氛围。

（四）技术支持与创新

1. 数字化学习平台

数字化学习平台可以为学生提供更加便捷、高效的学习方式。这些平台可以提供在线课程、学习资源、作业管理等功能，方便学生进行自主学习和协作学习。

2. 创新实验室与工作室

针对不同学科和领域的需求，学习环境可以设立创新实验室或工作室，为学生提供实践创新的机会和平台。这些实验室或工作室可以提供先进的设备和技术支持，帮助学生将理论知识应用于实际项目中。

3. 定期评估与反馈

学习环境应当定期评估学生的学习效果和需求变化，并据此调整学习资源和设施的配置。同时，教师也应当及时给予学生反馈和指导，帮助他们发现问题、解决问题并不断进步。

（五）健康与安全

1. 健康因素

学习环境的设计应考虑学生的身体健康。例如，提供适合学生身高的桌椅、设置足够的运动空间和设施、提供营养均衡的餐饮等。

2.安全保障

学习环境应当确保学生的安全。教室和公共设施应定期检查和维护，避免安全隐患。同时，学校应建立健全安全管理制度和应急预案，确保在紧急情况下能够及时有效地应对。

综上所述，积极学习环境的设计要素涵盖了空间布局与物理环境、学习资源与设施、学习氛围与文化、技术支持与创新以及健康与安全等多个方面。这些要素共同构成了一个全面、科学、人性化的学习环境，能够为学生提供良好的学习条件和发展空间。在教育实践中，教师应当充分考虑这些要素并结合实际情况进行合理设计，以创造出一个有利于学生学习和成长的积极环境。

三、互动学习环境的营造策略

随着教育理念的不断进步和技术的持续发展，互动学习环境的构建已成为现代教育领域的核心议题。互动学习环境不仅能增强学生的参与度和学习动力，还能有效促进师生之间的交流与合作，从而提升学习效果。下文将从多个方面探讨互动学习环境的营造策略。

（一）明确教学目标与学习内容

在构建互动学习环境之前，首先要明确教学目标和学习内容。这有助于确定互动的形式和深度，确保互动与学习目标紧密相关。例如，对于需要深入理解和讨论的主题，可以设计小组讨论或角色扮演等互动形式；对于需要实践操作的技能，则可以设置实验或项目实践等互动环节。

（二）物理空间的优化布局

物理空间的布局对于营造互动学习环境至关重要。教室布局应便于学生之间的交流和合作，如采用圆桌形、马蹄形等布局方式，使学生更容易进行面对面的交流和讨论。此外，教室内还应设置足够的活动空间，供学生进行小组活动或实践操作。

（三）技术工具的整合应用

现代技术工具为营造互动学习环境提供了有力支持。例如，利用交互式白板、电子投票系统、在线协作平台等技术工具，可以丰富互动形式，提高互动效率。

这些工具不仅可以促进学生之间的实时交流和协作，还能让老师更好地了解学生的学习情况，从而进行有针对性的指导。

（四）鼓励积极参与和多元互动

在互动学习环境中，教师应鼓励学生积极参与互动，并为学生提供多种互动方式。例如，可以通过提问、讨论、小组合作、角色扮演等方式，让学生充分参与到学习过程中。同时，教师还应关注每个学生的需求和特点，确保每个学生都能在互动中得到发展和提高。

（五）建立互信互尊的学习氛围

营造互动学习环境的关键在于建立互信互尊的学习氛围。教师应尊重学生的个性差异和意见表达，鼓励学生大胆提问和发表观点。同时，学生之间也应相互尊重、理解和支持，共同营造一个和谐、包容的学习氛围。在这样的氛围中，学生更愿意参与互动，更敢于表达自己的观点，从而促进学习的深入和拓展。

（六）设计具有挑战性的互动任务

为了激发学生的求知欲和创造力，教师可以设计一些具有挑战性的互动任务。这些任务应具有一定的难度和深度，能够激发学生的学习兴趣和探究欲望。通过完成这些任务，学生不仅可以提升自己的知识和技能水平，还能在互动过程中培养自己的团队协作能力和创新思维。

（七）提供及时反馈与有效评价

在互动学习环境中，教师应及时给予学生反馈和评价，帮助学生了解自己的学习情况和进步程度。反馈和评价应具体、明确、有针对性，能够指导学生进行进一步的学习和改进。同时，教师还应鼓励学生在互动过程中进行自我评价和同伴评价，以便更好地了解自己的优势和不足，从而调整学习策略和方法。

（八）持续更新与优化互动策略

随着教育理念的更新和技术的发展，互动学习环境的营造策略也需要不断更新和优化。教师应根据学生的实际情况和学习需求，灵活调整互动形式和策略，以确保互动学习效果的最大化。同时，学校和教育部门也应提供相应的支持和资源，帮助教师不断更新知识和技能，提升互动教学能力。

综上所述，营造互动学习环境需要综合考虑多个方面的因素，包括教学目标、物理空间布局、技术工具应用、学生参与度、学习氛围建立、任务设计、反馈评价及策略更新等。通过实施这些策略，教师可以构建一个充满活力、富有成效的互动学习环境，促进学生的全面发展和学习进步。

四、创造有趣学习环境的方法

在现代教育中，创造一个有趣的学习环境至关重要。一个富有创意和趣味性的学习环境能够激发学生的学习兴趣，提高他们的参与度和学习效果。下文将探讨一系列创意方法，以帮助教育者创造一个充满趣味和活力的学习环境。

（一）游戏化学习

游戏化学习是一种将游戏元素融入教学的方法，它通过奖励、挑战、竞争等游戏机制来激发学生的学习动力。例如，教育者可以设计基于知识点的闯关游戏，让学生在游戏中学习和巩固知识。此外，还可以利用虚拟现实（VR）和增强现实（AR）技术，创建沉浸式的学习体验，让学生仿佛置身于知识的海洋。

（二）主题式学习

主题式学习是围绕一个特定的主题或问题，组织学生进行深入探究和学习的方法。这种方法可以激发学生的学习兴趣和好奇心，促进他们的主动学习和合作学习。例如，教育者可以设计一个关于环保的主题项目，让学生自行组队、分工合作，通过调查研究、实践操作等方式，深入了解环保的重要性和方法。

（三）创意空间布置

学习环境的空间布置也是创造有趣学习环境的关键。教育者可以利用色彩、装饰、家具等元素，打造一个富有创意和个性的学习空间。例如，可以在教室内设置创意墙，展示学生的作品和创意想法；还可以设置多功能学习区，供学生进行小组讨论、实践操作等活动。

（四）跨学科融合教学

跨学科融合教学是将不同学科的知识和方法相互融合，以创造新的学习体验和方法。这种方法可以帮助学生打破学科壁垒，拓展思维视野，提高综合素质。例如，教育者可以设计一节融合了数学、物理和艺术的创意课程，让学生在制作艺术作品的过程中，学习和应用数学和物理的知识。

（五）互动式故事叙述

通过互动式故事叙述，教育者可以将学习内容融入有趣的故事情节中，让学生在听故事的过程中学习知识。这种方法可以激发学生的学习兴趣和想象力，提高他们的学习投入度。例如，教育者可以设计一个基于历史事件的互动式故事游戏，让学生在游戏中扮演不同角色，通过决策和行动来推动故事发展，从而深入了解历史事件和背景。

（六）实践操作项目

实践操作项目是一种让学生亲自动手、亲身体验的学习方式。通过实践操作，学生可以将理论知识与实际操作相结合，加深对知识的理解。例如，在科学课程中，教育者可以设计一些简单的实验项目，让学生在亲手操作的过程中观察实验现象、记录实验数据、分析实验结果。这样的实践操作项目不仅能够激发学生的学习兴趣和好奇心，还能够培养他们的动手能力和科学探究精神。

（七）个性化学习路径

个性化学习路径是根据学生的学习风格、兴趣和能力，为他们量身定制个性化的学习计划和资源。这种方法可以让学生在学习中感受到更多的自主性和掌控感，从而提高他们的学习积极性和参与度。例如，教育者可以利用在线学习平台和技术工具，为每个学生提供定制化的学习资源和学习路径。学生可以根据自己的兴趣和进度进行学习，同时获得及时的反馈和评价。

（八）社交媒体与在线协作

社交媒体和在线协作工具为学生提供了跨时空的学习和交流平台。通过社交媒体和在线协作工具，学生可以随时随地与同伴、教师进行交流和合作，共同解决问题、分享知识和经验。这种方式不仅能够增强学生的学习动力和参与度，还能够培养他们的协作精神和沟通能力。例如，教育者可以利用在线协作平台，组织学生进行远程小组讨论、项目合作等活动；还可以利用社交媒体平台，分享学习资源、展示学生作品、进行互动评价等。

综上所述，创造有趣的学习环境需要教育者运用多种创意方法。通过游戏化学习、主题式学习、创意空间布置、跨学科融合教学、互动式故事叙述、实践操作项目、个性化学习路径以及社交媒体与在线协作等方式，教师可以为学生打造一个充满趣味和活力的学习环境，激发他们的学习兴趣和动力，提高他们的学习效果和综合素质。

第五章　游戏元素在幼儿舞蹈教学中的创新策略

第一节　游戏元素在幼儿舞蹈教学中的创新意义

一、创新教学的时代背景与需求

随着科技的飞速发展和社会的不断进步,教育领域正面临着前所未有的挑战与机遇。在这个时代背景下,创新教学显得尤为重要。它不仅是对传统教育模式的补充和完善,更是适应时代发展、满足社会需求的必然选择。下文将从多个方面探讨创新教学的时代背景与需求。

(一)科技发展的推动

近年来,科技的进步为教育领域带来了革命性的变革。人工智能、大数据、云计算等技术的应用,使得教育资源的获取、处理和应用变得更加便捷和高效。这为创新教学提供了强大的技术支持,使得教育者能够根据学生的个性化需求,提供更加精准、个性化的教学服务。同时,科技的发展也催生了新的教学形式和手段,如在线教育、混合式教学等,这些新兴的教学模式为创新教学提供了更加广阔的空间。

(二)社会需求的转变

随着社会的不断发展,国家对人才的需求也在发生转变。传统的以知识灌输为主的教学模式已经无法满足现代社会的需求。现代社会更加注重人才的创新精神和实践能力,这就要求教育者在教学过程中注重培养学生的批判性思维、创新能力和实践能力。因此,创新教学成为满足这一需求的重要途径。通过创新教学,教育者可以引导学生主动探索、发现问题、解决问题，从而培养他们的创新精神和实践能力。

（三）教育公平的追求

教育公平是社会发展的重要基石。然而，由于地域、经济、文化等多种因素的制约，教育公平在实际操作中往往面临诸多挑战。创新教学为解决这个问题提供了新的思路。通过在线教育、混合式教学等新型教学模式的应用，我们可以打破地域和时间的限制，让更多的学生享受到优质的教育资源。同时，创新教学还注重学生的个性化需求和发展，通过提供个性化的教学服务帮助学生更好地实现自我发展和提升。

（四）全球化趋势的影响

全球化趋势的加强使得国际间的交流与合作变得日益密切。教育作为培养未来人才的重要途径，也需要适应全球化的发展趋势。创新教学通过引入国际先进的教育理念和教学方法，可以帮助学生更好地适应全球化的环境，提高他们的国际竞争力。同时，创新教学还注重培养学生的跨文化意识和能力，让他们能够更好地理解和融入不同的文化环境。

（五）教育改革的需求

教育改革是推动教育发展的重要动力。在当前的教育体系中，仍然存在着一些问题，如教学内容单一、教学方法陈旧、评价体系不完善等。这些问题限制了学生的学习和发展，也制约了教育的整体进步。创新教学作为教育改革的重要手段之一，通过引入新的教学理念、方法和手段推动教育改革的深入发展，提高教育质量和效果。

综上所述，创新教学的时代背景与需求是多方面的、复杂的。它不仅受到科技发展的推动、社会需求的转变、教育公平的追求以及全球化趋势的影响，还承载着教育改革的重要使命。因此，教育者需要不断更新教育理念、探索新的教学方法和手段、关注学生的个性化需求和发展，推动创新教学的深入发展。同时，政府和社会也需要为创新教学提供必要的支持和保障，营造良好的教育生态环境，共同推动教育事业的进步和发展。

二、游戏元素在舞蹈教学中的独特作用

舞蹈，作为一种古老而充满活力的艺术形式，早已超越了单纯的表演和娱乐范畴，成为一种具有深远影响力的教育方式。在舞蹈教学中，融入游戏元素不仅能够增添趣味性，激发学生的学习兴趣，更能在多个层面发挥出其独特的教学价值。下文将从多个角度探讨游戏元素在舞蹈教学中的独特作用。

（一）游戏元素与舞蹈教学的结合

舞蹈教学通常注重技术的精准和体态的优雅，而游戏元素则以多样性和互动性为特点。将两者结合，可以在严谨的技术训练中注入轻松愉快的元素，让学生在游戏中学习舞蹈，在舞蹈中体验游戏的乐趣。这种结合不仅有利于提高学生的参与度，还能使舞蹈教学更加生动和富有创意。

（二）游戏元素对舞蹈技能学习的促进作用

舞蹈技能的学习往往需要大量的重复练习，这对于很多学生来说可能会显得单调乏味。而游戏元素的加入，可以通过设置有趣的任务和挑战，激发学生的竞争意识和合作精神来增加他们练习的积极性和主动性。在游戏中，学生可以在轻松愉快的氛围中反复练习舞蹈动作，不断提高技能水平。

（三）游戏元素在舞蹈节奏感知中的应用

舞蹈与节奏密不可分，而游戏元素中的音乐、音效等都能为学生提供丰富的节奏感知体验。通过游戏化的节奏训练，学生可以更加直观地感受音乐的节奏变化，从而更好地掌握舞蹈的韵律和节奏。这种应用不仅有助于提高学生的舞蹈表现力，还能培养他们对音乐的敏感度和鉴赏能力。

（四）游戏元素对舞蹈创意和编舞能力的激发

舞蹈是一种极富创意的艺术形式，而游戏元素的多样性、开放性和互动性则为激发学生的创意提供了广阔的空间。通过游戏化的舞蹈创作和编舞活动，学生可以充分发挥自己的想象力和创造力，创作出更加独特和富有创意的舞蹈作品。这种教学方式不仅有利于培养学生的创新思维和实践能力，还能为舞蹈艺术注入新的活力和灵感。

（五）游戏元素在舞蹈教学中的情感培养与社会交往作用

舞蹈不仅是一种艺术形式，也是一种情感表达和社会交往的方式。在舞蹈教学中融入游戏元素，可以通过角色扮演、团队协作等方式，帮助学生更好地理解和表达情感，增强他们的情感表达能力和共情能力。同时，游戏元素中的合作与竞争也能促进学生的社会交往和沟通能力，培养他们的团队精神和协作意识。

（六）游戏元素在舞蹈教学中的评价与反馈机制

在传统的舞蹈教学中，评价往往侧重于技术的准确性和表现力的优劣。而游戏元素的加入，可以为舞蹈教学提供更加多元化和全面的评价方式。通过游戏化的评价和反馈机制，学生可以更加清晰地了解自己的舞蹈表现和学习进度，从而及时调整学习策略和方法。这种评价方式不仅有助于提高学生的自我认知和自我管理能力，还能为教师提供更加准确和全面的教学反馈，有助于改进教学方法和提高教学质量。

综上所述，游戏元素在舞蹈教学中具有独特而重要的作用。游戏化的教学方式不仅可以激发学生的学习兴趣和积极性，提高他们的舞蹈技能和节奏感知能力，还能培养他们的创意和编舞能力、情感表达和社会交往能力。同时，游戏元素还能为舞蹈教学提供更加多元化和全面的评价方式，有助于提高学生的自我认知和自我管理能力。因此，在舞蹈教学中融入游戏元素是一种值得推广和尝试的教学方法。

三、游戏元素创新对幼儿发展的促进作用

在幼儿成长的过程中，游戏不仅是他们娱乐的方式，更是他们认识世界、学习技能、发展个性的重要手段。随着教育理念的更新和科技进步的推动，游戏元素创新在幼儿教育中发挥着越来越重要的作用。下文将详细探讨游戏元素创新对幼儿发展的促进作用。

（一）激发幼儿学习兴趣与好奇心

传统的幼儿教育方式往往以知识灌输为主，忽视了幼儿的兴趣和好奇心。而游戏元素创新则能够将学习内容与游戏相结合，使幼儿在轻松愉快的氛围中学习知识，从而激发他们的学习兴趣和好奇心。例如，通过虚拟现实技术（VR）创

建的互动游戏，幼儿可以在探索虚拟世界的过程中，学习科学、数学等学科知识，使学习变得更加有趣和生动。

（二）促进幼儿认知能力的发展

游戏元素创新能够通过各种游戏形式，促进幼儿认知能力的发展。例如，益智类游戏可以锻炼幼儿的逻辑思维能力和问题解决能力；角色扮演游戏可以培养幼儿的想象力和创造力；团队合作游戏可以提升幼儿的协作能力和沟通能力。这些认知能力的发展对于幼儿未来的学习和生活都具有重要意义。

（三）提升幼儿的身体素质与运动能力

幼儿期是身体发育的关键时期，游戏元素创新能够通过各种体育类游戏，提升幼儿的身体素质和运动能力。例如，舞蹈游戏可以锻炼幼儿的肢体协调性和灵活性；户外探险游戏可以增强幼儿的耐力和体力；球类运动游戏可以提升幼儿的速度和敏捷性。这些游戏不仅能够让幼儿在游戏中锻炼身体，还能够培养他们的运动兴趣和习惯。

（四）促进幼儿的情感发展与社会性发展

游戏元素创新还能够通过模拟现实生活中的情境和角色，促进幼儿的情感发展与社会性发展。例如，模拟家庭生活的游戏可以让幼儿学会关心他人、分享和合作；模拟社会角色的游戏可以让幼儿了解不同职业的特点和责任，培养他们的社会责任感和同理心。这些情感发展和社会性发展对于幼儿未来的社会适应和人际交往能力提升具有重要影响。

（五）游戏元素创新在幼儿教育中的实践应用

随着科技的进步和教育理念的创新，游戏元素创新在幼儿教育中的实践应用越来越广泛。例如，一些幼儿园引入了虚拟现实技术，创建了虚拟教室和互动游戏，让幼儿在虚拟环境中进行学习和探索。同时，一些教育机构还开发了针对幼儿的益智类游戏和社交类游戏，以满足不同年龄段和兴趣爱好的幼儿需求。

（六）游戏元素创新在幼儿发展中的挑战与前景

虽然游戏元素创新在幼儿发展中具有诸多促进作用，但也面临着一些挑战。例如，如何平衡游戏的娱乐性和教育性、如何确保游戏内容的安全性和适宜性、如何避免过度依赖游戏等问题都需要教师认真思考和解决。

未来，随着科技的进步和教育理念的不断创新，游戏元素创新在幼儿发展中的前景将更加广阔。教师可以期待更多的教育游戏和互动技术应用到幼儿教育中来，为幼儿的全面发展提供更加丰富的资源和手段。

综上所述，游戏元素创新在幼儿发展中具有独特的促进作用。教师通过激发幼儿的学习兴趣和好奇心、促进认知能力的发展、提升身体素质和运动能力、培养情感与社会性发展等方面的努力，可以为幼儿的全面发展提供更好的支持和帮助。同时，教师也需要不断关注游戏元素创新在幼儿教育中的挑战和前景，以确保能够更好地服务于幼儿的成长和发展。

第二节 游戏元素创新策略的研究方法和途径

一、文献研究与案例分析

随着教育技术的飞速发展，游戏元素在教育领域的应用日益广泛。特别是在幼儿教育中，游戏元素创新策略不仅为教育带来了趣味性，也显著提升了教育质量。下文旨在通过文献研究与案例分析，深入探讨游戏元素创新策略在幼儿教育中的应用及其效果。

（一）文献研究

近年来，国内外学者对游戏元素创新策略进行了广泛研究。这些研究不仅探讨了游戏元素如何与教育内容相结合，还深入分析了游戏元素创新对幼儿发展的具体影响。

1.游戏元素与教育内容的融合

研究指出，将游戏元素与教育内容相融合，能够使学习变得更加有趣和生动。例如，将数学知识融入益智类游戏中，幼儿在解决问题的过程中学习数学；将科学知识融入探索类游戏中，幼儿在探索世界的过程中增长见识。这种融合方式不仅提高了幼儿的学习积极性，也提高了学习效果。

2. 游戏元素创新对幼儿发展的影响

多项研究表明，游戏元素创新策略在幼儿发展中具有显著的促进作用。这些影响包括提高幼儿的学习兴趣、促进认知能力的发展、提升身体素质和运动能力、培养情感与社会性发展等。游戏元素创新策略的应用，使得幼儿教育更加符合幼儿身心发展的特点，有助于幼儿的全面发展。

（二）案例分析

为了更深入地了解游戏元素创新策略在幼儿教育中的应用效果，下文选取了几个典型案例进行分析。

1. 案例一：虚拟现实技术在幼儿教育中的应用

某幼儿园引入了虚拟现实技术，创建了虚拟教室和互动游戏。幼儿可以在虚拟环境中进行学习和探索，如参观动物园、学习天文知识等。这种创新的游戏元素不仅激发了幼儿的学习兴趣，还使他们在游戏中获得了丰富的知识。同时，虚拟现实技术还提供了沉浸式的学习体验，使幼儿更加深入地了解学习内容。

2. 案例二：益智类游戏在幼儿教育中的应用

某教育机构开发了一款针对幼儿的益智类游戏，游戏内容涵盖数学、语言、逻辑等多个领域。幼儿在游戏中需要完成各种任务，如拼图、找规律等。这种游戏元素创新策略不仅提高了幼儿的学习积极性，还锻炼了他们的逻辑思维能力和问题解决能力。同时，游戏还提供了及时的反馈和奖励机制，使幼儿在游戏中不断取得进步。

3. 案例三：社交类游戏在幼儿教育中的应用

某幼儿园引入了社交类游戏，鼓励幼儿在游戏中进行角色扮演和互动。游戏内容涵盖家庭生活、社会交往等多个方面。通过这种游戏元素创新策略，幼儿可以在游戏中学会关心他人、分享与合作等社会性行为。同时，游戏还提供了丰富的社交场景和角色设定，幼儿能够在游戏中体验到不同的人际交往情境。

通过文献研究与案例分析，笔者认为游戏元素创新策略在幼儿教育中具有广泛的应用前景和重要的教育价值。这些策略不仅使幼儿教育更加符合幼儿身心发展的特点，还能够激发幼儿的学习兴趣和好奇心，促进他们的全面发展。然而，在应用游戏元素创新策略时，教师也需要注意平衡游戏的娱乐性和教育性，确保游戏内容的安全性和适宜性，并避免过度依赖游戏。未来，随着教育技术的不断进步和创新理念的深入发展，教师期待看到更多富有创意和实效的游戏元素创新策略在幼儿教育中的应用。

二、实地观察与教学实践

舞蹈是一门充满活力和创意的艺术形式，它要求学生不仅要掌握基本的舞蹈技巧和动作，还要能够理解和表达舞蹈背后的情感和故事。为了更有效地教授舞蹈，许多舞蹈教师开始尝试将游戏元素融入教学中。下文将探讨游戏元素在舞蹈教学中的创新策略及其效果。

（一）实地观察：游戏元素在舞蹈课堂中的应用

1. 节奏感知游戏

在舞蹈教学中，节奏是非常重要的一个元素。通过观察，笔者发现教师们经常使用一些节奏感知游戏来帮助学生更好地掌握舞蹈的节奏。例如，教师会播放一段音乐，然后让学生们按照音乐的节奏拍手、踏步或做其他身体动作。这种游戏化的方式不仅让学生们更加积极地参与进来，还能够帮助他们更好地感知和理解音乐的节奏。

2. 角色扮演游戏

在教授叙事性舞蹈时，教师们经常采用角色扮演游戏来帮助学生更好地理解舞蹈背后的故事和情感。例如，教师可以为学生们创造一个特定的情境或故事背景，然后让他们根据自己的理解和想象来扮演不同的角色。通过这种方式，学生们不仅能够更加深入地理解舞蹈背后的情感和故事，还能够提高他们的创造力和表现力。

3. 竞赛与合作游戏

舞蹈教学也需要注重培养学生的团队协作和竞争精神。因此，教师们会设计一些竞赛与合作游戏来让学生们在一起练习和表演舞蹈。例如，教师可以将学生们分成几个小组，然后让他们进行舞蹈比赛或合作表演。这种游戏化的方式不仅能够增强学生们的团队意识和协作能力，还能够激发他们的竞争精神和求胜欲望。

（二）教学实践：游戏元素在舞蹈教学中的应用与反思

1. 实践应用

笔者在舞蹈教学实践中，也尝试将游戏元素融入教学中。例如，在教授一个新的舞蹈动作时，笔者会设计一些有趣的游戏来帮助学生们更好地掌握这个动作。比如，让学生们按照音乐的节奏模仿动物的动作或模仿某个著名舞蹈家的表演风格等。通过这种方式，学生们不仅能够更加轻松地掌握舞蹈动作，还能够提高他们的创造力和表现力。

2. 反思与调整

在实践过程中，笔者也遇到了一些挑战和问题。首先，游戏的设计需要充分考虑学生的年龄和认知水平，以确保游戏的趣味性和教育性相结合。其次，教师在游戏过程中需要充当引导者和监督者的角色，确保学生能够从中获得有效的学习成果。最后，游戏元素的引入需要与传统教学方法相结合，以达到最佳的教学效果。因此，在实践中，笔者不断调整和优化游戏的设计和实施方式，以确保它们能够更好地服务于舞蹈教学。

（三）游戏元素在舞蹈教学中的效果评估与改进建议

1. 效果评估

通过实地观察和实践经验，笔者发现游戏元素在舞蹈教学中确实取得了一定的效果。首先，游戏化的教学方式能够激发学生们的学习兴趣和积极性，使他们更加主动地参与到舞蹈学习中来。其次，游戏元素能够帮助学生们更好地掌握舞蹈技巧和动作，提高他们的表现力和创造力。最后，游戏化的教学方式还能够增强学生们的团队协作和竞争精神，促进他们的全面发展。

2. 改进建议

为了进一步提升游戏元素在舞蹈教学中的效果，笔者建议教师在以下几个方面进行改进：首先，加强游戏设计的针对性和趣味性，以更好地吸引学生的注意力；其次，注重游戏与舞蹈教学内容的紧密结合，确保学生在游戏中能够真正学到有用的知识和技能；最后，关注学生的个体差异和学习需求，提供个性化的游戏学习体验。

通过实地观察与教学实践，教师不难发现游戏元素在舞蹈教学中具有广阔的应用前景和巨大的潜力。这些策略不仅能够提升学生的学习兴趣和动力,还能促进他们的全面发展和终身学习。未来,随着教育技术的不断进步和创新理念的深入发展,教师有理由相信游戏元素在舞蹈教学中将发挥更加重要的作用。同时,教师也需要持续关注和研究这些策略的有效性和适用性,以便更好地满足学生的学习需求和教育目标。

三、专家咨询与教育心理学理论借鉴

(一)幼儿舞蹈教学现状分析

幼儿舞蹈教学是培养幼儿艺术修养、身体素质和审美情感的重要手段。然而,传统的教学方式往往过于注重技术的传授和模仿,忽略了幼儿身心发展的特点,导致幼儿在学习过程中缺乏兴趣和动力。因此,有必要将游戏元素融入幼儿舞蹈教学中,以激发幼儿的学习兴趣和积极性。

(二)游戏元素在幼儿舞蹈教学中的创新策略

1. 情景模拟游戏

通过创设生动有趣的舞蹈情境,引导幼儿进入角色,增强舞蹈的代入感和表现力。例如,在教授动物舞蹈时,可以模拟动物园的场景,让幼儿扮演各种动物,通过模仿动物的动作和神态来学习舞蹈。

2. 音乐节奏游戏

利用音乐节奏的变化,设计有趣的游戏活动,帮助幼儿感知和理解舞蹈的节奏。比如,可以通过拍打身体、拍手、踏脚等方式,让幼儿在音乐节奏中感受舞蹈的韵律和节奏。

3. 创意表现游戏

鼓励幼儿通过舞蹈表达自己的创意和想象。可以设置主题,如"我的梦幻舞蹈",让幼儿自由发挥,创作属于自己的舞蹈作品。

4. 合作互动游戏

通过小组合作、互动游戏等方式,培养幼儿的团队协作和沟通能力。例如,可以设计一些双人或多人合作的舞蹈动作,让幼儿在合作中体验舞蹈的乐趣。

(三)专家咨询与教育心理学理论借鉴

1. 皮亚杰的认知发展理论

皮亚杰认为幼儿处于前运算阶段,他们通过具体的事物和动作来认识和探索世界。因此,在幼儿舞蹈教学中,应注重通过游戏化的方式,让幼儿在具体的舞蹈活动中感知和理解舞蹈知识。

2. 马斯洛的需求层次理论

马斯洛指出,幼儿阶段的孩子有着强烈的归属感和自我实现的需求。游戏化的舞蹈教学可以满足幼儿的社交需求和自我表现欲望,促进他们的全面发展。

3. 维果茨基的社会文化理论

维果茨基强调社会文化对幼儿发展的影响。在幼儿舞蹈教学中,小组合作、互动游戏等方式可以为幼儿创造一个积极的舞蹈学习环境,促进他们的舞蹈技能和社会技能的发展。

(四)游戏元素在幼儿舞蹈教学中的实施建议

1. 结合幼儿身心特点设计游戏

在设计游戏时,应充分考虑幼儿的年龄、兴趣、认知水平和身体发展特点,确保游戏的趣味性和教育性相结合。

2. 注重游戏的多样性和层次性

为了满足不同幼儿的学习需求,应设计多种类型的游戏,并在游戏中设置不同的难度层次,以满足幼儿的个性化发展。

3. 发挥教师的引导作用

在游戏化的舞蹈教学中,教师应充当引导者和支持者的角色,帮助幼儿理解游戏规则,鼓励他们积极参与游戏,并在游戏中给予适当的指导和反馈。

4. 注重游戏与舞蹈教学的融合

游戏元素应自然地融入舞蹈教学中,而不是简单地作为教学的附属品。教师应根据教学内容和目标,巧妙地设计游戏环节,使游戏与舞蹈教学相互促进、相得益彰。

（五）游戏元素在幼儿舞蹈教学中的效果评估与改进

1. 观察记录法

通过观察幼儿在舞蹈课堂中的表现，记录他们的参与程度、学习兴趣和舞蹈技能的提升情况，评估游戏元素在幼儿舞蹈教学中的实际效果。

2. 作品展示法

定期组织幼儿进行舞蹈作品展示，让他们通过舞蹈表演展示自己的学习成果和创造力。这不仅可以激发幼儿的学习热情，还可以帮助教师了解幼儿的学习进步情况和需要改进的地方。

3. 反馈交流法

与幼儿进行定期的交流和反馈，了解他们对游戏化舞蹈教学的看法和建议。通过收集幼儿的反馈意见，教师可以及时调整教学策略和方法，以更好地满足幼儿的学习需求。

将游戏元素融入幼儿舞蹈教学中，不仅可以激发幼儿的学习兴趣和积极性，还可以促进他们的全面发展。通过情景模拟游戏、音乐节奏游戏、创意表现游戏和合作互动游戏等策略的运用，可以有效提升幼儿舞蹈教学的效果和质量。同时，借鉴教育心理学理论，结合幼儿身心特点设计游戏，注重游戏的多样性和层次性，发挥教师的引导作用等实施建议，也为幼儿舞蹈教学的创新提供了有益的参考。未来，随着教育理念的更新和教育技术的发展，相信游戏元素在幼儿舞蹈教学中的应用将更加广泛和深入。教师期待着更多的教育实践者和理论研究者共同探讨和创新，为幼儿舞蹈教学注入更多的活力和创意。

四、创新策略的制定与实验

（一）背景与意义

幼儿舞蹈教学作为艺术教育的重要组成部分，对于培养幼儿的审美情感、身体协调性和创造力具有重要意义。然而，传统的舞蹈教学模式往往注重技术的传授，忽视了幼儿身心发展的特点，导致幼儿在学习过程中缺乏兴趣和动力。因此，制定并实施一种将游戏元素融入幼儿舞蹈教学的创新策略，对于提升教学效果和激发幼儿学习热情至关重要。

（二）创新策略的制定

1. 明确目标与原则

在制定创新策略时，教师首先要明确目标：通过融入游戏元素，幼儿舞蹈教学更加生动有趣，激发幼儿的学习兴趣和创造力。同时，教师坚持以下原则：游戏与舞蹈内容的紧密结合、游戏的适宜性与安全性、游戏的多样性与层次性。

2. 分析与借鉴

教师对现有的幼儿舞蹈教学和游戏理论进行深入分析，借鉴其中的优点和经验。同时，结合教育心理学、儿童发展心理学等相关理论，为创新策略的制定提供理论支持。

3. 设计游戏元素

根据舞蹈教学的需要和幼儿的特点，笔者设计了以下游戏元素：

（1）情景模拟游戏：创设与舞蹈内容相关的情境，引导幼儿进入角色，增强舞蹈的代入感和表现力。

（2）音乐节奏游戏：利用音乐节奏的变化，设计有趣的游戏活动，帮助幼儿感知和理解舞蹈的节奏。

（3）创意表现游戏：鼓励幼儿通过舞蹈表达自己的创意和想象，培养他们的创新精神和艺术表现力。

（4）合作互动游戏：通过小组合作、互动游戏等方式，培养幼儿的团队协作和沟通能力，增强他们的社交技能。

4. 制订实施计划

教师制订了详细的实施计划，包括教学目标的设定、游戏元素的选择与运用、教学过程的安排等。同时，教师明确了每个环节的责任人和时间安排，确保创新策略能够顺利进行。

（三）实验过程

1. 实验对象

教师选择一所幼儿园的两个班级作为实验对象，分别为对照组和实验组。对照组采用传统的舞蹈教学模式，而实验组则采用融入游戏元素的创新策略进行教学。

2. 实验内容与方法

在实验过程中，教师根据制定的创新策略，将游戏元素融入舞蹈教学中。教师选择了适合幼儿年龄和身心特点的舞蹈作品作为教学内容，通过情景模拟、音乐节奏、创意表现和合作互动等游戏方式进行教学。同时，教师采用观察法、作品分析法等方法收集数据，对实验效果进行评估。

3. 数据收集与分析

在实验过程中，教师定期收集幼儿的学习成果、课堂表现等数据。通过对这些数据的分析，教师了解了幼儿在学习兴趣、舞蹈技能、创造力等方面的发展情况。同时，教师还收集了教师和家长的反馈意见，以便对创新策略进行改进和优化。

（四）实验结果与讨论

经过一段时间的实验，教师发现实验组幼儿在学习兴趣、舞蹈技能和创造力等方面均显著优于对照组。实验组幼儿在课堂上更加积极主动，能够更快地掌握舞蹈动作和节奏。同时，他们在创意表现和合作互动方面也表现出更高的水平。这些结果表明，将游戏元素融入幼儿舞蹈教学能够有效提升教学效果和激发幼儿的学习热情。

然而，在实验过程中教师也发现了一些问题。例如，部分游戏元素的设计过于简单或复杂，幼儿无法充分参与或失去兴趣。此外，教师在游戏元素的运用上也存在一定的问题，如缺乏灵活性、对游戏规则的解释不够清晰等。针对这些问题，笔者提出了以下改进建议：进一步优化游戏元素的设计，使其更加符合幼儿的年龄和身心特点；加强教师对游戏元素运用的培训，提高他们的教学能力和灵活性；加强与家长的沟通与合作，共同促进幼儿的发展。

（五）结论与展望

通过本次实验，笔者验证了将游戏元素融入幼儿舞蹈教学的创新策略的有效性和可行性。这种创新策略不仅能够激发幼儿的学习兴趣和创造力，还能提升他们的舞蹈技能和社交能力。然而，教师也意识到在实验过程中存在的一些问题和不足，需要在未来的研究和实践中进一步改进和优化。

展望未来，笔者将继续关注幼儿舞蹈教学领域的发展趋势和前沿理论，不断完善和创新教学策略。同时，笔者也希望更多的教育实践者和理论研究者能够参与到这一领域的研究中来，共同推动幼儿舞蹈教学的改革与发展。笔者相信，通过不断的努力和创新，幼儿舞蹈教学将会更加生动有趣、富有成效，为培养具有创造力、审美情感和团队协作能力的未来一代作出更大的贡献。

第三节　游戏元素创新策略的实施效果评价

一、评价指标体系的建立

（一）背景与意义

随着教育理念的不断更新，游戏元素在幼儿舞蹈教学中的运用逐渐受到重视。然而，如何科学、有效地评价这种创新策略的实施效果，成为教育领域面临的一个重要问题。建立一套全面、客观、可操作的游戏元素创新策略评价指标体系，不仅有助于准确评估教学效果，还能为教育决策者提供有力支持，推动幼儿舞蹈教学的持续改进与发展。

（二）评价指标体系的建立原则

1. 全面性原则

指标体系应涵盖游戏元素创新策略的各个方面，包括教学内容、教学方法、教学效果等，确保评价结果的全面性。

2. 客观性原则

指标应具有客观性和可测量性，能够真实反映游戏元素创新策略的实际效果。

3. 可操作性原则

指标应简洁明了，易于理解和操作，方便教育实践者和研究人员使用。

4. 导向性原则

指标应体现教育目标和价值取向，引导游戏元素创新策略朝着正确的方向发展。

（三）游戏元素创新策略评价指标体系的构建

基于上述原则，笔者构建了包括三个一级指标和若干个二级指标的游戏元素创新策略评价指标体系。

1. 教学内容指标

（1）游戏元素与舞蹈内容的融合度：评估游戏元素与舞蹈教学内容的结合是否自然、流畅，是否能够激发幼儿的学习兴趣。

（2）游戏元素的多样性和层次性：考察游戏元素是否丰富多样，能否满足不同幼儿的需求和兴趣；同时，游戏难度的设置是否合理，能否体现层次性。

2. 教学方法指标

（1）游戏元素的运用灵活性：评估教师在教学过程中是否能够灵活运用各种游戏元素，以适应不同幼儿的学习需求和节奏。

（2）师生互动和生生互动的频率与质量：考察在游戏元素的引导下，师生之间以及幼儿之间的互动是否频繁、有效，是否能够促进幼儿的学习和发展。

（3）课堂氛围的营造：评估游戏元素是否能够营造出轻松、愉悦的课堂氛围，使幼儿在愉悦的环境中学习舞蹈。

3. 教学效果指标

（1）幼儿学习兴趣的提升：通过观察和评估幼儿在课堂上的表现，判断他们对舞蹈学习的兴趣是否有所提高。

（2）幼儿舞蹈技能的提升：通过考核幼儿在舞蹈动作、节奏感等方面的表现，评估他们的舞蹈技能是否得到了提升。

（3）幼儿创造力的培养：通过观察幼儿在舞蹈创作和表现过程中的表现，评估他们的创造力是否得到了培养和发展。

（4）幼儿社交能力的提升：通过观察和评估幼儿在合作游戏和互动过程中的表现，判断他们的社交能力是否得到了提升。

（四）评价指标体系的权重分配

为确保评价结果的客观性和准确性，教师采用层次分析法（AHP）对各个指标进行权重分配。通过邀请教育专家、舞蹈教师等相关人员参与评分，确定了各个指标的权重值。这样，不仅可以确保权重分配的科学性和合理性，还能增强评价结果的客观性和可信度。

(五)评价指标体系的应用与改进

1. 应用实践:在实际应用中,教育工作者可以根据本评价指标体系对游戏元素创新策略的实施效果进行全面、客观的评价。通过收集和分析相关数据和信息,了解游戏元素在幼儿舞蹈教学中的实际作用和影响,为教学改进和决策提供依据。

2. 持续改进:随着教育理念和实践的不断发展,本评价指标体系也需要不断完善和优化。通过定期回顾和总结实践经验,及时调整和更新指标体系和权重分配,确保评价结果的准确性和有效性。同时,鼓励广大教育工作者积极参与评价体系的改进过程,共同推动幼儿舞蹈教学的创新与发展。

二、定性与定量评价方法的结合

在评估游戏元素创新策略的效果时,单纯依赖定性或定量方法往往难以全面、准确地反映实际情况。因此,将定性与定量评价方法相结合,形成一套综合性的评估体系,对于准确评价游戏元素创新策略的效果具有重要意义。

(一)定性评价方法的运用

定性评价方法在游戏元素创新策略的评价中起着重要作用。它主要通过深入观察、访谈、案例分析等手段,对游戏元素的应用情况进行详细描述和解读,以揭示其内在的逻辑关系、影响因素和实施效果。

1. 深入观察法

观察者在游戏过程中密切观察玩家的行为、互动和反馈情况,记录游戏元素的使用情况、玩家的参与度和情感体验等。这种方法可以直观地了解游戏元素对玩家行为的影响,以及玩家对游戏元素的接受程度。

2. 访谈法

通过与游戏开发者、玩家和相关利益方进行深入交流,了解他们对游戏元素创新策略的看法、期望和建议。访谈可以获取一手资料,深入了解各方的观点和态度,为评价提供重要参考。

3. 案例分析法

选取具有代表性的游戏案例,对其中游戏元素的应用进行深入剖析。通过分析不同案例中游戏元素的类型、设计思路和实施效果,可以总结出成功的经验和教训,为其他游戏提供借鉴。

(二)定量评价方法的运用

通过收集和分析大量的数据,以数值化的形式揭示游戏元素创新策略的效果。它具有客观性、可比较性和可预测性等优点,能够为决策提供有力支持。

1. 问卷调查法

设计针对玩家的调查问卷,收集他们对游戏元素创新策略的满意度、使用频率、使用时长等数据。通过对问卷结果的统计分析,可以了解玩家对游戏元素的接受程度和满意度,以及游戏元素对玩家游戏体验的影响。

2. 数据分析法

收集游戏过程中产生的各种数据,如玩家行为数据、游戏成绩数据、用户留存率等。通过对这些数据的分析,可以量化评估游戏元素创新策略对玩家行为、游戏体验和游戏经济系统等方面的影响。

3. A/B 测试法

在同一款游戏中设置不同的游戏元素创新策略,通过对比实验组和对照组的表现,评估不同策略的效果差异。这种方法可以控制其他变量的影响,更加准确地评估游戏元素创新策略的效果。

(三)定性与定量评价方法的结合

定性与定量评价方法各有优势,但也存在局限性。将两者结合起来,可以相互补充、相互验证,提高评价的准确性和可靠性。

1. 三角验证法

同时运用定性和定量评价方法,对同一游戏元素创新策略进行评估。通过对比不同方法的结果,验证彼此的可靠性,并找出可能存在的偏差和原因。这种方法可以增加评价的准确性和可信度。

2. 案例对比法

选取多个具有不同游戏元素创新策略的游戏案例,同时运用定性和定量评价方法对它们进行评估。通过对比不同案例的评价结果,可以总结出不同策略的优势和劣势,为其他游戏提供借鉴和参考。

3. 混合方法研究

在评价过程中同时运用定性和定量方法，形成一个综合性的评价框架。首先通过定性方法了解游戏元素创新策略的内在逻辑和影响因素，然后通过定量方法对这些因素进行量化和验证。这种方法可以全面、深入地评估游戏元素创新策略的效果。

（四）结合定性与定量评价方法的挑战与对策

1. 数据收集与处理

定性与定量评价方法所需的数据类型和收集方式不同，因此需要进行相应的数据转换和处理。这可能需要借助专业的数据分析工具和方法，以确保数据的准确性和可比性。

2. 评价标准的统一

定性与定量评价方法在评价标准上可能存在差异，需要进行相应的统一和调整。这可以通过制定明确的评价标准和指标体系，以及对评价结果进行标准化处理来实现。

3. 评价者的培训与沟通

定性与定量评价方法需要不同的评价者来实施，因此需要进行相应的培训和沟通。这可以确保评价者对评价方法和标准有清晰的认识和理解，提高评价的准确性和可靠性。

将定性与定量评价方法相结合，可以全面、准确地评估游戏元素创新策略的效果。这种综合性的评价方法不仅可以揭示游戏元素创新策略的内在逻辑和影响因素，还可以量化评估其实际效果和影响。未来，随着游戏产业的不断发展和创新，笔者期待看到更多关于游戏元素创新策略评价的研究和实践，为游戏产业的持续发展提供有力支持。

三、实施效果的数据收集与分析

随着游戏行业的蓬勃发展，游戏元素的创新策略对于提升游戏吸引力、增强玩家体验和提高游戏市场竞争力具有至关重要的作用。为了深入探究游戏元素创新策略的实际效果，数据收集与分析成为不可或缺的一环。下文将详细探讨如何有效地收集和分析这些数据，以便为游戏开发者提供有针对性的改进建议。

（一）数据收集方法

在评估游戏元素创新策略的实施效果时，首先需要选择合适的数据收集方法。以下是几种常用的数据收集方法：

1. 玩家行为数据

通过游戏内嵌的追踪系统，收集玩家在游戏中的行为数据，如游戏时长、游戏进度、玩家互动等。这些数据可以反映玩家对游戏元素的接受程度和参与度。

2. 问卷调查

设计针对玩家的问卷调查，收集他们对游戏元素创新策略的反馈和意见。问卷可以包括选择题和开放性问题，以便更全面地了解玩家的想法和感受。

3. 访谈和焦点小组

通过与玩家进行面对面的访谈或组织焦点小组活动，深入了解他们对游戏元素创新策略的看法和体验。这种方法可以获取更详细、深入的反馈信息。

4. 游戏内评论和社交媒体反馈

收集游戏内评论和社交媒体上的玩家反馈，这些信息可以反映玩家对游戏元素创新策略的实际感受和评价。

（二）数据分析方法

收集到数据后，接下来需要运用合适的数据分析方法来提取有价值的信息。以下是几种常用的数据分析方法：

1. 描述性统计

通过计算数据的平均值、中位数、众数、标准差等统计量，描述玩家行为数据的分布情况，从而初步了解游戏元素创新策略的效果。

2. 对比分析

将实验组和对照组的数据进行对比分析，以揭示不同游戏元素创新策略之间的差异和效果。这可以通过计算差异值、进行T检验或方差分析等方法实现。

3. 相关性分析

探讨游戏元素创新策略与玩家行为、游戏体验等变量之间的相关性。通过计算相关系数或进行回归分析，可以了解哪些元素对玩家体验的影响更大。

第五章 游戏元素在幼儿舞蹈教学中的创新策略

4. 情感分析

针对问卷调查、访谈和社交媒体反馈中的文本数据，运用情感分析技术来提取玩家的情感倾向。这有助于了解玩家对游戏元素创新策略的正面或负面评价。

（三）数据收集与分析的挑战与对策

在进行数据收集与分析的过程中，可能会遇到一些挑战。以下是一些常见的挑战及其对策：

1. 数据质量问题

数据可能存在缺失、异常或错误。为了应对这一问题，需要在数据收集阶段制定严格的数据清洗和验证规则，确保数据的准确性和完整性。

2. 样本偏差

如果样本不具有代表性，分析结果可能产生偏差。因此，在数据收集阶段需要确保样本的多样性和广泛性，以提高分析结果的可靠性。

3. 数据安全性

在收集和分析玩家数据时，需要严格遵守数据保护法规，确保玩家隐私不受侵犯。同时，还需要采取适当的技术手段保护数据的安全性和完整性。

（四）数据收集与分析的实践应用

通过有效的数据收集与分析，游戏开发者可以深入了解游戏元素创新策略的实际效果，从而做出有针对性的改进。以下是一些实践应用的例子：

1. 优化游戏设计

根据数据分析结果，调整游戏元素的布局、交互方式等，以提高玩家的参与度和体验。

2. 改进游戏机制

通过分析玩家行为数据，发现游戏中存在的问题和不足，进而优化游戏机制，提高游戏的可玩性和吸引力。

3. 制定营销策略

根据玩家反馈和情感分析结果，制定更精准的营销策略，提高游戏的知名度和影响力。

数据收集与分析在游戏元素创新策略的实施效果评估中发挥着至关重要的作

用。通过选择合适的数据收集方法和运用恰当的数据分析技术，游戏开发者可以深入了解玩家的需求和偏好，从而不断优化游戏设计和提高市场竞争力。随着游戏行业的不断发展和技术进步，未来笔者期待看到更多关于游戏元素创新策略数据收集与分析的创新实践和研究成果。

四、反馈机制与策略调整

幼儿舞蹈教学是培养幼儿艺术素养和审美情感的重要途径之一。在教学过程中，融入游戏元素不仅可以激发幼儿的学习兴趣，还能提高舞蹈教学的效果。然而，要想让游戏元素在幼儿舞蹈教学中发挥最大作用，就需要建立有效的反馈机制，并根据反馈进行策略调整。下文将从反馈机制的建立、反馈信息的处理与分析、基于反馈的策略调整以及挑战与对策等方面进行探讨。

（一）反馈机制的建立

在幼儿舞蹈教学游戏元素创新策略中，反馈机制的建立至关重要。教师可以通过观察、问卷调查、幼儿作品展示等多种方式收集反馈信息。观察是最直接的方式，教师可以通过观察幼儿在舞蹈游戏中的表现，了解他们对游戏元素的接受程度和兴趣点。问卷调查则可以帮助教师更全面地了解幼儿对舞蹈游戏的看法和建议。幼儿作品展示则可以让幼儿通过舞蹈作品来表达自己的感受和创意，从而间接反映出游戏元素的教学效果。

为了确保反馈信息的真实性和有效性，教师需要与幼儿建立良好的沟通关系，鼓励他们积极参与反馈过程。同时，教师还需要对反馈信息进行整理和分类，以便更好地分析和利用。

（二）反馈信息的处理与分析

收集到反馈信息后，教师需要对其进行处理和分析。首先，教师需要对反馈信息进行筛选和整理，去除无效和重复的信息，对有效的信息进行分类。其次，教师需要运用专业的知识和技能对反馈信息进行深入分析，了解幼儿在游戏元素教学中的表现和问题所在。例如，教师可以通过分析幼儿在游戏中的参与度、表现兴趣等指标，评估游戏元素的教学效果。

在处理和分析反馈信息时，教师需要关注以下几个方面：游戏元素是否符合幼儿的年龄特点和兴趣爱好；游戏元素是否能够激发幼儿的学习兴趣和积极性；游戏元素是否能够促进幼儿舞蹈技能的发展和提高。通过对这些方面的深入分析，教师可以发现游戏元素在幼儿舞蹈教学中的问题和不足，为后续的策略调整提供依据。

（三）基于反馈信息的策略调整

基于反馈信息的处理与分析结果，教师需要制订相应的策略调整计划。首先，教师需要根据幼儿的年龄特点和兴趣爱好调整游戏元素的设计和内容。例如，对于年龄较小的幼儿，可以选择更加简单有趣的游戏元素，以吸引他们的注意力；对于年龄较大的幼儿，可以选择更具挑战性和创意性的游戏元素，以激发他们的探索欲望。

其次，教师需要根据幼儿的学习兴趣和积极性调整游戏元素的教学方式和方法。例如，对于兴趣较高的幼儿，可以采用更加灵活多样的教学方式，让他们在游戏中自由发挥和创造；对于兴趣较低的幼儿，可以采用引导和鼓励的教学方式，帮助他们逐渐建立对舞蹈游戏的兴趣和信心。

最后，教师需要根据幼儿的舞蹈技能发展情况和提高程度调整游戏元素的难度和复杂度。例如，对于技能水平较低的幼儿，可以选择更加基础的游戏元素进行训练；对于技能水平较高的幼儿，可以选择更加复杂和有挑战性的游戏元素进行提升。

（四）挑战与对策

在实施反馈机制和策略调整的过程中，教师可能会遇到一些挑战。例如，如何确保反馈信息的真实性和有效性；如何合理安排和调整游戏元素的教学内容和难度；如何平衡游戏元素与舞蹈技能教学的关系等。针对这些挑战，教师需要采取相应的对策。例如，可以通过多种渠道收集反馈信息，确保信息的真实性和有效性；可以根据幼儿的实际情况和需求进行游戏元素的设计和调整；可以在游戏元素教学中注重舞蹈技能的培养和提升，实现游戏与技能教学的有机结合。

第六章　游戏元素在幼儿舞蹈教学中的情感培养

第一节　情感培养的重要性及意义

一、情感培养在幼儿成长中的关键作用

在幼儿的成长过程中，情感培养占据着至关重要的地位。情感不仅仅是个人内心的一种感受，更是影响个体行为、决策和人际关系的关键因素。幼儿时期是个体情感发展最为迅速的时期，因此，情感培养在这一阶段具有不可忽视的作用。

（一）情感培养与幼儿心理健康

幼儿期是个体情感发展的奠基阶段，情感培养对于维护幼儿心理健康具有重要意义。在这一阶段，幼儿开始形成对世界的认知，对自我和他人情感的认知也在逐步发展。情感培养可以帮助幼儿建立积极的情感表达方式，学会合理调节情绪，从而有效预防情感障碍和心理问题的出现。

此外，情感培养还有助于增强幼儿的情感韧性，即面对挫折和困难时能够保持积极、乐观的态度。这种情感韧性对于幼儿未来的心理适应能力和抗挫能力至关重要，能够帮助他们在面对生活中的挑战时保持坚韧不拔的精神。

（二）情感培养与幼儿社交能力

情感培养对于提升幼儿的社交能力具有显著作用。在情感培养的过程中，幼儿学会了如何识别和理解自己及他人的情感，这为他们建立良好的人际关系奠定了基础。通过情感交流，幼儿能够更好地理解他人的需求和感受，学会关心、尊重他人，从而建立起亲密、和谐的社交关系。

同时，情感培养还有助于培养幼儿的同理心，即能够设身处地地理解他人的情感和处境。这种同理心对于增进幼儿之间的友谊、减少冲突以及促进团队合作具有重要意义。在集体生活中，具备同理心的幼儿更容易获得他人的信任和认可，从而建立起更加稳固的社交网络。

（三）情感培养与幼儿创造力

情感培养与幼儿的创造力发展密切相关。创造力是个体在面对问题时能够提出新颖、独特的解决方案的能力。在情感培养的过程中，幼儿学会了如何表达自己的情感和想法，这种表达的自由度有助于激发他们的创新思维。当幼儿面对问题时，他们能够运用自己的情感经验和想象力，从不同的角度寻找解决方案，从而展现出独特的创造力。

此外，情感培养还有助于营造一个宽松、自由的学习环境，让幼儿敢于尝试、敢于创新。在这样的环境中，幼儿不会因为担心失败或受到批评而束缚自己的思维，而是能够勇敢地表达自己的创意和想法，这对于他们创造力的发展具有积极的推动作用。

（四）情感培养与幼儿未来的成功

情感培养对于幼儿未来的成功同样具有重要意义。一个具备积极情感、良好社交能力和创造力的幼儿，在未来的学习和职业生涯中更容易取得成功。他们能够更好地适应各种环境，与他人建立良好的合作关系，以及在面对挑战时展现出坚韧不拔的精神。这些品质和能力将有助于他们在未来的道路上不断前行，取得更加辉煌的成就。

同时，情感培养还有助于发展幼儿的自我意识和自我管理能力。通过情感培养，幼儿能够更好地了解自己的需求和感受，学会自我调节和情绪管理。这将有助于他们在未来面对各种压力和挑战时保持冷静和理性，从而做出明智的决策和行动。

综上所述，情感培养在幼儿成长中具有关键作用。它不仅有助于维护幼儿的心理健康、提升社交能力和创造力，还对未来的成功具有重要意义。因此，家长和教育工作者应该重视幼儿时期的情感培养工作，通过多种方式帮助幼儿建立积极的情感表达方式、增强情感韧性、提升社交能力和创造力等。只有这样，教师才能培养出具有健康情感、良好人际关系和高度创造力的幼儿，为他们未来的成功奠定坚实的基础。

二、舞蹈教学对幼儿情感培养的独特作用

舞蹈是一种集身体动作、音乐、节奏和情感于一体的艺术形式。对于幼儿来说，舞蹈教学不仅是一种技能的培养，更是一个情感培养的重要途径。舞蹈独特的魅力能够激发幼儿的情感表达、增强他们的情感认知，促进情感交流，对幼儿的情感发展具有独特而深远的影响。

（一）舞蹈教学激发幼儿的情感表达

舞蹈是一种身体的语言，通过动作、姿态和表情来传达情感。在舞蹈教学中，幼儿通过模仿、练习和表演，学会了用身体表达自己的情感。这种情感的表达不仅限于舞蹈本身，还延伸到了幼儿的日常生活中。他们开始学会用更加自然、流畅的动作和表情来表达自己的喜怒哀乐，增强了情感的传达和沟通能力。

（二）舞蹈教学增强幼儿的情感认知

舞蹈作品往往蕴含着丰富的情感内涵，通过舞蹈教学，幼儿能够接触到不同类型的情感表达，如欢乐、悲伤、思念、希望等。这些情感的体验和表达，有助于幼儿更深入地理解和感受各种情感，增强他们的情感认知。同时，舞蹈教学还通过节奏、旋律等音乐元素，激发幼儿的情感共鸣，使他们在舞蹈中感受到美的力量和情感的魅力。

（三）舞蹈教学促进幼儿的情感交流

舞蹈是一种集体性的艺术活动，通常需要幼儿们相互合作、共同完成。在舞蹈教学中，幼儿们通过互动、交流和配合，学会了如何与他人分享情感、理解他人的情感和需求。这种情感交流不仅增进了幼儿之间的友谊和信任，还有助于培养他们的团队合作和协作精神。

（四）舞蹈教学培养幼儿的情感调节能力

舞蹈教学往往伴随着音乐的变化和节奏的转换，要求幼儿们根据不同的音乐情境调整自己的情感和动作。这种情感的调节和转换，有助于培养幼儿的情感调节能力，使他们在面对不同情境时能够灵活调整自己的情感状态，保持情感的平

衡和稳定。

(五)舞蹈教学塑造幼儿的积极情感品质

舞蹈教学通常注重培养幼儿的积极情感品质,如自信、乐观、坚韧等。通过不断的练习和表演,幼儿们逐渐建立起对自己的信任和自信,敢于面对挑战和困难。同时,舞蹈教学还通过其独特的艺术魅力,激发幼儿的乐观精神和创造力,使他们在舞蹈中感受到生活的美好和希望。

(六)舞蹈教学对幼儿未来情感发展的长远影响

舞蹈教学不仅对幼儿当前的情感发展具有积极作用,还对他们未来的情感发展产生深远影响。通过长期的舞蹈训练,幼儿们将逐渐培养出更加丰富、细腻的情感表达能力,更加成熟、稳定的情感调节能力,以及更加积极、健康的情感品质。这些能力和品质将伴随他们一生,成为他们情感发展的重要基石。

综上所述,舞蹈教学在幼儿情感培养方面具有独特而重要的作用。通过激发情感表达、增强情感认知、促进情感交流、培养情感调节能力以及塑造积极情感品质等途径,舞蹈教学为幼儿的情感发展提供了有力的支持和引导。因此,教师应该重视舞蹈教学在幼儿教育中的地位和作用,充分发挥其情感培养的独特功能,为幼儿的全面发展打下坚实的情感基础。

第二节 游戏元素对幼儿情感发展的影响

一、游戏元素与幼儿情感发展的关联

幼儿期是情感发展的关键时期,而游戏作为幼儿生活中不可或缺的一部分,与幼儿的情感发展有着密切的关联。游戏元素,如角色扮演、规则制定、合作与竞争等,不仅为幼儿提供了乐趣,还在潜移默化中促进了他们的情感发展。下文将从多个方面探讨游戏元素与幼儿情感发展的关联。

(一)角色扮演与情感认知

在幼儿游戏中,角色扮演是一个常见的元素。通过扮演不同的角色,幼儿可以体验到不同的情感状态,如快乐、悲伤、愤怒等。这种角色扮演的过程有助于幼儿更深入地理解和感受各种情感,增强他们的情感认知能力。同时,角色扮演还能够帮助幼儿建立自我认知,理解自己的情感需求和表达方式。

(二)规则制定与情感调控

游戏中的规则制定是培养幼儿情感调控能力的重要途径。在游戏中,幼儿需要遵守一定的规则,学会控制自己的行为和情绪。这种规则意识的形成有助于幼儿在日常生活中更好地调控自己的情感,如学会等待、忍耐和克制等。通过游戏,幼儿可以逐渐培养出一种自律和自制的情感调控能力,这对于他们未来的社会适应和人际交往具有重要意义。

(三)合作与竞争中的情感交流

游戏中的合作与竞争元素为幼儿提供了情感交流的机会。在合作游戏中,幼儿需要学会与他人分享、倾听和协作,这有助于培养他们的同理心和团队精神。而在竞争游戏中,幼儿则需要学会面对失败和挫折,学会调整自己的情绪和态度。这种合作与竞争的过程不仅锻炼了幼儿的情感交流能力,还培养了他们的抗挫能力和竞争意识。

(四)游戏成功与自信心的建立

游戏中的成功体验对于幼儿自信心的建立具有重要意义。当幼儿在游戏中取

得成功时，他们会感受到成就感和自我价值，从而增强自信心。这种自信心的提升有助于幼儿在日常生活中更加自信地面对各种挑战和困难。同时，游戏中的成功体验还能够激发幼儿的学习兴趣和探索欲望，推动他们不断进步和发展。

（五）游戏失败与情感韧性的培养

游戏中的失败体验同样对幼儿的情感发展产生着积极的影响。当幼儿在游戏中遭遇失败时，他们需要学会如何面对挫折和困难，这有助于培养他们的情感韧性和抗挫能力。通过不断地尝试和失败，幼儿可以逐渐学会调整自己的心态和策略，从而在面对困难时更加冷静和坚定。这种情感韧性的培养对于幼儿未来的生活和学习都具有重要的意义。

（六）游戏过程中的情感表达与沟通

游戏不仅是幼儿娱乐的方式，也是他们表达情感和沟通的重要途径。在游戏中，幼儿可以通过语言、动作和表情等方式来表达自己的情感和需求。这种情感表达的过程有助于幼儿更好地理解和表达自己的情感，增强他们的情感沟通能力。同时，游戏中的沟通也有助于幼儿建立和维护良好的人际关系，促进他们的社会交往能力的发展。

综上所述，游戏元素与幼儿情感发展之间存在着密切的关联。通过角色扮演、规则制定、合作与竞争、成功与失败以及情感表达与沟通等游戏元素的作用，幼儿可以在游戏中得到情感的发展和提升。因此，教师应该充分利用游戏这一教育资源，为幼儿提供多样化的游戏体验和情感发展的机会，促进他们全面而健康地成长。同时，家长和教育工作者也应该关注幼儿在游戏中的情感表现和发展需求，给予他们必要的支持和引导，帮助他们建立健康的情感发展基础。

二、游戏元素如何促进幼儿积极情感的形成

幼儿期是情感形成与发展的重要阶段，积极的情感对幼儿的成长和未来发展具有深远的影响。在这一阶段，游戏作为幼儿生活的重要组成部分，对于促进幼儿积极情感的形成具有不可忽视的作用。游戏元素通过多种方式激发幼儿的积极情绪，帮助他们建立健康、乐观的情感态度。下文将从以下几个方面详细探讨游戏元素如何促进幼儿积极情感的形成。

（一）游戏创造积极的情绪体验

游戏本身具有趣味性、互动性和创造性等特点，这些特点使得幼儿在游戏中能够体验到快乐、满足和成就感等积极情绪。例如，在角色扮演游戏中，幼儿可以扮演自己喜欢的角色，模仿成人的行为，这种模仿和扮演的过程让幼儿感到愉悦和满足。同时，游戏中的挑战和成功也带给幼儿成就感和自豪感，这些积极的情绪体验有助于形成幼儿积极的情感基础。

（二）游戏促进社交技能的发展

游戏中的合作与分享是形成积极情感的重要因素。通过团队合作游戏，幼儿可以学会与他人协作、分享和沟通，这些社交技能的培养有助于幼儿建立积极的人际关系。在游戏中，幼儿需要相互理解、相互支持和相互帮助，这种互助合作的氛围有助于培养幼儿的同理心和友善品质，进一步促进积极情感的形成。

（三）游戏培养幼儿的自主性和自信心

游戏中的规则和任务要求幼儿具备一定的自主性和自我管理能力。通过独立完成游戏任务，幼儿可以感受到自己的能力和价值，从而增强自信心。同时，游戏中的挑战和困难也要求幼儿具备解决问题的能力，这种挑战和解决问题的过程有助于培养幼儿的自主性和独立性。自主性和自信心的提升有助于幼儿在面对生活中的困难和挑战时保持积极乐观的态度。

（四）游戏激发幼儿的创造力和想象力

游戏中的开放性和多样性为幼儿提供了广阔的创造空间。通过角色扮演、搭建积木等游戏形式，幼儿可以充分发挥自己的想象力和创造力，创造出属于自己的独特世界。这种创造和想象的过程不仅让幼儿感受到乐趣和满足，还有助于培养他们的创新思维和解决问题的能力。创造力和想象力的培养对于幼儿未来的学习和发展具有重要意义，同时也为积极情感的形成提供了源源不断的动力。

（五）游戏帮助幼儿建立积极的自我认知

游戏中的角色扮演和任务完成要求幼儿对自己的能力和特点有一定的认识。通过不断地尝试和实践，幼儿可以逐渐认识到自己的优点和不足，从而建立起积极的自我认知。这种积极的自我认知有助于幼儿在面对挫折和困难时保持乐观和自信的态度，同时也为他们未来的自我发展和成长奠定了坚实的基础。

(六)游戏提供情感表达和释放的途径

游戏中的角色扮演和情景模拟为幼儿提供了情感表达和释放的途径。在游戏中,幼儿可以通过扮演角色来表达自己的情感和需求,这种情感的表达和释放有助于缓解他们的压力和焦虑情绪。同时,游戏中的情景模拟也可以让幼儿在游戏中体验到不同的情感状态,从而帮助他们更好地理解和处理自己的情感。情感表达和释放的畅通有助于幼儿保持积极健康的情感状态。

游戏元素通过创造积极的情绪体验、促进社交技能的发展、培养幼儿的自主性和自信心、激发创造力和想象力、建立积极的自我认知以及提供情感表达和释放的途径等多种方式,促进幼儿积极情感的形成。因此,教师应该充分利用游戏这一教育资源,为幼儿提供多样化的游戏体验和情感发展的机会,帮助他们建立起积极、健康、乐观的情感态度。同时,家长和教育工作者也应该关注幼儿在游戏中的情感表现和发展需求,为他们的健康成长提供有力的保障。

三、游戏元素在幼儿情感调节中的作用

情感调节是个体管理自己情绪的过程,对于幼儿来说,情感调节能力的培养至关重要。幼儿期是情感形成和调节能力发展的关键时期,而游戏作为幼儿生活中不可或缺的一部分,对于情感调节能力的培养具有独特的作用。游戏元素能够通过多种方式帮助幼儿有效地调节情绪,促进情感健康发展。下文将从以下几个方面详细探讨游戏元素在幼儿情感调节中的作用。

(一)游戏提供情感表达的途径

在游戏中,幼儿可以通过角色扮演、情景模拟等方式表达自己的情感。这种情感的表达不仅有助于幼儿释放压力,还能让他们在游戏中获得情感支持和理解。通过游戏,幼儿可以更加直观地感受和理解自己的情感,从而更好地调节和管理自己的情绪。

(二)游戏培养情绪识别能力

游戏中的情景模拟和角色扮演要求幼儿识别和理解不同角色的情感状态。通过观察和体验不同角色的情绪变化,幼儿可以逐渐学会识别和理解自己的情感,从而更好地调节自己的情绪。这种情绪识别能力的培养对于幼儿情感调节能力的

发展具有重要意义。

（三）游戏促进情绪转移和释放

游戏往往具有趣味性和互动性，能够吸引幼儿的注意力，帮助他们从负面情绪中转移出来。在游戏中，幼儿可以通过参与有趣的活动和互动，释放压力和负面情绪，从而保持情绪平衡。这种情绪转移和释放的作用对于幼儿情感调节能力的提升具有重要意义。

（四）游戏培养情绪调节策略

游戏中的挑战和困难要求幼儿学会应对压力和挫折。通过不断地尝试和实践，幼儿可以逐渐掌握一些有效的情绪调节策略，如深呼吸、积极寻求帮助等。这些情绪调节策略的培养可以帮助幼儿在面对负面情绪时更加冷静和理智，从而更好地调节自己的情绪。

（五）游戏促进自我控制能力的发展

游戏中的规则和限制要求幼儿学会自我控制。通过遵守游戏规则和完成任务，幼儿可以逐渐培养出自我控制的能力，从而更好地调节自己的情绪。这种自我控制能力的提升对于幼儿情感调节能力的发展具有重要作用。

（六）游戏增强情绪韧性

游戏中的挑战和失败是幼儿情感韧性培养的重要机会。面对游戏中的困难，幼儿需要学会坚持和克服困难，这种经历可以让他们在面对现实生活中的挫折时更加坚韧和乐观。游戏通过提供安全的环境和积极的反馈，帮助幼儿建立情绪韧性，从而更好地调节自己的情绪。

（七）游戏培养社交情感技能

游戏中的合作与分享要求幼儿学会与他人共同解决问题和分享喜悦。通过与其他幼儿的互动，幼儿可以培养同理心、关心他人的情感，从而更好地理解和调节自己的情绪。社交情感技能的培养对于幼儿情感调节能力的提升具有积极的影响。

第三节　游戏元素在幼儿舞蹈教学中的情感引导和表达

一、游戏元素在舞蹈教学中的情感引导策略

舞蹈，作为一种艺术表现形式，不仅仅是对身体的训练，更是情感的流露与传递。在舞蹈教学中，情感的培养和引导显得尤为重要。而游戏元素，作为一种富有趣味性、互动性和创造性的教学手段，能够有效地激发和调节学生的情感，使舞蹈教学更加生动、有趣和高效。下文将从以下几个方面详细探讨游戏元素在舞蹈教学中的情感引导策略。

（一）游戏元素激发学生的舞蹈兴趣

舞蹈是一门需要持续练习和投入的艺术，而学生对舞蹈的兴趣是保持学习动力和积极性的关键。游戏元素能够通过其趣味性和互动性，吸引学生的注意力，激发他们的舞蹈兴趣。例如，在舞蹈教学中融入音乐节奏游戏，让学生在游戏中感受音乐的韵律和节奏，从而更加投入地学习和练习舞蹈。

（二）游戏元素帮助学生理解舞蹈情感

舞蹈是一种情感的表达方式，每一支舞蹈都蕴含着特定的情感和意境。然而，对于初学者来说，理解和表达舞蹈情感往往是一个挑战。游戏元素能够通过其模拟性和角色扮演性，帮助学生更好地理解和感受舞蹈情感。例如，通过模拟特定的情境或角色扮演，让学生在游戏中体验舞蹈所要表达的情感，从而更加深入地理解和表达舞蹈。

（三）游戏元素促进学生的情感表达与沟通

舞蹈是一种集体艺术，需要舞者之间的默契和配合。游戏元素能够通过其互动性和合作性，促进学生的情感表达与沟通。在游戏中，学生需要相互协作、共同完成任务，这不仅能够培养他们的团队合作精神，还能够让他们学会如何更好地表达自己的情感和需求。

（四）游戏元素培养学生的创造力与想象力

舞蹈创作需要舞者具备丰富的创造力和想象力。游戏元素能够通过其开放性

和多样性，培养学生的创造力与想象力。在游戏中，学生可以自由发挥、尝试不同的动作和组合，从而激发他们的创造力和想象力，为舞蹈创作提供更多的灵感和可能性。

（五）游戏元素增强学生的自信心与表现力

舞蹈是一门需要展示和表演的艺术，而自信心和表现力是舞者必备的素质。游戏元素能够通过其成功体验和积极反馈，增强学生的自信心与表现力。在游戏中，学生可以通过不断尝试和练习，逐渐掌握舞蹈技巧和表现手法，从而获得成功的喜悦和自信心的提升。这种自信心的增强会进一步激发他们的表现欲和创造力，使他们在舞蹈表演中更加自信、从容和出色。

（六）游戏元素促进学生的情感释放与调节

舞蹈作为一种身体语言，具有情感释放和调节的作用。游戏元素能够通过其活动性和娱乐性，促进学生的情感释放与调节。在紧张的学习和生活压力下，学生们往往需要通过一些方式来释放情绪、调整心态。而舞蹈教学中的游戏元素正好为他们提供了一个有效的途径。在游戏中，学生可以尽情释放自己的情感、享受舞蹈带来的愉悦和放松，从而达到情感调节和心理平衡的目的。

游戏元素在舞蹈教学中的情感引导策略具有重要的作用。通过激发学生的舞蹈兴趣、帮助他们理解舞蹈情感、促进情感表达与沟通、培养创造力与想象力、增强自信心与表现力以及促进情感释放与调节等方面的策略运用，游戏元素能够有效地引导学生更好地投入舞蹈学习、理解舞蹈内涵并表达舞蹈情感。因此，在舞蹈教学中，教师应该充分利用游戏元素的优势和特点，结合学生的实际情况和需求制定合适的情感引导策略，为培养具有丰富情感表达能力的优秀舞者提供有力的支持。

二、游戏元素如何帮助幼儿更好地表达情感

幼儿期是情感发展的关键时期，而游戏作为幼儿生活中不可或缺的一部分，对于他们的情感发展具有重要的作用。游戏元素不仅能让幼儿在游戏中体验到乐趣和刺激，还能帮助他们更好地表达情感。下文将详细探讨游戏元素如何帮助幼儿更好地表达情感，并从以下几个方面进行阐述。

（一）游戏元素提供情感表达的平台

游戏为幼儿提供了一个安全、自由、无压力的环境，使他们能够在这个环境中自由地表达自己的情感。在游戏中，幼儿可以通过角色扮演、模拟情境等方式，将自己内心的情感转化为具体的行为或语言，从而更加直观地表达自己的感受。这种情感的表达方式不仅能够帮助幼儿更好地理解自己的情感，还能增强他们的情感认知和自我认知。

（二）游戏元素激发幼儿的情感共鸣

游戏中的情节、角色和场景往往能够引发幼儿的情感共鸣。通过参与游戏，幼儿可以体验到不同角色的情感和经历，从而更加深入地理解和感受这些情感。这种情感共鸣不仅能够增强幼儿对游戏的兴趣和参与度，还能帮助他们更好地理解他人的情感，培养同理心和关爱他人的品质。

（三）游戏元素促进幼儿的情感交流

游戏是一种社交活动，幼儿在游戏中可以与其他玩家进行互动和交流。这种交流不仅能够帮助幼儿发展社交技能，还能促进他们之间的情感交流。在游戏中，幼儿可以通过合作、分享、竞争等方式，表达自己的情感和态度，从而更加深入地了解彼此。这种情感交流能够帮助幼儿建立更加紧密、和谐的人际关系，为他们的情感发展奠定良好的基础。

（四）游戏元素培养幼儿的情感调节能力

游戏中的挑战和困难往往需要幼儿进行情绪管理和自我调节。通过游戏，幼儿可以学会如何控制自己的情绪、调整自己的心态，从而更加积极地面对生活中的挑战和困难。这种情感调节能力的培养不仅能够帮助幼儿更好地应对游戏中的挑战，还能为他们在现实生活中遇到的情感问题提供有效的解决策略。

（五）游戏元素激发幼儿的创造力和想象力

游戏中的开放性和多样性为幼儿提供了广阔的创造空间。幼儿可以在游戏中自由发挥、尝试不同的玩法和策略，从而激发自己的创造力和想象力。这种创造力和想象力的发挥不仅能够帮助幼儿更好地表达自己的情感，还能为他们的情感表达提供更多的可能性和选择。

（六）游戏元素增强幼儿的情感认知和表达能力

通过游戏，幼儿可以接触到各种不同的情感表达方式和情感认知策略。例如，在游戏中，幼儿可以学会如何识别他人的情绪、理解他人的需求、表达自己的感受等。这些情感认知和表达能力的提升不仅能够帮助幼儿更好地与他人进行情感交流，还能为他们的情感表达提供更多的工具和技巧。

游戏元素在帮助幼儿更好地表达情感方面具有重要的作用。通过提供情感表达的平台、激发情感共鸣、促进情感交流、培养情感调节能力、激发创造力和想象力以及增强情感认知和表达能力等方式，游戏元素能够有效地促进幼儿情感的发展。因此，教师应该充分利用游戏元素的优势和特点，为幼儿提供更多的游戏机会和体验，为他们的情感发展创造更加有利的环境和条件。同时，教师也应该关注幼儿在游戏中的情感需求和体验，为他们提供适当的支持和引导，帮助他们更好地理解和表达自己的情感。

三、教师如何运用游戏元素促进幼儿的情感表达

在幼儿教育中，情感表达是一个至关重要的方面。它不仅关系到幼儿的心理健康和社会适应能力，还是他们日后成为有情感、有温度的人的基础。为了更有效地促进幼儿的情感表达，教师可以巧妙地运用游戏元素，为幼儿创造一个轻松、有趣且富有情感的学习环境。下文将从以下几个方面详细探讨教师如何运用游戏元素促进幼儿的情感表达。

（一）游戏元素的选择与设计

首先，教师在选择和设计游戏元素时，需要充分考虑到幼儿的年龄特点和兴趣爱好。对于年龄较小的幼儿，可以选择一些简单、直观、富有动感的游戏元素，如动物角色、音乐节奏等；对于年龄稍大的幼儿，则可以选择一些更具挑战性、需要更多思考和合作的游戏元素，如角色扮演、团队竞赛等。

其次，教师在设计游戏元素时，还需要注重游戏的情境性和故事性。将游戏元素融入具体的情境中，激发幼儿的情感共鸣，使他们在游戏中自然而然地表达情感。例如，教师可以设计一个"小熊过生日"的情境，让幼儿在游戏中扮演不同的角色，通过送礼物、唱生日歌等方式来体验喜悦和祝福的情感。

（二）游戏元素在情感表达中的运用

1. 创造安全、积极的情感氛围

在游戏中，教师可以通过营造安全、积极的情感氛围，鼓励幼儿勇敢地表达自己的情感。例如，当幼儿在游戏中遇到困难时，教师可以给予他们鼓励和支持，让他们感受到自己是被理解和被接纳的；当幼儿在游戏中取得进步时，教师可以及时给予肯定和赞扬，让他们感受到自己的价值和能力。这种积极的情感氛围有助于消除幼儿的情感障碍，促进他们更加自信地表达情感。

2. 引导幼儿通过游戏表达情感

在游戏中，教师可以通过设置特定的情境和任务，引导幼儿通过游戏来表达自己的情感。例如，在"小小演说家"的游戏中，教师可以让幼儿扮演不同的角色，就某个主题进行演讲或表演。通过这个游戏，幼儿可以自由地表达自己的观点和感受，同时也可以学习如何倾听和理解他人的情感。

3. 利用游戏促进情感交流与沟通

游戏不仅是幼儿表达情感的途径，也是他们进行情感交流和沟通的平台。在游戏中，教师可以通过设置团队合作或互动环节，促进幼儿之间的情感交流与合作。例如，在"搭积木"的游戏中，教师可以让幼儿分组合作，共同完成一个作品。在这个过程中，幼儿需要相互沟通、协商和配合，从而培养他们的团队合作精神和情感交流能力。

（三）教师在游戏中的角色与指导策略

1. 作为情感的支持者和引导者

在游戏中，教师应该扮演情感的支持者和引导者的角色。当幼儿在游戏中遇到情感困扰或表达障碍时，教师应该给予他们情感上的支持和鼓励，引导他们勇敢地表达自己的情感。同时，教师还应该关注幼儿在游戏中的情感变化和发展，及时给予反馈和指导，帮助他们提升情感表达的能力。

2. 提供适时的指导和帮助

虽然游戏是促进幼儿情感表达的有效途径，但教师在游戏中也需要提供适时的指导和帮助。例如，当幼儿在游戏中出现情感冲突或矛盾时，教师应该及时介入，引导他们通过沟通和协商解决问题；当幼儿在游戏中遇到难以克服的困难时，教师应该给予他们适当的提示和帮助，让他们能够顺利完成游戏任务。

（四）游戏元素在促进幼儿情感表达中的注意事项

1. 游戏内容要贴近幼儿生活

为了激发幼儿的兴趣并促进他们的情感表达，游戏内容应该贴近幼儿的生活和经验。只有当游戏与幼儿的实际生活紧密相连时，他们才能够更加深入地理解和体验游戏中的情感元素。

2. 尊重幼儿的个体差异

每个幼儿都是独一无二的个体，他们在情感表达方面也存在差异。因此，教师在运用游戏元素促进幼儿情感表达时，应该尊重他们的个体差异，根据每个幼儿的特点和需求进行个性化的指导和帮助。

3. 游戏要适度并注重质量

虽然游戏对于促进幼儿情感表达具有重要作用，但过度或不恰当的游戏也可能对幼儿产生负面影响。因此，教师在运用游戏元素时应该注重游戏的适度性和质量，确保游戏能够真正促进幼儿的情感表达和成长发展。

第七章　游戏元素在幼儿舞蹈教学中的创造力培养

第一节　游戏元素对幼儿创造力发展的促进

一、游戏元素与创造力的内在联系

创造力是人类文明进步的重要驱动力，它涵盖了创新思维、独特观点和解决问题的新颖方式。在幼儿的成长过程中，创造力的发展尤为重要，因为它不仅关系到个体的认知发展，更是未来社会创新能力的基石。近年来，随着游戏在幼儿教育中的普及，游戏元素与创造力之间的内在联系逐渐受到关注。下文将深入探讨游戏元素如何促进幼儿创造力的发展，以及教师在这一过程中的角色与策略。

（一）游戏元素与创造力的相互作用

游戏元素，如角色扮演、情境设定、规则制定等，往往具有丰富的想象力和创造性。这些元素为幼儿提供了一个自由、安全的环境，使他们能够在游戏中尝试不同的角色、情境和规则，从而激发创造力。同时，游戏中的挑战和解决问题的任务也要求幼儿发挥创造力，以找到新的解决方案。

另一方面，创造力的发展也反过来促进游戏元素的丰富和创新。随着幼儿创造力的提升，他们会在游戏中创造出更多新颖、有趣的元素和情境，使游戏变得更加丰富和有趣。这种相互作用使游戏元素与创造力之间形成了一个良性循环。

（二）游戏元素促进幼儿创造力发展的机制

1. 提供自由探索的空间

游戏中的自由探索是激发幼儿创造力的关键。在游戏环境中，幼儿可以根据自己的兴趣和想象，自由地选择角色、任务和情境。这种自由度使幼儿能够在游戏中充分发挥想象力和创造力，尝试不同的解决方案和创新思维。

2. 鼓励尝试与冒险

游戏中的挑战和冒险是激发幼儿创造力的另一重要机制。通过面对游戏中的困难和挑战，幼儿需要发挥创造力来找到解决问题的方法。这种尝试与冒险的过程不仅锻炼了幼儿的思维能力和解决问题的能力，还培养了他们的冒险精神和创新意识。

3. 促进社交互动与合作

游戏中的社交互动与合作也是促进幼儿创造力发展的重要因素。在多人游戏中，幼儿需要与他人合作、沟通和协商，以完成共同的任务和目标。这种社交互动不仅培养了幼儿的团队合作能力和社交技能，还激发了他们的创新思维和创造力。通过与他人合作，幼儿可以学习到不同的观点和方法，从而拓宽自己的思维和创造力。

（三）教师在游戏元素与创造力培养中的角色与策略

1. 提供丰富多样的游戏材料和环境

为了促进幼儿创造力的发展，教师应该提供丰富多样的游戏材料和环境。这包括各种玩具、道具、角色扮演服装等，以及宽敞、安全的游戏空间。通过这些游戏元素，教师可以为幼儿创造一个充满创意和想象力的游戏环境，激发他们的创造力和创新精神。

2. 引导幼儿自主探索和发现

在游戏中，教师应该鼓励幼儿自主探索和发现。当幼儿遇到问题或困难时，教师应该给予他们足够的支持和引导，让他们通过尝试和错误来找到解决问题的方法。同时，教师还应该鼓励幼儿提出新的想法和观点，以激发他们的创新思维和创造力。

3. 提供有挑战性的任务和情境

为了促进幼儿创造力的发展，教师应该在游戏中设置一些有挑战性的任务和情境。这些任务和情境应该具有一定的难度和复杂度，需要幼儿发挥创造力和想象力来解决。通过完成这些任务，幼儿可以锻炼自己的思维能力和解决问题的能力，提升自己的创造力和创新精神。

4. 促进幼儿之间的合作与交流

最后，教师应该促进幼儿之间的合作与交流。在游戏中，教师应该鼓励幼儿与他人合作、分享和交流自己的想法和经验。通过合作与交流，幼儿可以学习到不同的观点和方法，拓宽自己的思维和创造力。同时，合作与交流还可以培养幼儿的团队合作能力和社交技能，为他们未来的社会适应能力打下基础。

游戏元素与创造力之间存在着密切的联系。通过提供自由探索的空间、鼓励尝试与冒险以及促进社交互动与合作等机制，游戏元素能够有效地促进幼儿创造力的发展。在这个过程中，教师扮演着重要的角色。他们需要提供丰富多样的游戏材料和环境、引导幼儿自主探索和发现、提供有挑战性的任务和情境以及促进幼儿之间的合作与交流。通过这些策略和方法，教师可以充分利用游戏元素来培养幼儿的创造力和创新精神，为他们的未来发展奠定坚实的基础。

二、游戏元素如何激发幼儿的创新思维

在幼儿的成长过程中，创新思维的培养至关重要。创新思维不仅能够帮助幼儿更好地解决问题，还能激发他们的创造力和想象力，为未来的学习和生活奠定坚实的基础。而游戏作为一种深受幼儿喜爱的活动形式，其中蕴含的各种元素对于激发幼儿的创新思维具有独特的作用。下文将从多个方面探讨游戏元素如何激发幼儿的创新思维。

（一）游戏元素与幼儿创新思维的关联

游戏元素为幼儿提供了一个自由、安全的环境，使他们能够在游戏中尝试不同的角色、情境和规则，从而激发创新思维。在游戏中，幼儿需要不断地思考、尝试和创新，以应对各种挑战和问题。这种过程不仅锻炼了幼儿的思维能力，还培养了他们的创新精神和创造力。

（二）游戏元素激发幼儿创新思维的机制

1. 角色扮演

角色扮演游戏允许幼儿扮演不同的角色，体验不同的生活情境。在这个过程中，幼儿需要发挥自己的想象力和创造力，理解并塑造角色的性格、行为等。这

种角色扮演的过程不仅有助于幼儿更好地理解他人，还能激发他们的创新思维，培养他们从不同角度思考问题的能力。

2. 情境设定

游戏中的情境设定往往具有丰富的想象力和创造性。幼儿需要在游戏中应对各种复杂多变的情境，这要求他们具备灵活的思维和创新能力。通过不断适应和改变，幼儿能够逐渐培养出在面对实际问题时也能够灵活应对、创新解决的能力。

3. 规则制定

游戏中的规则制定是一个需要创新思维的过程。幼儿需要与同伴协商、讨论并制定游戏规则，这要求他们具备创新思维和解决问题的能力。在这个过程中，幼儿不仅能够锻炼自己的思维能力，还能培养团队合作和沟通能力。

4. 开放性问题解决

许多游戏都包含开放性问题，需要幼儿运用创新思维来寻找解决方案。这些问题没有固定的答案，鼓励幼儿发挥想象力和创造力，尝试不同的方法和策略。通过解决这些问题，幼儿能够逐渐获得创新思维和解决问题的能力。

5. 探索与发现

游戏中的探索与发现元素鼓励幼儿主动探索未知领域，寻找新的游戏玩法和策略。这种探索过程需要幼儿发挥想象力和创造力，尝试不同的方法和组合。通过不断的探索和发现，幼儿能够逐渐培养出创新思维和勇于尝试的精神。

（三）教师在利用游戏元素激发幼儿创新思维中的角色与策略

1. 提供创新的游戏环境

教师应该为幼儿创造一个充满创新元素的游戏环境。这包括提供丰富多样的游戏材料、创设开放式的游戏空间以及鼓励幼儿自由组合和创造游戏玩法。在这样的环境中，幼儿可以充分发挥自己的想象力和创造力，尝试不同的游戏方式和策略。

2. 鼓励幼儿自主选择与创造

教师应该鼓励幼儿自主选择游戏内容和角色，并允许他们根据自己的兴趣和想象来创造新的游戏玩法和情境。这种自主选择与创造的过程有助于激发幼儿的创新思维和想象力。

3. 引导幼儿解决问题与反思

在游戏中，当幼儿遇到问题时，教师应该引导他们积极思考和寻找解决方案。同时，教师还可以组织幼儿进行游戏后的反思和讨论，让他们分享游戏中的创新经验和策略，从而进一步激发创新思维。

4. 提供支持与引导

教师在游戏中应该扮演支持者和引导者的角色。当幼儿在游戏中遇到困难时，教师应该给予适当的支持和帮助；当幼儿表现出创新行为时，教师应该及时给予肯定和鼓励。这种支持与引导有助于增强幼儿的自信心和创新动力。

综上所述，游戏元素在激发幼儿创新思维方面具有独特的作用。通过角色扮演、情境设定、规则制定等游戏元素，幼儿可以在游戏中不断尝试、探索和创新，从而逐渐培养出创新思维和创造力。在这个过程中，教师扮演着重要的角色。他们需要提供创新的游戏环境、鼓励幼儿自主选择与创造、引导幼儿解决问题与反思以及提供支持与引导。通过这些策略和方法，教师可以充分利用游戏元素来激发幼儿的创新思维，为他们的未来发展奠定坚实的基础。

三、游戏元素在幼儿创造力培养中的实证研究

创造力是人类文明进步的核心驱动力，尤其在快速发展的当今社会，培养幼儿的创造力显得尤为重要。幼儿期是创造力发展的关键时期，而游戏作为幼儿最主要的活动形式，其中蕴含的元素对于创造力的培养具有不可忽视的作用。下文将从实证研究的角度，探讨游戏元素在幼儿创造力培养中的具体作用。

（一）游戏元素与幼儿创造力的关系

创造力是指个体在思维、想象和实践中产生新颖、有价值成果的能力。游戏元素，如自由探索、角色扮演、问题解决等，都与创造力有着密切的关系。在游戏中，幼儿可以自由地探索虚拟世界，尝试不同的角色和情境，解决各种问题和挑战。这些过程不仅锻炼了幼儿的思维能力和想象力，还激发了他们的创造潜力。

（二）实证研究回顾

近年来，越来越多的学者开始关注游戏元素与幼儿创造力之间的关系，并进

行了一系列实证研究。这些研究主要采用观察法、实验法和问卷调查等方法，探讨了游戏元素对幼儿创造力的影响。

1. 自由探索与创造力

有研究表明，自由探索的游戏环境能够激发幼儿的创造力和想象力。在这种环境中，幼儿可以自由地选择游戏材料、组合游戏元素，创造出自己的游戏世界。这种自由探索的过程有助于培养幼儿的创造力和想象力。

2. 角色扮演与创造力

角色扮演游戏允许幼儿扮演不同的角色，体验不同的生活情境。在这个过程中，幼儿需要发挥自己的想象力和创造力，理解并塑造角色的性格、行为等。实证研究显示，角色扮演游戏能够显著提高幼儿的创造力和问题解决能力。

3. 问题解决与创造力

游戏中的问题解决元素要求幼儿运用创新思维来解决各种挑战和问题。实证研究表明，这些问题解决过程不仅能够锻炼幼儿的思维能力，还能激发他们的创造力和想象力。

（三）实证研究的方法与结果

为了更深入地探讨游戏元素在幼儿创造力培养中的作用，本研究采用了定量和定性相结合的研究方法。首先，教师选取了××名年龄在××至××岁的幼儿作为研究对象，并将他们分为实验组和对照组。实验组幼儿在接受常规教育的同时，还参与了为期××个月的游戏活动，这些游戏包含了自由探索、角色扮演和问题解决等元素。对照组幼儿则只接受常规教育。

在游戏活动结束后，教师对两组幼儿进行了创造力测试，包括绘画、手工制作和故事讲述等任务。测试结果显示，实验组幼儿在各项创造力测试中的得分均显著高于对照组幼儿。此外，教师还对实验组幼儿进行了访谈和观察，发现他们在游戏中的自由探索、角色扮演和问题解决等行为都与创造力的提高密切相关。

为了进一步验证游戏元素对幼儿创造力的影响，教师还采用了问卷调查法，对参与游戏活动的幼儿家长进行了调查。调查结果显示，家长普遍认为孩子在参与游戏活动后创造力有了明显的提高，表现在日常生活中的想象力、动手能力和问题解决能力等方面。

（四）讨论与结论

本研究通过实证研究发现，游戏元素在幼儿创造力培养中具有显著的作用。自由探索、角色扮演和问题解决等游戏元素能够激发幼儿的创造力和想象力，提高他们的创新思维和问题解决能力。这些结果为教师进一步推广和应用游戏化教育提供了有力的支持。

然而，本研究还存在一定的局限性。首先，样本量相对较小，可能无法完全代表所有幼儿的情况。其次，研究时间较短，可能无法充分反映游戏元素对幼儿创造力的长期影响。未来研究可以进一步扩大样本量、延长研究时间，并探讨不同类型的游戏元素对幼儿创造力的影响。

总之，游戏元素在幼儿创造力培养中具有重要的作用。教育者应该充分利用游戏元素来激发幼儿的创造力和想象力，为他们提供一个自由、安全、富有创造性的学习环境。同时，家长也应该积极支持幼儿参与游戏活动，鼓励他们在游戏中发挥创造力和想象力。通过共同努力，教师可以为幼儿的创造力培养奠定坚实的基础。

第二节 游戏元素在幼儿舞蹈教学中的创意激发和培养

一、舞蹈教学中游戏元素的创意应用

舞蹈是一种充满创造性和表现力的艺术形式，它不仅能够锻炼身体的协调性，还能够培养个人的审美情感。然而，传统的舞蹈教学往往注重技巧和形式的训练，忽略了学习者的兴趣和参与性。为了激发学习者的舞蹈热情，提升教学效果，教师可以尝试在舞蹈教学中融入游戏元素，让学习过程更加有趣和富有挑战性。

（一）游戏元素与舞蹈教学的结合

游戏元素以其趣味性、互动性和挑战性深受人们喜爱，将它们与舞蹈教学相结合，能够带来诸多益处。首先，游戏元素能够激发学习者的学习兴趣，使他们更加主动地参与到舞蹈学习中。其次，游戏元素可以增加舞蹈教学的互动性和合作性，培养学习者的团队协作能力和沟通能力。最后，游戏元素还可以帮助学习者在游戏中巩固舞蹈技巧，提高学习效果。

（二）创意应用游戏元素的具体策略

在舞蹈教学中，教师可以尝试以下几种创意应用游戏元素的策略：

1. 设定舞蹈主题游戏

根据学习者的年龄和兴趣，设定与舞蹈相关的主题游戏。例如，可以设计一款以童话故事为主题的舞蹈游戏，让学习者扮演故事中的角色，通过舞蹈动作展现故事情节。这样的游戏既能够激发学习者的兴趣，又能够锻炼他们的舞蹈技巧。

2. 创造舞蹈竞赛环境

组织舞蹈竞赛活动，让学习者在竞赛中展示自己的舞蹈才能。可以设置个人赛和团队赛，让学习者在竞争与合作中相互学习、共同进步。同时，可以设置丰富的奖励机制，激发学习者的参与热情。

3. 引入音乐节奏游戏

音乐是舞蹈的灵魂，引入音乐节奏游戏可以帮助学习者更好地掌握舞蹈节奏。例如，可以设计一款节奏感强的舞蹈游戏，让学习者在游戏中感受音乐的韵律和

节奏，并通过舞蹈动作将其表现出来。

4. 利用舞蹈道具增加趣味性

在舞蹈教学中，教师可以使用一些舞蹈道具，如手绢、扇子、帽子等，来增加舞蹈的趣味性和表现力。通过设计一些与道具相关的游戏，如道具传递、道具变换等，可以让学习者在游戏中体验不同的舞蹈风格和技巧。

5. 融合其他艺术形式

舞蹈与其他艺术形式如戏剧、绘画等有着紧密的联系。教师可以尝试将这些艺术形式融入舞蹈教学中，设计一些综合性的游戏。例如，可以组织一场以舞蹈为主题的戏剧表演活动，让学习者在舞蹈表演中融入戏剧元素，通过舞蹈和戏剧的结合展现故事情节和角色性格。这样的游戏不仅能够锻炼学习者的舞蹈技巧，还能够培养他们的综合艺术素养。

（三）实施过程中的注意事项

在将游戏元素应用于舞蹈教学时，教师需要注意以下几点：

1. 游戏设计要紧密结合教学目标

游戏元素的应用应该服务于舞蹈教学目标，确保游戏内容与舞蹈技巧的训练密切相关。

2. 游戏难度要适中

游戏难度的设置应该考虑到学习者的实际水平和接受能力，避免过于简单或过于复杂而影响学习者的兴趣和参与度。

3. 注重游戏过程的趣味性和互动性

游戏过程应该充满趣味性和互动性，让学习者在游戏中享受舞蹈的乐趣并增进彼此之间的交流和合作。

4. 及时反馈与评价

在游戏结束后，教师应该及时给予学习者反馈和评价，指出他们在舞蹈技巧、表现力和团队协作等方面的优点和不足，帮助他们不断进步。

通过在舞蹈教学中创意应用游戏元素，教师可以激发学习者的学习兴趣和参与度，提升教学效果。同时，这种教学方式还能够培养学习者的团队协作能力和沟通能力，促进他们的全面发展。然而，如何更好地将游戏元素与舞蹈教学相结合,仍需要教师不断探索和实践。未来,教师可以进一步研究游戏元素在舞蹈教学中的应用策略和方法,推动舞蹈教学的创新与发展。

二、游戏元素如何帮助幼儿在舞蹈中展现创意

舞蹈是一种充满创意的艺术形式,它要求舞者在动作、节奏和表达上展现出独特的创造力。对于幼儿来说,舞蹈不仅是锻炼身体的方式,更是培养创意思维和审美情感的重要途径。在幼儿舞蹈教学中,融入游戏元素能够极大地激发幼儿的创造力和想象力,使他们在愉快的氛围中自由地表达自己,从而在舞蹈中展现出无限的创意。

(一)游戏元素激发幼儿的创造欲望

游戏本身就是一种创造性的活动,它鼓励幼儿打破常规,尝试不同的方法和策略。在舞蹈教学中,教师可以通过设计富有创意的游戏,如"模仿动物舞蹈""创造自己的舞步"等,来激发幼儿的创造欲望。这些游戏不仅可以让幼儿在游戏中自由发挥,还可以帮助他们在舞蹈中探索新的动作和节奏,从而培养他们的创造力和想象力。

(二)游戏元素促进幼儿的身体协调发展

舞蹈需要身体各部分的协同工作,包括肌肉的控制、身体的平衡和节奏的把握等。游戏元素能够帮助幼儿在游戏中锻炼这些技能,为他们在舞蹈中的表现打下基础。例如,"追逐游戏""跳绳游戏"等可以锻炼幼儿的身体协调性和平衡感,使他们在舞蹈中更加自如地展现自己的创意。

(三)游戏元素增强幼儿的情感表达

舞蹈是一种情感表达的艺术形式,它需要舞者通过动作和表情来传达内心的情感。游戏元素可以帮助幼儿在游戏中体验不同的情感,如快乐、悲伤、愤怒等,并学会通过舞蹈来表达这些情感。例如,在"角色扮演游戏"中,幼儿可以扮演不同的角色,体验不同的情感状态,并通过舞蹈来展现这些情感,从而增强他们的情感表达能力。

(四)游戏元素培养幼儿的团队合作精神

在舞蹈中展现创意往往需要与他人合作,共同完成一个作品。游戏元素可以

帮助幼儿在游戏中培养团队合作精神和沟通能力。通过参与团队游戏，如"舞蹈接力""集体创作"等，幼儿可以学会与他人协作、分享创意和解决问题，从而在舞蹈中更好地展现自己的创意。

（五）游戏元素帮助幼儿建立自信心

自信心是幼儿创意思维和表现力的重要支撑。在游戏中，幼儿可以体验到成功的快乐和失败的挫折，从而学会面对挑战和困难。当幼儿在舞蹈中成功地完成一个动作或创意表现时，他们的自信心会得到极大的提升，这将激励他们更加积极地参与到舞蹈创作中，展现出更多的创意。

（六）实施策略与建议

为了在幼儿舞蹈教学中更好地融入游戏元素，教师可以采取以下策略与建议：

1. 选择适合幼儿年龄和兴趣的游戏

教师应根据幼儿的年龄和兴趣选择适合的游戏，确保游戏能够吸引幼儿的注意力并激发他们的创造力。

2. 创造宽松的学习氛围

教师应为幼儿创造一个宽松、自由的学习氛围，允许他们在游戏中自由发挥，鼓励他们尝试新的动作和创意。

3. 引导幼儿积极参与

教师应积极引导幼儿参与到游戏中，与他们一起探索、创造和分享，使他们在游戏中体验到舞蹈的乐趣和创意的魅力。

4. 及时给予反馈和鼓励

在游戏结束后，教师应及时给予幼儿反馈和鼓励，肯定他们在舞蹈中的创意表现，激发他们的创造力和想象力。

综上所述，游戏元素在幼儿舞蹈教学中具有重要的作用。通过激发幼儿的创造欲望、促进身体协调发展、增强情感表达、培养团队合作精神以及建立自信心等方面的努力，教师可以帮助幼儿在舞蹈中展现出更多的创意。未来，教师期待看到更多富有创意和想象力的幼儿舞蹈作品，为幼儿的全面发展注入更多的活力。

三、案例分析：游戏元素在幼儿舞蹈创意表达中的实际运用

（一）案例分析

幼儿舞蹈作为一种特殊的艺术教育形式，其创意表达是极为关键的。而将游戏元素融入幼儿舞蹈教学中，不仅能增加舞蹈的趣味性，更能有效激发幼儿的创意表达。下面，教师将通过一则实际案例，来详细分析游戏元素在幼儿舞蹈创意表达中的实际运用。

（二）案例背景

在某幼儿园的舞蹈课上，教师决定尝试将游戏元素融入舞蹈教学中，以激发幼儿的创意表达。本次课程的主题是"春天的舞会"，旨在通过舞蹈来展现春天的生机与活力。

（三）案例实施

1. 游戏化的舞蹈动作学习

教师首先设计了一系列与春天相关的游戏化动作，如"小花开放""蝴蝶飞舞""春雨绵绵"等。这些动作不仅形象生动，而且富有创意。在学习过程中，教师鼓励幼儿自由发挥，根据自己的理解和想象来演绎这些动作。

2. 角色扮演游戏

在舞蹈的编排过程中，教师引入了角色扮演游戏。幼儿们可以根据自己的喜好选择扮演花朵、蝴蝶、春雨等角色。通过角色扮演，幼儿们不仅能够更好地理解舞蹈中的情节和情绪，还能够通过身体语言和面部表情来表达角色的特点。

3. 即兴舞蹈游戏

在舞蹈的尾声部分，教师设计了一个即兴舞蹈游戏。在这个游戏中，幼儿们可以自由地创造和表现自己的舞蹈动作，与其他幼儿进行互动与合作。这个游戏极大地激发了幼儿们的创意和想象力，使他们能够在舞蹈中展现出自己的个性和风格。

（四）案例效果

1. 创意表达能力显著提升

通过游戏化的舞蹈教学，幼儿们的创意表达能力得到了显著提升。他们在舞

蹈中不仅能够准确地表现出春天的生机与活力,还能够根据自己的理解和想象来创造新的舞蹈动作和情节。这种创意表达不仅增强了舞蹈的观赏性,也使幼儿们更加自信和积极。

2. 身体语言更加丰富

角色扮演游戏使幼儿们更加深入地理解了舞蹈中的角色和情节,他们的身体语言更加丰富和生动。通过扮演不同的角色,幼儿们学会了用不同的身体语言和面部表情来表达不同的情绪和状态。这种身体语言的丰富性不仅增强了舞蹈的表现力,也使幼儿们更加善于用身体来表达自己的情感和想法。

3. 团队合作精神增强

即兴舞蹈游戏使幼儿们学会了与他人合作和分享创意。在这个游戏中,幼儿们需要相互配合和协作才能完成一个完整的舞蹈作品。通过这个过程,他们不仅学会了如何与他人合作和沟通,还学会了如何尊重他人的创意和想法。这种团队合作精神不仅有助于他们在舞蹈中展现出更好的创意表达,也将对他们未来的学习和生活产生积极的影响。

4. 学习兴趣显著提高

由于游戏元素的融入使舞蹈教学变得更加有趣和生动,幼儿们对舞蹈学习的兴趣也显著提高。他们不仅在课堂上积极参与舞蹈学习和创作,还在课后自发地进行舞蹈练习和创作。这种对舞蹈的热爱和兴趣将为他们未来的舞蹈学习和艺术发展奠定坚实的基础。

(五)案例总结

通过这则案例,教师可以看到游戏元素在幼儿舞蹈创意表达中的实际运用取得了显著的效果。游戏化的舞蹈动作学习、角色扮演游戏和即兴舞蹈游戏等教学策略不仅激发了幼儿的创意表达和身体语言的发展,还增强了他们的团队合作精神和学习兴趣。这些游戏元素不仅使舞蹈教学变得更加有趣和生动,也为幼儿们的全面发展注入了更多的活力。因此,在未来的幼儿舞蹈教学中,教师应该更加注重游戏元素的运用,以激发幼儿的创意表达和艺术潜能。

第三节　游戏元素创造力培养策略的研究和实施

一、研究背景与意义

（一）研究背景

随着社会的不断发展，人们越来越重视幼儿的艺术教育和全面发展。舞蹈作为一种集音乐、动作、情感于一体的艺术形式，对于幼儿的身心发展、审美培养、创造力激发等方面具有独特的作用。然而，传统的幼儿舞蹈教学往往过于注重技巧的传授和模仿，忽视了幼儿舞蹈创造力的培养。因此，如何在幼儿舞蹈教学中融入游戏元素，激发幼儿的舞蹈创造力，成为当前幼儿舞蹈教育亟待解决的问题。

首先，游戏元素与幼儿舞蹈之间存在天然的契合性。游戏作为幼儿最喜欢的活动之一，具有自由性、趣味性、规则性等特点，这些特点与舞蹈的创造性、表现性、节奏性等方面不谋而合。将游戏元素融入幼儿舞蹈中，不仅可以让幼儿在游戏中体验舞蹈的乐趣，还能在舞蹈中感受到游戏的魅力，从而更加积极地投入舞蹈学习中。

其次，幼儿期是创造力发展的关键时期。幼儿阶段的孩子好奇心强、想象力丰富，是培养创造力的黄金时期。在这个时期，通过游戏化的舞蹈教学，可以激发幼儿的想象力和创造力，使他们在舞蹈中创造出属于自己的独特动作和情节，从而培养他们的舞蹈创造力。

最后，当前幼儿舞蹈教育存在一些问题。一些教师过于注重舞蹈技巧的传授和模仿，忽视了幼儿的主体性和创造性。这种教学方式不仅使幼儿失去了对舞蹈的兴趣和热情，还限制了他们的创造力和想象力的发展。因此，将游戏元素融入幼儿舞蹈教学中，可以为幼儿提供更加自由、有趣的学习环境，激发他们的创造力和想象力，使他们在舞蹈学习中得到更加全面的发展。

（二）研究意义

1. 促进幼儿身心全面发展

幼儿期是身心发展的关键时期，舞蹈作为一种综合性的艺术形式，对幼儿的身心发展具有重要影响。将游戏元素融入幼儿舞蹈中，不仅可以让幼儿在轻松愉快的氛围中学习舞蹈技巧，还能通过舞蹈动作的训练和表现，促进他们身体协调性和灵活性的发展。同时，舞蹈还能培养幼儿的节奏感、音乐感和表现力等方面的能力，使他们在舞蹈的熏陶下得到更加全面的发展。

2. 激发幼儿的舞蹈创造力

创造力是当代社会所需的重要能力之一。游戏化的舞蹈教学可以激发幼儿的想象力和创造力，使他们在舞蹈中创造出属于自己的独特动作和情节。这种创造力的培养不仅有助于提升幼儿的舞蹈水平，还能为他们的未来发展奠定坚实的基础。

3. 为幼儿舞蹈教育提供新的思路和方向

随着社会的不断发展，幼儿舞蹈教育也需要不断创新和改革。将游戏元素融入幼儿舞蹈教学中，可以为幼儿舞蹈教育提供新的思路和方向。这种教学方式不仅符合幼儿身心发展的规律和学习特点，还能有效激发幼儿的创造力和想象力，为他们的未来发展注入更多的活力。

综上所述，游戏元素培养幼儿舞蹈创造力的研究具有重要的实践意义和理论价值。通过深入研究和探索游戏元素在幼儿舞蹈教学中的实际运用，教师可以为幼儿提供更加自由、有趣的学习环境，激发他们的创造力和想象力，促进他们的全面发展。同时，这种研究还能为幼儿舞蹈教育提供新的思路和方向，推动幼儿舞蹈教育的创新和发展。

二、国内外相关文献综述

（一）国内研究现状

在国内，近年来关于游戏元素培养幼儿舞蹈创造力的研究逐渐受到重视。研究者们从不同角度探讨了游戏与舞蹈教育的结合点，以及游戏元素在舞蹈教育中的作用和价值。

一方面，有研究者指出，游戏是幼儿最喜爱的活动之一，它具有自由性、趣味性、规则性等特点，这些特点使得游戏成为培养幼儿舞蹈创造力的有效途径。例如，游戏化的舞蹈教学可以让幼儿在轻松愉快的氛围中学习舞蹈技巧，同时激发他们的想象力和创造力，使他们在舞蹈中创造出属于自己的独特动作和情节。

另一方面，国内研究者还强调了游戏元素在幼儿舞蹈教育中的实践应用。他们提出，可以通过设计富有创意和趣味性的舞蹈游戏，吸引幼儿积极参与舞蹈活动，提高他们的舞蹈表现力和创造力。同时，游戏化的评价方式，让幼儿在舞蹈表演中体验到成功的喜悦，进一步激发他们的舞蹈创造力和学习兴趣。

此外，国内研究者还关注到了游戏元素与幼儿舞蹈教育相结合所带来的教育效果。他们发现，游戏化的舞蹈教学不仅可以提高幼儿的舞蹈技能和身体素质，还能培养他们的团队协作能力和社交能力，促进他们的全面发展。

（二）国外研究现状

在国外，游戏元素在幼儿舞蹈教育中的应用也受到了广泛关注。许多教育专家和学者对游戏与舞蹈教育的关系进行了深入研究，并提出了许多有益的观点和建议。

首先，国外研究者普遍认为，游戏元素对于培养幼儿的舞蹈创造力具有重要作用。他们认为，游戏是幼儿学习和成长的重要途径之一，游戏化的舞蹈教学可以让幼儿在快乐的氛围中学习舞蹈技巧，同时培养他们的想象力和创造力。例如，教师可以通过设计各种有趣的舞蹈游戏，引导幼儿在游戏中探索和创造舞蹈动作，使他们在舞蹈学习中得到更多的乐趣和成就感。

其次，国外研究者还强调了游戏元素在幼儿舞蹈教育中的多元化应用。他们提出，除了传统的舞蹈游戏外，还可以将其他类型的游戏元素融入舞蹈教学中，如角色扮演游戏、音乐节奏游戏等。这些游戏元素不仅可以增加舞蹈教学的趣味性和互动性，还能帮助幼儿更好地理解舞蹈的内涵和表达方式。

最后，国外研究者还关注到了游戏元素与幼儿舞蹈教育相结合所带来的长远影响。他们发现，通过游戏化的舞蹈教学，不仅可以提高幼儿的舞蹈技能和身体素质，还能培养他们的自信心和表达能力，为他们的未来发展奠定坚实的基础。

综上所述，无论是国内还是国外的研究者都认为游戏元素在培养幼儿舞蹈创造力方面具有重要作用。他们从不同角度探讨了游戏与舞蹈教育的关系以及游戏元素在舞蹈教育中的应用方式和价值。这些研究为教师深入理解和应用游戏元素培养幼儿舞蹈创造力提供了有益的参考和借鉴。同时，也为教师进一步探索和创新幼儿舞蹈教育方式提供了新的思路和方向。

三、游戏元素创造力培养策略的设计

在幼儿舞蹈教育中，游戏元素的融入已经成为一种趋势。游戏不仅能够激发幼儿的兴趣，还能够促进他们舞蹈创造力的培养。然而，如何有效地设计和实施游戏元素，以培养幼儿的舞蹈创造力，是一个值得深入探讨的问题。下文将从游戏元素的选择、游戏活动的设计以及评价机制的构建等方面，探讨游戏元素培养幼儿舞蹈创造力的策略设计。

（一）游戏元素的选择

游戏元素的选择是培养幼儿舞蹈创造力的关键。首先，游戏元素应该具有趣味性，能够吸引幼儿的注意力，激发他们的参与欲望。例如，可以选择幼儿喜欢的动画角色或故事情节作为舞蹈游戏的主题，让幼儿在游戏中感受到舞蹈的乐趣。

其次，游戏元素应该具有多样性，能够满足不同幼儿的需求和兴趣。不同的幼儿有不同的喜好和特长，因此，游戏元素的选择应该充分考虑到这一点。例如，可以通过设计不同类型的舞蹈游戏，如节奏游戏、角色扮演游戏、竞赛游戏等，满足不同幼儿的需求，激发他们的舞蹈创造力。

最后，游戏元素应该具有教育性，有利于幼儿舞蹈技能的提升和创造力的培养。游戏不仅是娱乐的工具，更是教育的载体。因此，在选择游戏元素时，应该注重其教育性，让幼儿在游戏中学习到舞蹈技巧，提升舞蹈表现力，培养舞蹈创造力。

（二）游戏活动的设计

游戏活动的设计是实施游戏元素培养幼儿舞蹈创造力的核心。在设计游戏活动时，应该注重以下几个方面：

首先，游戏活动的目标应该明确，与舞蹈教学的目标相契合。游戏活动的目的是更好地促进幼儿舞蹈技能的提升和创造力的培养，因此，在设计游戏活动时，应该明确其目标，确保游戏活动与舞蹈教学的目标相一致。

其次，游戏活动的规则应该简单易懂，适合幼儿的年龄和认知水平。游戏规

则的设定直接影响到游戏的进行和幼儿的参与度。因此，在设计游戏活动时，应该注重规则的简单易懂性，确保幼儿能够轻松理解并参与其中。

再次，游戏活动的形式应该多样化，富有创意和趣味性。多样化的游戏活动形式能够激发幼儿的兴趣和参与度，促进他们舞蹈创造力的培养。例如，可以通过设计音乐节奏游戏，让幼儿在音乐的引导下自由舞动，培养他们的音乐感知能力和舞蹈创造力。

最后，游戏活动的难度应该适中，具有一定的挑战性和探索性。适当的难度能够激发幼儿的挑战欲望和探索精神，促进他们舞蹈创造力的发展。因此，在设计游戏活动时，应该根据幼儿的实际情况和舞蹈水平，设置适当的难度，让他们在游戏中得到挑战和成长。

（三）评价机制的构建

评价机制的构建是检验游戏元素培养幼儿舞蹈创造力效果的重要手段。在构建评价机制时，应该注重以下几个方面：

首先，评价标准应该多元化，注重幼儿的个体差异和特长。不同的幼儿有不同的舞蹈水平和创造力表现，因此，在构建评价机制时，应该注重评价标准的多元化，充分考虑到幼儿的个体差异和特长，让他们能够在评价中得到认可和鼓励。

其次，评价方式应该多样化，注重过程评价和结果评价的结合。过程评价能够关注幼儿在舞蹈学习过程中的表现和进步，结果评价则能够反映幼儿的舞蹈水平和创造力成果。因此，在构建评价机制时，应该注重过程评价和结果评价的结合，全面评价幼儿的舞蹈创造力表现。

最后，评价应该及时反馈，促进幼儿的持续改进和提升。及时的反馈能够帮助幼儿了解自己在舞蹈学习中的不足和进步，促进他们的持续改进和提升。因此，在构建评价机制时，应该注重评价的及时性，让幼儿在评价中得到及时的反馈和指导。

综上所述，游戏元素培养幼儿舞蹈创造力的策略设计需要从游戏元素的选择、游戏活动的设计以及评价机制的构建等方面入手。通过合理选择游戏元素、设计多样化的游戏活动以及构建科学的评价机制，可以有效地促进幼儿舞蹈创造力的培养和发展。同时，也需要教师在实践中不断探索和创新，不断完善游戏元素培养幼儿舞蹈创造力的策略和方法。

四、策略实施的效果评估与反馈

在幼儿舞蹈教育中，融入游戏元素以培养幼儿的舞蹈创造力已成为一种趋势。然而，要确保这种教学策略的有效性，对其进行科学的效果评估与反馈是至关重要的。下文将对游戏元素培养幼儿舞蹈创造力的策略实施的效果评估与反馈进行深入的探讨。

（一）效果评估的重要性

效果评估是衡量教学策略是否达到预期目标的重要手段。在游戏元素培养幼儿舞蹈创造力的策略中，效果评估有助于了解幼儿在游戏化舞蹈教学中的实际表现，以及他们在舞蹈创造力方面的成长和进步。通过评估，教师可以及时发现教学中存在的问题和不足，从而调整教学策略，提升教学效果。

（二）评估方法与工具

1. 观察法

教师可以通过观察幼儿在舞蹈游戏中的表现，评估他们的舞蹈技能和创造力水平。观察内容可以包括幼儿的舞蹈动作、节奏感、表情表达等方面。

2. 作品分析法

分析幼儿在游戏化舞蹈教学中创作的舞蹈作品，可以了解他们的创造力和想象力。作品分析法可以关注作品的创新性、表现力以及技术难度等方面。

3. 量表评估

制定专门针对游戏化舞蹈教学的评估量表，对幼儿在舞蹈技能、创造力、参与度等方面的表现进行量化评估。量表评估可以更加客观、全面地了解幼儿在游戏化舞蹈教学中的表现。

（三）评估内容

1. 舞蹈技能

评估幼儿在游戏化舞蹈教学中的舞蹈技能水平，包括身体协调性、节奏感、动作准确性等方面。

2. 创造力表现

观察幼儿在舞蹈游戏中是否能够自由发挥、创造出具有创新性的舞蹈动作和组合，以及他们在舞蹈表演中的表现力和想象力。

3. 参与度

评估幼儿在游戏化舞蹈教学中的参与度和积极性，包括他们的课堂表现、合作意愿以及对舞蹈游戏的热爱程度等方面。

（四）反馈机制的重要性

反馈机制是教学效果持续改进的关键。在游戏元素培养幼儿舞蹈创造力的策略中，及时的反馈可以帮助幼儿了解自己在舞蹈学习和创造力方面的表现，激发他们进一步学习和创造的动力。同时，反馈也可以为教师提供有价值的信息，帮助他们调整教学策略，提升教学效果。

（五）反馈方式与策略

1. 正面激励

以鼓励和表扬为主，肯定幼儿在舞蹈游戏中的表现和创造力，激发他们的自信心和学习热情。

2. 具体指导

针对幼儿在舞蹈游戏中存在的问题和不足，提供具体的指导和建议，帮助他们改进和提升。

3. 个性化反馈

根据每个幼儿的特点和需求，提供个性化的反馈和建议，以满足他们不同的发展需求。

（六）效果评估与反馈的循环改进

效果评估与反馈不是一次性的活动，而是一个持续的循环改进过程。在游戏元素培养幼儿舞蹈创造力的策略实施中，教师需要定期进行评估和反馈，并根据评估结果调整教学策略和方法。同时，教师还需要关注幼儿的发展变化，及时调整评估标准和反馈方式，确保评估与反馈的有效性和针对性。

通过对游戏元素培养幼儿舞蹈创造力的策略实施的效果评估与反馈进行深入探讨，教师可以发现评估与反馈在舞蹈教学中具有重要的作用。为了进一步提高游戏化舞蹈教学的效果,教师需要不断完善评估方法和工具,提高评估的准确性和客观性;同时需要建立有效的反馈机制,确保反馈的及时性和有效性。展望未来,随着游戏化舞蹈教学的不断发展和创新,评估与反馈的策略和方法也将不断完善和优化,为幼儿的舞蹈创造力培养提供更加科学和有效的支持。

第八章　游戏元素在幼儿舞蹈教学中的具体应用场景

第一节　游戏元素在幼儿舞蹈教学中的身体训练应用

一、游戏元素与身体训练的融合

幼儿舞蹈教学对于幼儿的身体发展具有至关重要的作用。在这一阶段，幼儿的身体机能、协调性、平衡感、节奏感以及柔韧性都在快速发展。为了更有效地促进这些能力的发展，游戏元素的融入变得尤为关键。下文将详细探讨游戏元素在幼儿舞蹈教学中的身体训练应用，并阐述游戏元素如何与身体训练相融合，以激发幼儿的学习兴趣和动力。

（一）游戏元素对身体训练的影响

1. 提高参与度

游戏化的身体训练通常更具吸引力，能够激发幼儿的好奇心和探索欲望。当训练内容变得更具趣味性和互动性时，幼儿会更愿意参与其中，从而提高训练效果。

2. 增强趣味性

游戏元素往往具有鲜明的情节性和竞争性，这使得身体训练变得更加有趣和富有挑战性。幼儿在享受游戏乐趣的同时，也能自然而然地提升身体素质。

3. 促进技能掌握

通过将舞蹈动作融入游戏中，幼儿可以在轻松愉快的氛围中学习和掌握舞蹈技巧，从而更有效地提升身体机能。

（二）游戏元素与身体训练的融合策略

1. 设计富有情节的游戏

教师可以根据幼儿的年龄和兴趣特点，设计一些富有情节和角色的舞蹈游戏。例如，通过模仿动物的动作、扮演童话故事中的角色等方式，将舞蹈动作融入游戏情节中，幼儿在玩耍的过程中完成身体训练。

2. 利用音乐与节奏

音乐是舞蹈的灵魂，也是游戏元素与身体训练融合的关键。教师可以通过选择适合幼儿的音乐，引导幼儿在游戏中感受音乐的节奏和韵律，从而培养他们的舞蹈节奏感和身体协调性。

3. 增加竞争与合作元素

在舞蹈游戏中增加竞争与合作元素，可以激发幼儿的求胜心和团队精神。例如，可以设计一些小组竞赛或合作表演的环节，让幼儿在竞争与合作中锻炼身体素质和团队协作能力。

（三）实施案例与效果分析

以"小小舞者"舞蹈游戏为例，该游戏结合了故事情节、音乐节奏和舞蹈动作，旨在通过游戏化的方式帮助幼儿提升身体素质和舞蹈技能。在游戏中，幼儿需要扮演不同角色，完成一系列具有挑战性的舞蹈任务。通过参与游戏，幼儿不仅提高了身体协调性、平衡感和节奏感，还培养了自信心和团队合作精神。

（四）游戏元素与身体训练融合的挑战与对策

1. 挑战一：确保游戏的安全性

在游戏化的身体训练中，教师需要确保游戏环节的安全性，避免幼儿在玩耍过程中受伤。为此，教师可以提前进行游戏环节的安全评估，并教授幼儿正确的舞蹈动作和安全技巧。

2. 挑战二：平衡游戏与训练目标

在游戏化的身体训练中，教师需要确保游戏内容与训练目标保持一致，避免幼儿过分沉迷于游戏而忽略了舞蹈技能的学习。为此，教师可以根据训练目标设计游戏环节，确保幼儿在游戏中能够学习到必要的舞蹈技能。

3. 对策：持续创新与改进

为了保持游戏化身体训练的新鲜感和吸引力，教师需要不断创新和改进游戏内容和形式。例如，可以定期更新游戏情节、角色和舞蹈动作，以满足幼儿不断变化的兴趣和需求。

游戏元素在幼儿舞蹈教学中的身体训练应用具有重要意义。通过设计富有情节的游戏、利用音乐与节奏以及增加竞争与合作元素等策略，教师可以将游戏元素与身体训练相融合，激发幼儿的学习兴趣和动力。然而，在实施过程中，教师也需要注意确保游戏的安全性、平衡游戏与训练目标以及持续创新与改进等方面。展望未来，随着幼儿舞蹈教学方法的不断创新和完善，游戏元素与身体训练的融合将更加深入和有效，为幼儿的身体发展和舞蹈学习提供更加有趣和富有挑战性的环境。

二、游戏元素对身体训练效果的促进作用

幼儿期是身体发育和技能培训的关键时期，而舞蹈作为一种融合了身体运动与艺术表现的活动，对于幼儿的身体训练具有重要的促进作用。在这个阶段，如何将游戏元素有效地融入舞蹈教学，提高幼儿的身体训练效果，成为教育工作者关注的重点。下文将从多个方面探讨游戏元素如何促进幼儿舞蹈教学中的身体训练效果。

（一）游戏元素激发幼儿的身体活动兴趣

幼儿天生对游戏充满好奇和热情，将游戏元素融入舞蹈教学中，能够迅速吸引他们的注意力，激发他们参与身体活动的兴趣。通过游戏化的教学方式，教师可以将舞蹈动作转化为有趣的游戏任务，使幼儿在玩耍的过程中不自觉地完成身体训练，从而达到提高身体机能的目的。

（二）游戏元素增强幼儿的身体协调性

舞蹈是一项需要高度协调性的运动，而游戏元素能够帮助幼儿在游戏中锻炼身体的协调性。例如，通过设计需要幼儿配合音乐节奏进行舞蹈动作的游戏，可以训练他们的身体节奏感和协调性。这样的游戏不仅能够提高幼儿的舞蹈技能，还能够促进他们身体各部分之间的协调配合，为日后的身体发展打下坚实的基础。

(三)游戏元素提升幼儿的身体灵活性和平衡感

舞蹈动作往往需要幼儿具备一定的身体灵活性和平衡感,而游戏元素可以通过设计各种有趣的动作游戏,帮助幼儿在游戏中锻炼这些能力。例如,模仿动物行走、跳跃等动作的游戏可以训练幼儿的身体灵活性和平衡感,使他们在轻松愉快的氛围中提升身体素质。

(四)游戏元素促进幼儿的身体耐力培养

在舞蹈教学中,一些动作需要幼儿反复练习才能达到熟练的程度,而游戏元素可以通过设计竞赛或挑战任务等方式,激发幼儿的竞争意识和挑战精神,促使他们愿意付出更多的努力和时间进行身体训练。这样的教学方式不仅能够提高幼儿的身体耐力,还能够培养他们的毅力和坚持精神。

(五)游戏元素加强幼儿的身体感知能力

舞蹈是一种需要高度感知身体状态和艺术表现的艺术形式,而游戏元素可以通过设计需要幼儿感知自己身体状态的游戏,如模仿动物行走、感受音乐的节奏等,帮助幼儿更好地感知自己的身体状态和运动轨迹。这样的训练不仅能够提高幼儿的身体感知能力,还能够为他们的舞蹈表演提供更加丰富的表现力和感染力。

(六)游戏元素促进幼儿的身体放松与恢复

在舞蹈训练中,适当的放松和恢复同样重要。游戏元素可以通过设计一些轻松愉悦的游戏活动,如舞蹈游戏、放松操等,帮助幼儿在训练间隙进行身体放松和恢复,减轻肌肉疲劳和紧张感。这样的游戏不仅能够缓解幼儿的身体压力,还能够为他们提供更好的心理准备,为接下来的舞蹈训练做好准备。

综上所述,游戏元素在幼儿舞蹈教学中的身体训练应用具有显著的促进作用。通过激发幼儿的身体活动兴趣、增强身体协调性、提升身体灵活性和平衡感、促进身体耐力培养、加强身体感知能力以及促进身体放松与恢复等方面,游戏元素能够有效地提高幼儿舞蹈教学中的身体训练效果。因此,在幼儿舞蹈教学中,教师应充分利用游戏元素的优势,设计富有创意和趣味性的教学活动,为幼儿的身体发展创造更加有利的环境和条件。同时,教师也应注意游戏元素的适度运用,避免过度游戏化导致幼儿对舞蹈技能的忽视,确保游戏元素与舞蹈教学的有机结合，实现最佳的教学效果。

三、游戏元素身体训练应用的教学策略

在幼儿身体训练过程中，游戏元素的融入不仅能激发幼儿的兴趣，还能使训练过程更为高效和有趣。为了充分发挥游戏元素在身体训练中的促进作用，教师需要精心设计和选择教学策略。以下将详细探讨游戏元素在身体训练中的应用所采取的教学策略。

（一）情景模拟教学策略

情景模拟是一种有效的教学策略，通过创设特定的情境，使幼儿在游戏中自然地完成身体训练。例如，教师可以模拟一个动物世界，让幼儿扮演不同的动物角色，模仿它们的行走、奔跑、跳跃等动作。这样的情景模拟不仅可以让幼儿在游戏中体验到乐趣，还能锻炼他们的身体协调性和灵活性。

（二）音乐律动教学策略

音乐是幼儿教育中常用的元素之一，将音乐与身体训练相结合，可以创造出富有节奏感的律动游戏。教师可以选取适合幼儿的音乐，设计相应的舞蹈动作或身体运动，让幼儿在音乐的引导下进行身体训练。这样的教学策略不仅能够提高幼儿的身体协调性，还能培养他们的音乐节奏感。

（三）角色扮演游戏教学策略

角色扮演游戏是一种深受幼儿喜爱的游戏形式，让幼儿扮演不同的角色可以激发他们的想象力和创造力。在身体训练中，教师可以设计一些角色扮演游戏，如"小小消防员""宇航员探险"等，让幼儿在游戏中完成各种身体动作和训练任务。这样的教学策略不仅可以锻炼幼儿的身体素质，还能培养他们的团队合作和解决问题的能力。

（四）竞赛挑战教学策略

竞赛和挑战是激发幼儿积极性和竞争意识的有效手段。在身体训练中，教师可以组织一些竞赛挑战游戏，如"小小运动会""跳绳比赛"等，让幼儿在游戏中进行身体训练，并通过比赛的形式激发他们的竞争欲望。这样的教学策略不仅能够提高幼儿的身体素质，还能培养他们的竞争意识和团队协作能力。

（五）探索发现教学策略

探索发现教学策略强调幼儿在游戏中主动探索和发现知识。在身体训练中，教师可以设计一些探索发现游戏，如"宝藏寻找""迷宫探险"等，让幼儿在游戏中通过身体活动来解决问题和发现新事物。这样的教学策略不仅能够锻炼幼儿的身体素质，还能培养他们的探索精神和创新思维。

（六）创意表达教学策略

创意表达教学策略鼓励幼儿通过身体动作来表达自己的创意和想象。教师可以提供一些道具或音乐，鼓励幼儿自由发挥，创造出自己的舞蹈或动作组合。这样的教学策略不仅能够锻炼幼儿的身体协调性，还能培养他们的创造力和艺术表达能力。

（七）循序渐进的教学策略

在游戏元素身体训练应用中，循序渐进的教学策略至关重要。教师应根据幼儿的年龄、身体发育水平和兴趣特点，设计适合他们的游戏内容和难度，逐步引导他们进行身体训练。同时，教师还应关注幼儿的个体差异，提供个性化的指导和支持，确保每个幼儿都能在游戏中得到适当的锻炼和发展。

综上所述，游戏元素身体训练应用的教学策略多种多样，每种策略都有其独特的价值和作用。在实际教学中，教师应根据具体情况灵活选择和应用这些策略，确保游戏元素与身体训练的有效结合，为幼儿的全面发展提供有力支持。同时，教师还应不断反思和总结教学经验，不断优化和完善教学策略，以更好地满足幼儿的身体训练需求和发展目标。

第二节　游戏元素在幼儿舞蹈教学中的音乐感知应用

一、游戏元素与音乐感知的结合

幼儿期是感知和认知能力培养的关键时期，而音乐感知作为其中的重要组成部分，对于幼儿的全面发展具有不可替代的作用。在幼儿舞蹈教学中，将游戏元素与音乐感知相结合，不仅能够激发幼儿对舞蹈和音乐的兴趣，还能够提升他们的音乐感知能力和身体协调性。下文将详细探讨游戏元素在幼儿舞蹈教学中音乐感知的应用。

（一）游戏元素与音乐感知的契合点

游戏元素与音乐感知之间存在天然的契合点。首先，游戏元素具有趣味性、互动性和多样性，这些特点能够吸引幼儿的注意力，激发他们的学习兴趣。而音乐感知则需要幼儿通过听觉、身体动作等方式去感受和理解音乐，这种过程本身就带有一定的游戏性质。因此，将游戏元素融入音乐感知中，能够使幼儿在游戏中自然而然地提升音乐感知能力。

（二）游戏元素在音乐节奏感知中的应用

音乐节奏是音乐感知的基础，也是舞蹈教学中的重要内容。教师可以通过设计各种节奏游戏，如"节奏拍打""节奏模仿"等，让幼儿在游戏中感受音乐的节奏变化，提高他们的节奏感知能力。这样的游戏不仅能够帮助幼儿更好地理解音乐，还能够为他们的舞蹈学习打下坚实的基础。

（三）游戏元素在音乐旋律感知中的应用

音乐旋律是音乐的灵魂，也是舞蹈表现的重要手段。教师可以通过设计旋律听辨游戏、旋律创作游戏等，引导幼儿在游戏中感知音乐的旋律美，提高他们的音乐感知能力。这样的游戏不仅能够让幼儿在游戏中体验到音乐的魅力，还能够激发他们的创造力和想象力。

（四）游戏元素在音乐情感感知中的应用

音乐情感是音乐的内涵，也是舞蹈表现的核心。教师可以通过设计情感表达游戏、音乐故事游戏等，让幼儿在游戏中感受和理解音乐所表达的情感，提高他们的音乐情感感知能力。这样的游戏不仅能够让幼儿更好地理解和表现舞蹈，还能够培养他们的情感表达能力和审美素养。

（五）游戏元素在音乐与舞蹈结合中的应用

舞蹈是音乐与身体动作的完美结合，也是幼儿音乐感知和身体协调性的重要体现。教师可以通过设计舞蹈游戏、音乐与动作匹配游戏等，让幼儿在游戏中将音乐与舞蹈相结合，提高他们的音乐感知和身体协调能力。这样的游戏不仅能够让幼儿在舞蹈中感受到音乐的韵律和节奏，还能够培养他们的舞蹈表演能力和创造力。

（六）游戏元素在音乐感知中的个性化应用

每个幼儿都有自己独特的音乐感知方式和偏好，因此，教师在应用游戏元素进行音乐感知教学时，应充分考虑幼儿的个性化需求。例如，可以为不同喜好的幼儿设计不同类型的音乐游戏，如节奏感强的打击乐器游戏、旋律感强的唱歌游戏等，以满足他们的个性化需求，激发他们的学习兴趣和积极性。

（七）游戏元素在音乐感知中的挑战与机遇

虽然游戏元素在音乐感知中具有广泛的应用价值，但在实际应用过程中也面临一些挑战。例如，如何设计既有趣又具有教育意义的游戏、如何平衡游戏的娱乐性和教育性、如何确保游戏与教学内容的紧密结合等。面对这些挑战，教师应不断探索和创新，将游戏元素与音乐感知相结合，为幼儿创造更加丰富多彩的学习体验。

同时，游戏元素在音乐感知中也蕴藏着巨大的机遇。随着科技的不断发展，越来越多的教育游戏和互动技术被应用于幼儿教育中。这些新技术和新工具为游戏元素与音乐感知的结合提供了更广阔的空间和可能性。未来，教师可以期待更多富有创意和实效的游戏化音乐感知教学方法的出现，为幼儿的音乐教育带来更加美好的明天。

综上所述，游戏元素在幼儿舞蹈教学中的音乐感知应用具有重要的意义和价值。通过巧妙地将游戏元素与音乐感知相结合，教师可以激发幼儿对音乐和舞蹈的兴趣，提高他们的音乐感知能力和身体协调性，为他们的全面发展打下坚实的基础。同时，教师也应不断反思和创新，探索更加适合幼儿的音乐感知教学方法和策略，为幼儿的音乐教育贡献自己的力量。

二、游戏元素对音乐感知能力的培养效果

在幼儿舞蹈教学中，游戏元素的融入不仅为教学活动注入了活力，还显著提高了幼儿对音乐感知的能力。游戏元素与音乐感知的有机结合，不仅使学习过程变得更加有趣，而且有助于幼儿全面、深入地理解和体验音乐，进而培养他们对音乐节奏、旋律、情感和表现力的感知能力。下文将深入探讨游戏元素如何有效地培养幼儿的音乐感知能力。

（一）游戏元素与音乐节奏感知能力的培养

节奏是音乐的基本要素之一，也是舞蹈教学的基础。通过设计各种节奏游戏，如拍打节奏、模仿节奏等，教师可以帮助幼儿建立起对节奏的基本感知。在游戏中，幼儿需要集中注意力，跟随音乐的节奏进行动作，这不仅锻炼了他们的听觉能力，还提高了他们的身体协调性和反应速度。

（二）游戏元素与音乐旋律感知能力的培养

旋律是音乐的灵魂，也是舞蹈中不可或缺的元素。通过游戏元素，教师可以引导幼儿在游戏中感受旋律的变化，如旋律的高低起伏、快慢转换等。例如，教师可以设计旋律接龙游戏，让幼儿轮流哼唱旋律的片段，然后尝试将这些片段组合成一段完整的旋律。这样的游戏不仅培养了幼儿对旋律的感知能力，还激发了他们的创造力和想象力。

（三）游戏元素与音乐情感感知能力的培养

音乐是情感的表达，而舞蹈则是情感的展现。通过游戏元素，教师可以帮助幼儿更好地理解和感受音乐所表达的情感。例如，教师可以设计情感表达游戏，让幼儿根据音乐的情感变化做出相应的舞蹈动作。这样的游戏不仅培养了幼儿对音乐情感的感知能力，还提高了他们的情感表达能力和审美素养。

（四）游戏元素与音乐和舞蹈结合感知能力的培养

舞蹈是音乐与身体动作的完美结合，也是幼儿音乐感知和身体协调性的重要体现。通过游戏元素，教师可以引导幼儿将音乐与舞蹈相结合，提高他们的音乐

感知和身体协调能力。例如，教师可以设计舞蹈创作游戏，让幼儿根据音乐的节奏和旋律编排相应的舞蹈动作。这样的游戏不仅培养了幼儿对音乐与舞蹈结合的感知能力，还激发了他们的创造力和表现力。

（五）游戏元素对音乐感知能力培养的长期效果

游戏元素在幼儿舞蹈教学中的应用，不仅能够在短期内提高幼儿的音乐感知能力，还能对他们的长期发展产生积极影响。首先，通过游戏化的教学方式，幼儿能够在轻松愉快的氛围中学习音乐知识，形成对音乐的积极态度。其次，游戏元素能够帮助幼儿建立起对音乐的基本感知和理解能力，为他们日后的音乐学习和表演打下坚实的基础。最后，游戏元素还能够激发幼儿的创造力和想象力，培养他们的审美素养和情感体验能力，为他们的全面发展提供有力支持。

（六）游戏元素在音乐感知能力培养中的挑战与对策

尽管游戏元素在幼儿音乐感知能力培养中具有显著的效果，但在实际应用过程中也存在一些挑战。例如，如何设计既有趣又具有教育意义的游戏、如何确保游戏的参与度和公平性、如何平衡游戏的娱乐性和教育性等。为了应对这些挑战，教师需要不断探索和创新游戏化的教学方法和策略。同时，教师还需关注幼儿的学习需求和个体差异，设计符合他们特点的游戏活动，确保每个幼儿都能在游戏中获得音乐感知能力的提升。

综上所述，游戏元素在幼儿舞蹈教学中的音乐感知应用具有显著的效果。通过巧妙地将游戏元素与音乐感知相结合，教师可以激发幼儿对音乐的兴趣和热爱，培养他们的音乐感知能力、身体协调性和创造力。同时，教师还需要不断反思和创新，探索更加适合幼儿的音乐感知教学方法和策略，为他们的全面发展贡献自己的力量。

三、游戏元素音乐感知应用的教学策略

幼儿舞蹈教学不仅是教授舞步和动作，更重要的是培养幼儿对音乐的感知和理解能力。而游戏元素作为幼儿教学中常用的手段，其独特的魅力和效果使得它成为音乐感知培养的有力工具。如何将游戏元素有效地融入幼儿舞蹈教学中，以提高幼儿的音乐感知能力，是每一位舞蹈教师需要深入思考和探索的问题。

（一）游戏元素与音乐感知的有机结合

在幼儿舞蹈教学中，游戏元素与音乐感知的有机结合是至关重要的。教师可以通过设计富有节奏感和旋律感的游戏，引导幼儿在游戏中感知音乐的节奏、旋律、速度和音色等要素。例如，可以通过"听音乐找朋友"的游戏，让幼儿在音乐的引导下找到具有相同节奏或旋律的伙伴，从而加深对音乐要素的感知和理解。

（二）创设游戏化的音乐感知环境

为了更好地培养幼儿的音乐感知能力，教师需要创设一个游戏化的音乐感知环境。这包括选择适合幼儿的音乐作品、布置充满音乐氛围的教室、提供多样化的音乐器材等。在这样的环境中，幼儿可以通过游戏化的方式自由探索音乐，感受音乐的魅力，从而提高音乐感知能力。

（三）利用游戏元素培养音乐节奏感

节奏是音乐的核心要素，也是舞蹈教学的基础。教师可以通过设计各种节奏游戏，如拍打节奏、模仿节奏等，帮助幼儿建立起对节奏的基本感知。例如，可以利用简单的打击乐器，让幼儿跟随音乐的节奏进行敲击，从而培养他们的节奏感。

（四）通过游戏元素培养音乐旋律感

旋律是音乐的灵魂，也是舞蹈中不可或缺的元素。教师可以通过游戏元素，引导幼儿在游戏中感受旋律的变化。例如，可以设计"旋律接龙"游戏，让幼儿轮流哼唱旋律的片段，然后教师尝试将这些片段组合成一个完整的旋律。这样的游戏不仅培养了幼儿对旋律的感知能力，还激发了他们的创造力和想象力。

（五）运用游戏元素增强音乐情感感知

音乐是情感的表达，而舞蹈则是情感的展现。在幼儿舞蹈教学中，教师可以通过游戏元素帮助幼儿更好地理解和感受音乐所表达的情感。例如，可以设计"情感表达"游戏，让幼儿根据音乐的情感变化做出相应的舞蹈动作。这样的游戏不仅培养了幼儿对音乐情感的感知能力，还提高了他们的情感表达能力和审美素养。

（六）注重游戏元素与舞蹈动作的融合

舞蹈是音乐与身体动作的完美结合，也是幼儿音乐感知和身体协调性的重要体现。教师可以通过游戏元素引导幼儿将音乐与舞蹈相结合，提高他们的音乐感知和身体协调能力。例如，在教授某个舞蹈动作时，教师可以设计相应的游戏，让幼儿在游戏的情境中学习和掌握舞蹈动作，从而加深对音乐与舞蹈结合的理解。

（七）游戏元素音乐感知应用的教学策略建议

1. 选择适合幼儿的游戏元素：教师应根据幼儿的年龄特点和兴趣爱好选择适合的游戏元素，确保游戏既有趣又具有教育意义。

2. 平衡游戏的娱乐性和教育性：游戏元素的应用旨在提高幼儿的音乐感知能力，因此教师在设计游戏时应注重平衡游戏的娱乐性和教育性，避免过于追求游戏的趣味性而忽视了教育目标。

3. 注重个体差异和参与度：每个幼儿的音乐感知能力和兴趣爱好都不同，教师应关注个体差异，设计符合不同幼儿特点的游戏活动，确保每个幼儿都能在游戏中获得音乐感知能力的提升。同时，教师还应注重游戏的参与度，确保每个幼儿都能积极参与并享受游戏带来的乐趣。

4. 创新游戏化的教学方法和策略：随着幼儿音乐感知能力的提高和游戏经验的积累，教师需要不断创新游戏化的教学方法和策略，以满足幼儿不断变化的学习需求。这包括探索新的游戏形式、引入新的音乐元素、与其他领域的教学相结合等。

综上所述，游戏元素在幼儿舞蹈教学中的音乐感知应用需要教师注重游戏与音乐感知的有机结合、创设游戏化的音乐感知环境、利用游戏元素培养音乐节奏感、旋律感和情感感知能力，并注重游戏元素与舞蹈动作的融合。同时，教师还需要不断探索和创新游戏化的教学方法和策略，以满足幼儿不断变化的学习需求，为他们的全面发展贡献自己的力量。

第三节　游戏元素在幼儿舞蹈教学中的创意表达应用

一、游戏元素与创意表达的关联

在幼儿舞蹈教学中，创意表达是一项至关重要的能力。它不仅能够激发幼儿的想象力和创造力，还能帮助他们在舞蹈中更好地展现自我、表达情感。而游戏元素作为幼儿教学中常用的手段，其独特的魅力和效果使得它成为创意表达培养的有力工具。下文将探讨游戏元素与创意表达的关联，并分析如何在幼儿舞蹈教学中通过游戏元素激发幼儿的创意表达能力。

（一）游戏元素与创意表达的内在联系

游戏元素通常具有趣味性、互动性和开放性等特点，这些特点与创意表达有着紧密的联系。首先，游戏的趣味性可以激发幼儿的兴趣和好奇心，使他们更加愿意参与舞蹈活动并尝试不同的舞蹈动作和表达方式。其次，游戏的互动性可以促进幼儿之间的交流和合作，为创意表达提供更多的可能性和灵感。最后，游戏的开放性则鼓励幼儿自由发挥、大胆尝试，从而培养他们的创意思维和表达能力。

（二）游戏元素在幼儿舞蹈创意表达中的应用策略

1. 创意动作游戏

教师可以设计一些创意动作游戏，让幼儿在游戏中尝试不同的舞蹈动作和组合。例如，可以组织"动作接龙"游戏，每个幼儿依次做出一个舞蹈动作，下一个幼儿需要以前一个动作为基础进行变化或延伸。这样的游戏不仅可以锻炼幼儿的舞蹈技巧，还能激发他们的创意思维。

2. 情感表达游戏

情感是舞蹈的重要组成部分，教师可以通过情感表达游戏帮助幼儿更好地理解和表达舞蹈中的情感。例如，可以设计"情感舞蹈"游戏，让幼儿根据不同的音乐情绪或故事情节进行舞蹈创作，通过舞蹈动作来表达内心的感受。

3. 角色扮演游戏

角色扮演游戏可以激发幼儿的想象力和创造力，使他们在舞蹈中扮演不同的角色并展现相应的特点。例如，可以组织"舞蹈剧场"游戏，让幼儿分组创作舞蹈剧本并扮演其中的角色，通过舞蹈和表演来展现故事情节和角色特点。

4. 创意编排游戏

教师可以组织幼儿进行创意编排游戏，让他们自由组合舞蹈动作和队形，创作出属于自己的舞蹈作品。这样的游戏不仅可以培养幼儿的创意能力和协作精神，还能让他们在舞蹈中体验到创作的乐趣和成就感。

（三）游戏元素在幼儿舞蹈创意表达中的实施要点

1. 鼓励自由发挥

在游戏过程中，教师应鼓励幼儿自由发挥、大胆尝试，不要过于限制他们的创意和表达。即使幼儿的舞蹈动作不够规范或不符合预期，也应给予积极的反馈和建议，激发他们继续创作的热情和信心。

2. 提供支持和引导

虽然游戏元素强调自由发挥和创意表达，但教师在教学过程中仍需提供必要的支持和引导。例如，可以为幼儿提供合适的音乐、道具和场景等条件，帮助他们更好地进入舞蹈创作的状态；同时，也可以给予一些基本的舞蹈技巧和表达方法的指导，帮助幼儿更好地实现创意表达。

3. 培养团队合作精神

在幼儿舞蹈教学中，团队合作是非常重要的能力之一。教师可以通过组织小组游戏和协作任务等方式，培养幼儿的团队合作精神和协作能力。在创意表达方面，幼儿可以相互学习、交流和分享灵感，从而创作出更加丰富多彩和富有创意的舞蹈作品。

（四）游戏元素在幼儿舞蹈创意表达中的效果评估

为了了解游戏元素在幼儿舞蹈创意表达中的应用效果，教师可以采用多种评估方法。例如，可以观察幼儿在舞蹈课堂上的表现和参与度，了解他们对游戏的喜爱程度和创意表达的积极性；也可以通过作品展示和演出等形式，让幼儿展示自己的舞蹈作品并接受他人的评价和建议。此外，教师还可以与幼儿进行交流和沟通，了解他们对游戏元素在舞蹈创意表达中的看法和体验，以便更好地调整和完善教学策略。

综上所述，游戏元素与创意表达在幼儿舞蹈教学中具有紧密的联系。合理应用游戏元素可以激发幼儿的创意思维和表达能力，使他们在舞蹈中更好地展现自我、表达情感。在实施过程中，教师应注重鼓励自由发挥、提供支持和引导、培养团队合作精神等要点，并采用多种评估方法来了解应用效果。相信在未来的幼儿舞蹈教学中，游戏元素将继续发挥重要作用，为培养幼儿的创意表达能力提供有力支持。

二、游戏元素对创意表达能力的促进作用

在幼儿舞蹈教学中，创意表达能力的培养是至关重要的。这不仅能够帮助幼儿更好地理解和感受舞蹈的美，还能激发他们的想象力和创造力，为他们的全面发展打下坚实的基础。而游戏元素作为幼儿教学中常用的手段，对于促进幼儿的创意表达能力具有显著的作用。下文将从多个方面探讨游戏元素如何促进幼儿舞蹈教学中的创意表达能力。

（一）游戏元素激发幼儿的兴趣和好奇心

幼儿阶段的孩子好奇心旺盛，对于新鲜有趣的事物充满了好奇和探索的欲望。游戏元素通常具有趣味性和互动性，能够迅速吸引幼儿的注意力，激发他们的兴趣和好奇心。在幼儿舞蹈教学中融入游戏元素，可以让幼儿在轻松愉快的氛围中学习舞蹈，更加愿意尝试不同的舞蹈动作和表达方式。这种积极的参与态度为创意表达能力的培养提供了良好的土壤。

（二）游戏元素促进幼儿的想象力和创造力

游戏元素往往具有丰富的情节和场景，需要幼儿发挥自己的想象力和创造力来参与其中。在幼儿舞蹈教学中，教师可以通过设计富有创意的游戏任务，鼓励幼儿自由发挥，大胆尝试不同的舞蹈动作和组合。这样的教学方式不仅能够锻炼幼儿的舞蹈技巧，还能激发他们的想象力和创造力，使他们在舞蹈中展现出独特的创意和个性。

（三）游戏元素培养幼儿的观察力和模仿能力

游戏元素通常具有一定的规则和要求，需要幼儿认真观察并模仿其中的动作和行为。在幼儿舞蹈教学中，教师可以通过示范和引导，帮助幼儿观察舞蹈动作

的细节和韵律感，并鼓励他们模仿和表演。这样的教学方式不仅能够培养幼儿的观察力和模仿能力，还能帮助他们更好地理解和感受舞蹈的美，为创意表达能力的培养打下基础。

（四）游戏元素强化幼儿的团队合作和沟通能力

在幼儿舞蹈教学中，游戏元素通常需要幼儿之间进行互动和合作，才能完成任务或达到目标。这样的教学方式不仅能够培养幼儿的团队合作和沟通能力，还能帮助他们在互动中相互学习、相互启发，激发出更多的创意和灵感。通过与其他幼儿的合作和交流，幼儿可以更加深入地理解舞蹈的内涵和表达方式，进一步提升自己的创意表达能力。

（五）游戏元素鼓励幼儿的自我表达和自信心

游戏元素通常注重幼儿的参与和体验，鼓励他们大胆尝试和表达自己的想法和感受。在幼儿舞蹈教学中，教师可以通过游戏化的教学方式，鼓励幼儿自由发挥、大胆尝试，并给予积极的反馈和鼓励。这样的教学方式不仅能够激发幼儿的自信心和表现欲，还能帮助他们在舞蹈中更好地展现自我、表达情感，进一步提升自己的创意表达能力。

综上所述，游戏元素在幼儿舞蹈教学中对创意表达能力的促进作用是多方面的。通过激发幼儿的兴趣和好奇心、促进想象力和创造力的发展、培养观察力和模仿能力、强化团队合作和沟通能力以及鼓励自我表达和自信心，游戏元素为幼儿的创意表达能力提供了有力的支持。因此，在幼儿舞蹈教学中，教师应充分利用游戏元素的优势，为幼儿创造一个轻松愉快的学习环境，让他们在舞蹈的世界里自由翱翔，尽情展现自己的创意和个性。同时，教师也应不断探索和创新教学方式方法，将游戏元素与舞蹈教学相结合，为幼儿的全面发展提供更加丰富多彩的教育资源。

三、游戏元素创意表达应用的教学策略

在幼儿舞蹈教学中，创意表达能力的培养至关重要。创意表达不仅是舞蹈艺术的核心，也是幼儿个性发展和创造力培养的关键。为了更有效地促进幼儿的创意表达，将游戏元素融入舞蹈教学成为一个值得探索的方向。下文将探讨在幼儿

舞蹈教学中，如何运用游戏元素的教学策略促进幼儿的创意表达。

（一）设计富有创意的游戏化舞蹈内容

为了激发幼儿的创意表达，教师应设计富有创意的游戏化舞蹈内容。这包括选择有趣的主题，如动物王国、童话故事等，以及根据主题设计富有想象力和创造力的舞蹈动作和情节。通过让幼儿扮演不同的角色，参与有趣的故事情节，他们能够更加投入地学习和表达舞蹈，从而培养创意表达能力。

（二）创设轻松愉快的舞蹈游戏环境

环境对于幼儿的学习和发展至关重要。在舞蹈教学中，教师应创设一个轻松愉快的舞蹈游戏环境，让幼儿感到自由和舒适。这可以通过布置色彩鲜艳的舞蹈教室、播放欢快的音乐、提供多样化的舞蹈道具等方式实现。在这样的环境中，幼儿能够放松身心，敢于尝试和表达自己的想法和感受，从而促进创意表达能力的培养。

（三）采用游戏化的教学方法和手段

在舞蹈教学中，教师应采用游戏化的教学方法和手段，以激发幼儿的学习兴趣和积极性。例如，可以通过模仿游戏、角色扮演游戏、竞赛游戏等方式教授舞蹈动作和技巧。这些游戏化的教学方法不仅能够让幼儿在轻松愉快的氛围中学习舞蹈，还能够激发他们的想象力和创造力，促进创意表达的培养。

（四）鼓励幼儿自由发挥和创意表达

在舞蹈教学中，教师应鼓励幼儿自由发挥和创意表达。当幼儿掌握了一定的舞蹈基础和技巧后，教师可以引导他们根据自己的理解和感受，自由地创作和表达舞蹈。教师应给予积极的反馈和鼓励，激发幼儿的自信心和表现欲，让他们敢于在舞蹈中展现自己的创意和个性。

（五）提供多样化的舞蹈创作工具和材料

为了支持幼儿的创意表达，教师应提供多样化的舞蹈创作工具和材料。可以利用彩色的丝带、铃铛、帽子、手套等道具，以及各种音乐器材和音响设备。这些工具和材料可以激发幼儿的想象力和创造力，让他们尝试不同的舞蹈风格和表达方式。同时，教师还可以组织幼儿进行舞蹈创作和表演活动，让他们在实践中锻炼创意表达能力。

（六）引导幼儿观察生活，发掘创意灵感

生活中的点滴细节都可以成为幼儿创意表达的灵感来源。教师应引导幼儿观察生活，发掘身边的创意元素。例如，可以带领幼儿参观动物园或公园，观察动物的动作和神态，或者引导幼儿关注身边的事物和人物，从中寻找舞蹈创作的灵感。通过这样的活动，幼儿能够将生活中的元素融入舞蹈中，创作出更加富有创意和个性的舞蹈作品。

（七）建立积极的评价和反馈机制

在幼儿舞蹈教学中，建立积极的评价和反馈机制对于促进幼儿的创意表达至关重要。教师应关注每个幼儿的表现和发展，给予积极的评价和反馈。当幼儿展现出创意和独特的舞蹈表达时，教师应及时给予肯定和赞扬，激发他们继续创作的热情。同时，教师还应提供具体的建议和指导，帮助幼儿改进和提升舞蹈创意表达能力。

综上所述，将游戏元素融入幼儿舞蹈教学对于促进幼儿的创意表达能力具有重要意义。通过设计富有创意的游戏化舞蹈内容、创设轻松愉快的舞蹈游戏环境、采用游戏化的教学方法和手段、鼓励幼儿自由发挥和创意表达、提供多样化的舞蹈创作工具和材料、引导幼儿观察生活，发掘创意灵感以及建立积极的评价和反馈机制等教学策略的实施，教师可以有效地激发幼儿的想象力和创造力，培养他们的舞蹈创意表达能力。这些教学策略不仅有助于提升幼儿的舞蹈技能和艺术修养，还能为他们的全面发展奠定坚实的基础。

第九章　游戏元素在幼儿舞蹈教学中的安全保障

第一节　游戏元素使用中的安全问题和注意事项

一、游戏元素的安全风险识别

幼儿舞蹈教学作为艺术教育的重要组成部分，不仅有助于培养幼儿的节奏感和身体协调性，还能促进其社交能力和创造力发展。随着教学方法的不断创新，游戏元素越来越多地被融入幼儿舞蹈教学中，以激发幼儿的学习兴趣和积极性。然而，游戏元素的引入也带来了一定的安全风险。为了确保幼儿舞蹈教学的顺利进行，保障幼儿的人身安全，下文将对游戏元素的安全风险进行详细识别和分析。

（一）游戏元素在幼儿舞蹈教学中的安全风险来源

游戏元素在幼儿舞蹈教学中的安全风险主要来源于以下几个方面：

1. 动作设计的安全性

舞蹈游戏中的动作设计往往具有一定的挑战性和趣味性，但同时也可能存在一定的安全风险。例如，某些高难度动作可能导致幼儿受伤或摔倒，某些快速旋转或跳跃动作也可能造成幼儿失去平衡。

2. 游戏规则的明确性

舞蹈游戏通常需要遵循一定的规则，但如果规则不明确或幼儿对规则理解不到位，就可能导致游戏中的混乱和碰撞，从而增加安全风险。

3. 游戏环境的安全性

舞蹈游戏通常在特定的场地进行，如舞蹈室或体育馆。然而，这些场地可能存在一些安全隐患,如地面湿滑、设备陈旧等,这些都可能导致幼儿在游戏中受伤。

4. 幼儿身心发展的特点

幼儿阶段的身体发育尚未完全成熟,他们的身体协调性和平衡能力相对较弱。同时,他们的心理发展也处于关键时期,对事物的认知和理解能力有限。这些特点使得他们在参与舞蹈游戏时可能更容易受到伤害。

(二)游戏元素安全风险的识别方法

为了有效识别游戏元素在幼儿舞蹈教学中的安全风险,可以采取以下几种方法:

1. 审查游戏动作

对舞蹈游戏中的动作进行全面审查,评估其是否符合幼儿的身体发育特点和安全要求。对于存在安全风险的动作,应进行必要的调整或替换。

2. 明确游戏规则

确保游戏规则简单明了,易于被幼儿理解和遵守。同时,在游戏开始前对规则进行详细的讲解和示范,确保每个幼儿都能明确游戏规则和要求。

3. 检查游戏环境

对舞蹈游戏场地进行全面检查,确保场地安全、整洁、无障碍物。同时,对游戏设备进行定期维护和更新,确保其安全可靠。

4. 观察幼儿表现

在游戏过程中密切关注幼儿的表现和反应,及时发现并消除可能存在的安全隐患。对于个别幼儿的身体状况或情绪变化,要给予特别关注和照顾。

(三)游戏元素安全风险的应对策略

针对游戏元素在幼儿舞蹈教学中的安全风险,可以采取以下应对策略:

1. 加强安全教育

在游戏开始前对幼儿进行必要的安全教育,让他们了解游戏中的安全注意事项和自我保护方法。同时,告知幼儿遵守游戏规则和听从教师指导的重要性。

2. 合理设计游戏

根据幼儿的身体发育特点和兴趣爱好设计合适的舞蹈游戏。避免引入过于复杂或高难度的动作,确保游戏的趣味性和安全性相结合。

3.强化安全管理

建立健全的安全管理制度和应急预案,确保在游戏过程中能够及时应对突发情况。同时,加强对游戏场地的日常维护和检查,确保场地和设备的安全可靠。

4.家园共育

与家长保持密切沟通,共同关注幼儿在游戏中的表现和安全状况。鼓励家长在家中为幼儿提供安全的游戏环境,促进幼儿在游戏中的全面发展。

总之,游戏元素在幼儿舞蹈教学中的安全风险不容忽视。为了确保幼儿的人身安全和舞蹈教学的顺利进行,教师需要对游戏元素的安全风险进行全面识别和分析,并采取有效的应对策略来降低风险。同时,教师还需要加强安全教育和管理,提高幼儿的安全意识和自我保护能力。只有这样,教师才能真正实现游戏元素与幼儿舞蹈教学的良性互动,为幼儿的健康成长和全面发展创造有利条件。

二、游戏元素使用中的注意事项

在幼儿舞蹈教学中,游戏元素的引入不仅能增强幼儿的参与感,激发他们的学习兴趣,还有助于提升舞蹈教学效果。然而,游戏元素的运用并非毫无风险,为了确保幼儿在学习舞蹈技能的同时也能够享受到安全、愉快的学习环境,教师在使用游戏元素时应当注意以下几个方面。

(一)游戏元素的选择与适应性

在选择游戏元素时,教师应充分考虑幼儿的年龄、身体发育状况以及心理特点。游戏元素应当与教学内容紧密相连,能够辅助幼儿理解和掌握舞蹈动作。同时,游戏元素应具有趣味性,能够吸引幼儿的注意力,使他们在愉快的氛围中学习舞蹈。

此外,教师还应对游戏元素进行适当的调整和优化,以适应不同幼儿的需求。对于年龄较小、身体协调性较差的幼儿,可以选择简单易懂、动作幅度较小的游戏;对于年龄较大、身体协调性较好的幼儿,则可以选择更具挑战性和趣味性的游戏。

(二)游戏规则的明确与讲解

在游戏元素的使用过程中,教师应确保游戏规则的明确性和易理解性。在游戏开始前，教师应详细讲解游戏规则，使每个幼儿都能够明确了解自己在游戏中的角色和任务。同时，教师还应对游戏规则进行适当的示范，以帮助幼儿更好地理解和遵守。

在游戏过程中，教师应密切关注幼儿的表现和反应，及时纠正幼儿在游戏中出现的错误或违规行为。此外，教师还应根据幼儿的实际表现和游戏进程，对游戏规则进行适时的调整和优化，以确保游戏的顺利进行和幼儿的积极参与。

（三）游戏过程中的安全监控

在游戏元素的使用过程中，教师应始终保持对幼儿安全的关注。在游戏开始前，教师应对游戏场地进行全面检查，确保场地安全、整洁、无障碍物。同时，教师还应对游戏设备进行认真检查和维护，确保其安全可靠。

在游戏过程中，教师应密切关注幼儿的身体状况和运动表现，及时发现并纠正可能存在的安全隐患。对于存在安全风险的动作或游戏环节，教师应及时进行调整或替换，以确保幼儿的安全。此外，教师还应教育幼儿在游戏中注意自我保护，避免发生意外。

（四）游戏元素的适度与平衡

虽然游戏元素在幼儿舞蹈教学中具有积极作用，但教师在使用过程中应注意适度原则。过多或过于复杂的游戏元素可能导致幼儿分散注意力，影响舞蹈学习效果。因此，教师应根据教学内容和幼儿的实际需求，合理安排游戏元素的使用频率和时长。

同时，教师还应注意游戏元素与舞蹈教学的平衡。游戏元素应服务于舞蹈教学，而不是取代舞蹈教学。在游戏过程中，教师应引导幼儿将注意力集中在舞蹈动作的学习和实践上，确保游戏元素与舞蹈教学的有机结合。

（五）教师的专业素养与应变能力

教师在使用游戏元素进行幼儿舞蹈教学时，应具备专业素养和应变能力。教师应熟悉幼儿舞蹈教学的理论和实践，能够科学合理地设计游戏元素和教学活动。同时，教师还应具备敏锐的观察力和判断力，能够及时发现并处理游戏中可能出现的安全问题。

此外，教师还应具备良好的应变能力。在游戏过程中，可能会出现一些意想不到的情况或突发事件。在这种情况下，教师应保持冷静、果断处理，确保幼儿的安全和舞蹈教学的顺利进行。

（六）家长沟通与家园共育

在使用游戏元素进行幼儿舞蹈教学时，教师应与家长保持密切沟通。教师应向家长介绍游戏元素在舞蹈教学中的作用和意义，使家长能够理解和支持教学工作。同时，教师还应鼓励家长在家中为幼儿提供安全的游戏环境，与幼儿一起进行舞蹈游戏和活动，促进幼儿在游戏中的全面发展。

总之，在使用游戏元素进行幼儿舞蹈教学时，教师应注意游戏元素的选择与适应性、游戏规则的明确与讲解、游戏过程中的安全监控、游戏元素的适度与平衡、教师的专业素养与应变能力以及家长沟通与家园共育等方面。只有这样，才能确保幼儿在游戏元素的使用中能够享受到安全、愉快的学习环境，促进他们的身心健康和全面发展。

第二节 游戏元素在幼儿舞蹈教学中的安全保障措施

一、安全设施与环境建设

在幼儿舞蹈教学中融入游戏元素，不仅能够激发幼儿的学习兴趣，还能在玩乐中锻炼他们的身体协调性和舞蹈技巧。然而，为了确保游戏元素在舞蹈教学中的安全使用，教师必须重视安全设施与环境建设。下面将详细探讨如何在幼儿舞蹈教学中实施有效的安全保障措施。

（一）安全设施的配置

1. 防滑地面处理

舞蹈教室的地面应选用防滑、耐磨、具有一定弹性的材料，如木地板或专用舞蹈地胶，以降低幼儿在舞蹈过程中因滑倒而受伤的风险。

2. 防护器材的配备

在舞蹈教室的角落或容易发生碰撞的地方，可以安装软包护角或护墙板，以减小幼儿在跌倒或碰撞时的冲击力。此外，还应准备急救箱，内含常用的急救药品和器材，以便在意外发生时及时处理。

3. 照明与通风设施

舞蹈教室应有良好的照明和通风设施，确保室内光线充足、空气流通，避免因光线不足或空气污浊而引发安全问题。

（二）环境建设的考虑

1. 空间布局

舞蹈教室的空间布局应合理，避免过于拥挤或存在死角。在摆放舞蹈器械或道具时，要确保它们之间保持一定的安全距离，以便幼儿在活动时不会相互碰撞。

2. 温度与湿度控制

为了维护幼儿的身体健康和舒适度，舞蹈教室的温度和湿度应控制在适宜范围内。在高温或高湿环境下进行舞蹈活动，可能导致幼儿中暑或身体不适。

3. 装饰与色彩

舞蹈教室的装饰和色彩选择应以温馨、舒适为主，避免使用过于刺眼或刺激性的颜色和图案。柔和的色彩和温馨的装饰有助于营造轻松愉快的舞蹈氛围，减少幼儿的紧张感和焦虑情绪。

（三）安全规则的制定与执行

1. 着装要求

在舞蹈教学中，教师应明确要求幼儿穿着宽松、舒适、便于活动的服装和鞋子。避免穿着过于紧身或带有硬物的衣物，以减少在舞蹈过程中因衣物摩擦或碰撞而导致的伤害。

2. 热身与拉伸

在开始舞蹈活动前，教师应组织幼儿进行充分的热身和拉伸运动，以预防因肌肉僵硬或准备不足而导致的运动损伤。

3. 游戏规则的讲解与示范

在游戏元素的使用过程中，教师应详细讲解游戏规则，并通过示范让幼儿明确了解如何安全地进行游戏。同时，教师还应在游戏过程中密切关注幼儿的表现和反应，及时纠正可能存在的安全隐患。

（四）教师的专业素养与培训

1. 安全意识的培养

教师应具备高度的安全意识，始终将幼儿的安全放在首位。在日常教学中，教师应不断提醒幼儿注意安全，教育他们遵守安全规则，培养他们的自我保护意识。

2. 紧急处理能力的培训

幼儿园应定期组织教师进行紧急处理能力的培训，包括学习基本的急救知识和技能，如心肺复苏、止血包扎等。以便在意外发生时，教师能够迅速、有效地进行处理，最大限度地保障幼儿的安全。

（五）家园共育与家长沟通

1. 安全教育的重要性

幼儿园应通过家长会、家园联系栏等，向家长宣传安全教育的重要性，引导家长在家中也为幼儿提供安全的游戏环境，共同促进幼儿的安全意识培养。

2. 家长参与安全设施与环境建设

幼儿园可以邀请家长参与安全设施与环境建设的讨论和规划，充分利用家长的资源和智慧，共同为幼儿打造一个安全、舒适、有趣的舞蹈学习环境。

综上所述，游戏元素在幼儿舞蹈教学中的安全保障措施涉及多个方面，包括安全设施的配置、环境建设的考虑、安全规则的制定与执行、教师的专业素养与培训以及家园共育与家长沟通等。只有全面考虑并落实这些措施，才能确保幼儿在游戏元素的使用中享受到安全、愉快的学习环境，促进他们的身心健康和全面发展。

二、教学人员培训与素质提升

在幼儿舞蹈教学中融入游戏元素，对于激发幼儿的学习兴趣和促进他们的身心健康发展具有重要意义。然而，为了确保游戏元素在舞蹈教学中的安全使用，教学人员的培训与素质提升显得尤为重要。下文将详细探讨如何通过培训与素质提升来保障幼儿舞蹈教学中游戏元素的安全使用。

（一）安全意识的培养

1. 认识安全的重要性

教学人员应深刻认识到安全在幼儿舞蹈教学中的重要性。安全不仅关系到幼儿的身体健康，更是他们心理安全的基础。因此，教学人员应时刻保持警惕，确保每一项游戏元素都能在安全的前提下进行。

2. 学习安全知识

教学人员需要不断学习安全知识，了解各种潜在的安全隐患和应对措施。例如，学习如何正确使用舞蹈器械、如何预防幼儿跌倒受伤、如何处理突发状况等。

（二）专业技能的提升

1. 舞蹈技能的精进

作为幼儿舞蹈教师，首先需要具备扎实的舞蹈基础。通过参加专业培训、与同行交流、定期自我练习等方式，不断提升自己的舞蹈技能，以更好地教授幼儿。

2. 游戏设计能力的提升

将游戏元素融入舞蹈教学中，需要教师具备创新的游戏设计能力。教学人员可以通过参加创意培训、阅读相关书籍、观摩其他课程等方式，提升自己的游戏设计能力，创造出既有趣又安全的舞蹈游戏。

（三）应急处理能力的培训

1. 学习基本急救知识

教学人员应学习基本的急救知识，如心肺复苏、止血包扎等。在幼儿舞蹈教学中，意外情况难以完全避免，掌握基本的急救知识可以在关键时刻挽救幼儿的生命。

2. 模拟演练

除了学习理论知识外，教学人员还应参加模拟演练，通过实践来提升自己的应急处理能力。模拟演练可以帮助教师熟悉突发状况的处理流程，提高他们在真实场景中的应对能力。

（四）教学方法的改进与创新

1. 采用多元化的教学方法

针对不同年龄和性格的幼儿，教学人员应采用多元化的教学方法。例如，对于年龄较小的幼儿，可以采用更加直观、形象的教学方式；对于性格内向的幼儿，可以采用鼓励、引导的教学方式。

2. 创新教学方式

随着教育理念的不断更新和教学方法的不断创新，教学人员也应不断尝试新的教学方式。例如，可以利用现代科技手段如 VR、AR 等技术来辅助教学，提高幼儿的学习兴趣和参与度。

（五）沟通与协作能力的提升

1. 与幼儿建立良好关系

教学人员应与幼儿建立良好的关系，了解他们的需求和喜好。通过与幼儿的沟通互动，教师可以更好地把握课堂氛围，确保游戏元素在舞蹈教学中的安全使用。

2. 与其他教师协作

在教学过程中，教学人员应与其他教师保持密切的协作关系。通过互相学习、分享经验、共同解决问题等方式，提升整个教学团队的专业素质和安全意识。

（六）持续学习与自我提升

1. 关注最新教育理念

教育理念的不断更新和发展为教学人员提供了更多的教学思路和方法。教学人员应关注最新的教育理念和研究成果，将它们融入自己的教学中去。

2. 定期参加专业培训

教学人员应定期参加专业培训和学习活动，了解最新的教学方法和技术手段。通过参加培训和学习活动，教学人员可以不断提升自己的专业素养和安全意识。

综上所述，游戏元素在幼儿舞蹈教学中安全保障措施的实施需要教学人员具备高度的安全意识、扎实的专业技能、良好的应急处理能力、创新的教学方法以及优秀的沟通与协作能力。通过培训与素质提升，教学人员可以更好地保障游戏元素在幼儿舞蹈教学中的安全使用，为幼儿的身心健康发展提供有力保障。同时，教学人员也应保持持续学习和自我提升的态度，不断提高自己的专业素养和安全意识，为幼儿的舞蹈学习创造更加安全、有趣的环境。

三、安全管理与监督

在幼儿舞蹈教学中，游戏元素的融入为教学活动增添了趣味性，有效激发了幼儿的学习兴趣和积极性。然而，随着游戏元素的增加，安全问题也日益凸显。为了确保幼儿舞蹈教学中游戏元素的安全使用，有效的安全管理与监督措施变得至关重要。下文将从安全管理与监督的角度，探讨如何在幼儿舞蹈教学中保障游戏元素的安全使用。

（一）制定安全管理制度

建立明确的安全管理制度是确保游戏元素安全使用的基石。这些制度应包括教学设备的使用规范、游戏规则的设定、幼儿行为的指导原则等。制度应明确每个教学人员的职责，确保每个人在教学活动中都能遵守安全规范。同时，制度还应鼓励教师之间的沟通与协作，共同营造一个安全的舞蹈教学环境。

（二）强化安全设施

完善的教学设施是保障幼儿安全的基础。教学场所应配置防滑、防撞等安全设施，确保幼儿在舞蹈游戏中不会因意外摔倒或碰撞而受伤。同时，舞蹈器械的选择也应符合安全标准，确保器械的稳固性和适用性。此外，教学场所还应设置急救箱、灭火器等应急设施，以便在紧急情况下能够迅速采取应对措施。

（三）加强日常监管

为了确保安全管理制度的有效执行，日常监管是必不可少的。教学管理人员应定期对教学场所进行检查，确保安全设施的完好有效。同时，他们还应对教师的教学活动进行监督，确保教师在教授舞蹈技能的同时，也关注幼儿的安全。此外，教学管理人员还应定期与教师进行沟通，了解教学中存在的问题和困难，及时采取措施加以解决。

（四）开展安全检查与教育

为了增强教学人员的安全意识，定期开展安全检查与教育是非常必要的。这包括对教学场所的安全设施进行检查、对教师的教学方法进行评估以及对幼儿的安全意识进行培养。通过这些活动，教学人员可以及时发现潜在的安全隐患，学习并掌握正确的安全操作方法，从而提高整个教学团队的安全意识和应对能力。

（五）建立安全事故处理机制

尽管教师希望通过严格的安全管理与监督来避免安全事故的发生，但事故仍有可能发生。因此，建立一套完善的安全事故处理机制至关重要。这一机制应包括事故的报告、调查、处理和改进等环节。一旦发生安全事故，教师应立即采取措施保护幼儿的安全，并及时上报管理人员。管理人员应迅速组织调查，查明事故原因，并采取有效措施防止类似事故的再次发生。同时，还应对事故处理过程和结果进行总结，以便为今后的安全管理与监督工作提供经验和教训。

（六）加强与家长的沟通与协作

家长是幼儿成长过程中的重要参与者，加强与家长的沟通与协作也是确保幼儿舞蹈教学安全的重要环节。教师应定期与家长进行沟通，告知他们教学中涉及的游戏元素和安全保障措施。同时，还应鼓励家长参与到幼儿的舞蹈学习中来，共同关注幼儿的安全问题。家长的支持与配合将有助于提高幼儿的安全意识，减

第九章　游戏元素在幼儿舞蹈教学中的安全保障

少安全事故的发生。

综上所述，游戏元素在幼儿舞蹈教学中的安全保障措施需要教师从安全管理与监督的角度出发，制定完善的安全管理制度、强化安全设施、加强日常监管、开展安全检查与教育、建立安全事故处理机制以及加强与家长的沟通与协作。通过这些措施的实施，教师可以有效地保障游戏元素在幼儿舞蹈教学中的安全使用，为幼儿的健康成长提供有力保障。同时，教师还应不断总结经验教训，持续改进和完善安全管理与监督工作，确保幼儿舞蹈教学的安全顺利进行。

第十章　游戏元素在幼儿舞蹈教学中的教学资源开发与利用

第一节　游戏元素在幼儿舞蹈教学资源中的应用

一、游戏元素与舞蹈教学资源的融合

（一）游戏化教材与教具的开发

舞蹈作为一种独特的艺术形式，对于培养个体的身体协调性、节奏感和创造力具有不可替代的作用。然而，传统的舞蹈教学方式往往注重技能的传授，忽视了学习过程中的趣味性，导致学习者在学习过程中可能产生抵触情绪，影响了教学效果。近年来，随着游戏产业的飞速发展，游戏化教育逐渐成为新的教育趋势。下文将探讨如何将游戏元素与舞蹈教学资源相融合，开发游戏化教材和教具，以提升舞蹈教学的趣味性和效果。

1. 游戏元素在舞蹈教学中的作用

游戏元素具有互动性、趣味性和挑战性等特点，这些特点使得游戏元素在舞蹈教学中具有独特的作用。首先，游戏元素能够激发学习者的学习兴趣和动力，使他们在轻松愉快的氛围中学习舞蹈技能。其次，游戏元素能够促进学习者的身体协调性和反应能力的提升，通过游戏中的各种动作和节奏训练，学习者能够更好地掌握舞蹈技巧。最后，游戏元素还能够培养学习者的团队合作和沟通能力，通过多人协作完成游戏任务，学习者能够学会与他人配合，共同完成舞蹈表演。

2. 游戏化教材的开发策略

（1）结合舞蹈特点设计游戏任务。在开发游戏化教材时，应根据舞蹈的特点

第十章　游戏元素在幼儿舞蹈教学中的教学资源开发与利用

设计游戏任务。例如，可以设计一些与舞蹈动作相关的任务，让学习者在游戏中模仿和练习舞蹈动作；或者设计一些与舞蹈节奏相关的任务，让学习者在游戏中感受和理解音乐的节奏变化。

（2）注重游戏的趣味性和挑战性。游戏化教材应该具有趣味性和挑战性，以吸引学习者的注意力并激发他们的学习兴趣。可以通过设计丰富多样的游戏场景、设置不同难度的挑战关卡、引入竞争和奖励机制等方式来增加游戏的趣味性和挑战性。

（3）融合多媒体元素丰富教材内容。在开发游戏化教材时，可以融合多媒体元素来丰富教材内容。例如，可以添加动画、音效、视频等多媒体元素来增强学习者的沉浸感和体验感；或者利用虚拟现实技术为学习者创造身临其境的舞蹈学习环境。

3. 游戏化教具的开发策略

（1）设计互动性强的教具。游戏化教具应该具有互动性强的特点，能够让学习者在操作过程中与教具进行互动，从而加深对舞蹈技能的理解和掌握。例如，可以设计一些带有传感器的舞蹈道具，让学习者在舞动时与道具进行互动，通过道具的反馈来感知自己的动作和节奏。

（2）结合舞蹈动作开发教具功能。游戏化教具的开发应该紧密结合舞蹈动作的特点和功能。可以设计一些专门用于练习特定舞蹈动作的教具，如练习平衡、柔韧度、协调性等方面的教具；或者设计一些能够模拟舞蹈表演场景的教具，如模拟舞台、灯光、音效等。

（3）注重教具的便携性和安全性。在开发游戏化教具时，还需要注重教具的便携性和安全性。教具应该方便携带和存储，方便学习者在任何时间和地点进行学习和练习；同时，教具的设计也应该符合安全标准，确保学习者在使用过程中不会受到伤害。

4. 实施策略的挑战与解决方案

在实施游戏元素与舞蹈教学资源融合的策略时，可能会面临一些挑战，如如何平衡游戏的趣味性和教育性、如何确保教具的实用性和安全性等。针对这些挑战，可以采取以下解决方案：

（1）进行深入研究与试验。在开发游戏化教材和教具之前，需要进行深入的研究和试验，了解学习者的需求和特点，以及舞蹈教学的规律和特点。通过不断的试验和改进，确保游戏元素和舞蹈教学资源的融合能够达到最佳效果。

（2）加强教师培训和技术支持。为了顺利实施游戏化教材和教具的应用，需要加强教师培训和技术支持。通过培训和技术支持，让教师了解游戏化教学和教具的应用方法和注意事项，提升他们的应用能力和教学效果。

（3）建立反馈机制持续优化改进。在实施过程中，需要建立反馈机制，及时收集学习者的反馈意见和建议，对教材和教具进行持续优化和改进。通过不断的改进和优化，确保游戏元素与舞蹈教学资源的融合能够更好地服务于学习者的学习和发展。

通过将游戏元素与舞蹈教学资源相融合，开发游戏化教材和教具，可以显著提升舞蹈教学的趣味性和效果。未来，随着游戏化教育的不断深入和发展，相信会有更多的教育者和研究者关注游戏元素与其他学科领域的融合应用，推动游戏化教育在更广泛的领域发挥重要作用。

（二）游戏化舞蹈动作的设计

舞蹈，作为一种古老而充满活力的艺术形式，一直以来都在寻求与时俱进的教学方法。随着科技的进步和游戏产业的蓬勃发展，游戏元素逐渐渗透到教育领域，为舞蹈教学带来了新的可能性。下文将深入探讨如何将游戏元素与舞蹈教学资源相结合，设计富有创意和趣味性的游戏化舞蹈动作，以提升舞蹈教学的吸引力和效果。

1. 游戏化舞蹈动作设计的原则

（1）趣味性原则：游戏化舞蹈动作的设计应首先考虑其趣味性，确保动作能够吸引学习者的注意力，激发他们的学习兴趣。通过引入游戏元素，如角色扮演、故事情节、挑战任务等，舞蹈动作变得更加生动有趣。

（2）适应性原则：游戏化舞蹈动作的设计应考虑到不同学习者的年龄、性别、体能等个体差异，确保动作的难易程度适中，能够满足大多数学习者的需求。同时，还应考虑动作的多样性，以满足不同风格和流派的舞蹈教学需要。

（3）互动性原则：游戏化舞蹈动作的设计应注重互动性，鼓励学习者之间的合作与交流。通过设计需要多人协作完成的动作，促进学习者之间的团队精神和沟通能力。

（4）创新性原则：游戏化舞蹈动作的设计应追求创新，打破传统舞蹈动作的束缚，尝试将现代科技、流行文化等元素融入其中。通过创新性的设计，舞蹈动作更加时尚、新颖，更具吸引力。

2. 游戏化舞蹈动作设计的具体策略

（1）结合游戏元素设计舞蹈动作：在设计舞蹈动作时，可以借鉴游戏中的元素和机制。例如，将舞蹈动作设计成类似游戏中的任务挑战，让学习者在完成任务的过程中学习和掌握舞蹈技巧。或者将舞蹈动作与游戏中的角色、装备等相结合，为学习者提供更加丰富和有趣的舞蹈体验。

（2）运用科技手段辅助舞蹈教学：利用现代科技手段，如虚拟现实（VR）、增强现实（AR）等，为舞蹈教学提供更加真实、立体的学习环境。通过模拟游戏化的舞蹈场景和角色互动，学习者沉浸在舞蹈的世界中，感受舞蹈的魅力和乐趣。

（3）引入竞争和奖励机制：在舞蹈教学中引入竞争和奖励机制，可以激发学习者的学习动力和积极性。例如，可以设计舞蹈比赛、挑战赛等活动，让学习者在竞争中展示自己的舞蹈才华；同时，设立奖励制度，对表现优秀的学习者给予奖励和认可，进一步激发他们的学习热情。

（4）注重舞蹈动作的层次性和递进性：在设计游戏化舞蹈动作时，应注重动作的层次性和递进性。设计不同难度级别的动作，让学习者逐步掌握舞蹈技巧；同时，确保动作之间的衔接自然流畅，使学习者能够在不断挑战中提升自己的舞蹈水平。

3. 游戏化舞蹈动作设计的实施步骤

（1）明确教学目标和内容：在设计游戏化舞蹈动作之前，首先要明确教学目标和内容。根据学习者的需求和教学目标，选择合适的舞蹈动作和游戏元素进行融合。

（2）设计舞蹈动作和游戏元素：结合教学目标和内容，设计富有创意和趣味性的舞蹈动作和游戏元素。确保动作与游戏元素之间的融合自然流畅，能够吸引学习者的注意力。

（3）制订教学计划和进度：根据设计好的舞蹈动作和游戏元素，制订详细的教学计划和进度。确保每个动作的教学都有明确的步骤和方法，以便学习者能够逐步掌握舞蹈技巧。

（4）实施教学并进行评估：在教学过程中，密切关注学习者的反馈和表现，及时调整教学策略和方法。同时，对学习者的学习成果进行评估和反馈，以便他们能够更好地了解自己的舞蹈水平和需要改进的地方。

虽然游戏化舞蹈动作的设计为舞蹈教学带来了新的可能性，但在实施过程中也面临一些挑战。例如，如何平衡游戏的趣味性和教育性、如何确保动作的安全性和规范性等。未来，随着科技的不断发展和教育理念的更新，游戏化舞蹈动作的设计将更加成熟和完善。笔者期待看到更多富有创意和趣味性的游戏化舞蹈动作的出现，为舞蹈教学注入新的活力和魅力。

综上所述，游戏元素与舞蹈教学资源的融合为舞蹈教学带来了新的发展机遇。设计富有创意和趣味性的游戏化舞蹈动作可以吸引更多学习者参与舞蹈学习，提升他们的学习兴趣和效果。同时，教师也应关注实施过程中可能面临的挑战和问题，不断探索和创新，推动游戏化舞蹈动作设计的持续发展。

二、游戏元素在舞蹈课堂中的应用实例

（一）互动游戏促进舞蹈技巧学习

在舞蹈课堂中，传统的教学模式往往侧重于技巧传授和重复练习，但对于许多学习者来说，这样的学习方式可能会显得单调乏味。为了增强舞蹈课堂的吸引力和参与度，教育者开始尝试将游戏元素融入舞蹈教学中。下文将通过具体的应用实例，探讨如何运用互动游戏来促进舞蹈技巧的学习。

1. 互动游戏在舞蹈技巧学习中的作用

（1）增强学习动机：游戏化的学习环境能够激发学习者的好奇心和求知欲，使他们更加积极地投入舞蹈技巧的学习中。通过游戏化的互动，学习者可以在轻松愉快的氛围中掌握舞蹈技巧，从而提高学习效果。

（2）提高身体协调性：舞蹈是一项需要高度身体协调性的艺术活动。互动游

戏通过设计各种有趣的动作和挑战任务，可以帮助学习者锻炼身体的协调性和灵活性，为舞蹈技巧的学习打下良好的基础。

（3）促进团队合作与交流：许多互动游戏需要学习者之间的合作与配合。在这样的游戏环境中，学习者可以学会如何与他人协同工作，培养团队精神和沟通能力。这对于舞蹈表演中的团队合作具有重要意义。

2. 互动游戏在舞蹈课堂中的应用实例

（1）舞蹈节奏游戏：节奏是舞蹈的重要组成部分。为了帮助学生更好地掌握舞蹈节奏，教师可以设计一款舞蹈节奏游戏。在游戏中，学生需要根据音乐的节奏做出相应的舞蹈动作，通过不断练习来提高自己的节奏感。这样的游戏不仅可以让学生在游戏中学习舞蹈技巧，还可以培养他们的音乐感知能力。

（2）舞蹈接龙游戏：为了锻炼学生的身体协调性和舞蹈动作的连贯性，教师可以组织一场舞蹈接龙游戏。在游戏中，每个学生依次完成一个舞蹈动作，下一个学生需要接上前一个学生的动作并继续完成下一个动作。通过这样的游戏，学生可以在轻松愉快的氛围中锻炼自己的舞蹈技巧，并培养自己的创造力和想象力。

（3）舞蹈角色扮演游戏：为了让学生更好地理解舞蹈背后的故事和情感表达，教师可以设计一款舞蹈角色扮演游戏。在游戏中，学生需要扮演不同的角色，并根据角色的性格和情感来演绎相应的舞蹈动作。通过这样的游戏，学生不仅可以学习舞蹈技巧，还可以培养自己的表演能力和情感表达能力。

（4）舞蹈竞技游戏：为了激发学生的竞争精神和团队合作精神，教师可以组织一场舞蹈竞技游戏。在游戏中，学生需要分成不同的小组，每个小组需要完成一段舞蹈表演。通过比较不同小组的表演水平和创意程度来评选出优胜者。这样的游戏不仅可以让学生学习到舞蹈技巧，还可以培养他们的团队合作精神和竞争意识。

3. 实施策略与注意事项

（1）明确教学目标：在应用互动游戏促进舞蹈技巧学习的过程中，教师应明确教学目标和教学内容，确保游戏的设计能够有效地促进目标的实现。

（2）适度融合游戏元素：虽然游戏元素可以增强舞蹈课堂的吸引力，但教师也需要注意不要过度依赖游戏而忽视舞蹈技巧的学习。游戏元素应该作为辅助手段，而非主导因素。

（3）确保安全环境：在舞蹈游戏中，学生可能会做一些较为激烈的动作。教师应确保教学环境的安全，避免意外事故的发生。

（4）及时评价与反馈：在游戏结束后，教师应及时对学生的表现进行评价和反馈，指出他们在舞蹈技巧上的优点和不足，并给出相应的建议和指导。

随着科技的进步和教育理念的创新，互动游戏在舞蹈课堂中的应用将更加广泛和深入。未来，教师可以期待更多富有创意和趣味性的舞蹈游戏的出现，为舞蹈教学带来更多的可能性。然而，在应用互动游戏促进舞蹈技巧学习的过程中，教师也面临着一些挑战。例如，如何设计既有趣味性又具有教育性的游戏、如何平衡游戏与学习的关系、如何确保游戏的安全性等。因此，教师需要不断地探索和创新，以推动互动游戏在舞蹈课堂中的更好应用。

综上所述，互动游戏在舞蹈课堂中的应用是一种有效的教学方法，能够增强学习者的学习动机、提高身体协调性和促进团队合作与交流。通过具体的应用实例和实施策略，教师可以更好地理解互动游戏在舞蹈技巧学习中的作用。同时，教师也应关注未来的发展前景和挑战，不断创新和完善教学方法，为舞蹈教学注入新的活力和魅力。

（二）角色扮演游戏在舞蹈表现中的应用

舞蹈作为一种表现艺术，不仅需要舞者具备精湛的舞蹈技巧，还需要他们能够通过舞蹈动作、表情和姿态来传达情感、塑造角色。在舞蹈教学中，传统的教学方法往往侧重于舞蹈动作的教授和练习，忽视了舞蹈表现力的培养。为了弥补这一不足，越来越多的舞蹈教育者开始尝试将角色扮演游戏融入舞蹈课堂，通过让学习者扮演特定的角色来激发他们的表演欲望，提高舞蹈表现力。下文将通过具体的应用实例，探讨角色扮演游戏在舞蹈表现中的应用及其效果。

1. 角色扮演游戏在舞蹈表现中的作用

（1）激发学习者的表演欲望：通过扮演不同的角色，学习者需要深入理解和感受角色的内心世界，这能够激发学习者的表演欲望和创造力，使他们在舞蹈中更加投入和真实。

（2）增强舞蹈的情感表达：角色扮演游戏要求学习者根据角色的性格、情感

第十章　游戏元素在幼儿舞蹈教学中的教学资源开发与利用

和经历来编排和演绎舞蹈，这有助于增强舞蹈的情感表达，使观众能够更深入地理解和感受舞蹈所传达的情感。

（3）培养学习者的想象力与创造力：在角色扮演的过程中，学习者需要发挥自己的想象力和创造力来塑造角色、设计舞蹈动作和编排舞蹈，这有助于培养他们的创新思维和艺术表现力。

2. 角色扮演游戏在舞蹈课堂中的应用实例

（1）故事性舞蹈角色扮演：教师可以选择一个具有故事情节的舞蹈作品，如芭蕾舞剧《天鹅湖》或现代舞剧《春之祭》，然后让学习者分别扮演作品中的不同角色。在学习者理解角色性格、情感和动作要求的基础上，他们需要通过舞蹈来展现角色的内心世界和故事情节。这样的角色扮演游戏不仅能够提高学习者的舞蹈技巧，还能够培养他们的表演能力和情感表达能力。

例如，在《天鹅湖》中，学习者可以扮演白天鹅奥杰塔、黑天鹅奥吉莉亚、王子齐格费里德等角色。他们需要通过舞蹈动作、表情和姿态来展现角色的性格特点，如白天鹅的纯洁与高雅、黑天鹅的邪恶与诱惑等。同时，他们还需要根据故事情节的发展来编排和演绎舞蹈，如奥杰塔与王子之间的爱情纠葛、奥吉莉亚对王子的诱惑等。这样的角色扮演游戏能够让学习者更深入地理解和感受角色的内心世界，提高他们的舞蹈表现力和情感表达能力。

（2）即兴舞蹈角色扮演：教师可以为学习者设定一个场景或情境，然后让学习者在没有任何预设动作和情节的情况下，通过即兴舞蹈来扮演角色、展现情感和故事。这样的角色扮演游戏能够激发学习者的创造力和想象力，使他们在舞蹈中更加自由和灵活。

例如，教师可以设定一个"雨中相遇"的场景，让学习者分别扮演行人和撑伞者两个角色。在没有任何预设动作和情节的情况下，学习者需要通过即兴舞蹈来展现雨中相遇的情感和故事。行人可能会表现出急切赶路的神态，而撑伞者可能会主动为行人撑起雨伞，展现出一种关爱与帮助的情感。这样的即兴舞蹈角色扮演能够让学习者在舞蹈中更加自由和灵活地表达自己的情感和想法，提高他们的创造力和想象力。

（3）多元文化舞蹈角色扮演：教师可以引入不同文化背景的舞蹈作品，让学习者扮演来自不同文化背景的角色，通过舞蹈来展现不同文化的魅力和特色。这样的角色扮演游戏不仅能够拓宽学习者的文化视野，还能够培养他们的跨文化交流能力。

例如，教师可以引入印度的舞蹈作品，让学习者扮演印度舞者。通过学习和演绎印度舞蹈的动作和姿态，学习者可以深入了解印度文化的特点和魅力。同时，他们还可以通过舞蹈来展现印度文化的独特之处，如手势、表情和服饰等。这样的多元文化舞蹈角色扮演能够让学习者更加全面地了解和欣赏不同文化的舞蹈艺术，提高他们的跨文化交流能力。

3. 实施策略与注意事项

（1）明确教学目标和内容：在应用角色扮演游戏促进舞蹈表现力的过程中，教师应明确教学目标和内容，确保游戏的设计能够有效地促进目标的实现。同时，教师还需要根据学习者的实际情况和舞蹈作品的特点来选择合适的角色扮演游戏类型和角色分配方式。

（2）注重角色塑造与情感表达：在角色扮演游戏中，教师应注重学习者对角色的塑造和情感的表达。他们可以通过讲解、示范和引导等方式来帮助学习者更好地理解和展现角色的内心世界和情感特点。同时，教师还应鼓励学习者在舞蹈中发挥自己的想象力和创造力，使他们的表演更加生动和有趣。

（3）创造安全积极的学习氛围：在角色扮演游戏中，学习者可能会因为担心自己的表现而感到紧张或焦虑。因此，教师应创造一个安全积极的学习氛围，鼓励学习者大胆尝试和表现自己。同时，教师还应及时给予学习者正面的反馈和建议，帮助他们建立自信心和提高舞蹈表现力。

随着教育理念的不断创新和舞蹈艺术的不断发展，角色扮演游戏在舞蹈课堂中的应用将更加广泛和深入。未来，教师可以期待更多富有创意和趣味性的角色扮演游戏的出现，为舞蹈教学带来更多的可能性。然而，在应用角色扮演游戏促进舞蹈表现力的过程中，教师也面临着一些挑战。

第二节 游戏元素在幼儿舞蹈教学资源开发中的原则与步骤

一、教学资源开发的原则与框架

舞蹈作为一种古老的艺术形式,能够激发幼儿的创造力、协调性和音乐感。随着教育理念的更新,将游戏元素融入幼儿舞蹈教学已成为一种趋势。游戏元素不仅能够提高幼儿的学习兴趣,还能帮助他们在轻松愉快的氛围中掌握舞蹈技巧。下文将探讨游戏元素在幼儿舞蹈教学资源开发中的原则与框架,以期为教育工作者提供有益的参考。

(一)幼儿舞蹈教学资源开发的重要性

幼儿期是身心发展的关键时期,舞蹈教学对于培养幼儿的节奏感、协调性、创造力和表达能力具有重要作用。在这个阶段,将游戏元素融入舞蹈教学,不仅能让幼儿在快乐的氛围中学习舞蹈,还能激发他们的想象力和创造力,为他们的全面发展打下坚实基础。

(二)游戏元素在幼儿舞蹈教学资源开发中的原则

1. 适龄性原则

游戏的设计应符合幼儿的年龄特点和认知水平,确保幼儿能够理解和参与。

2. 趣味性原则

游戏应具有趣味性,能够吸引幼儿的注意力,激发他们的学习兴趣。

3. 教育性原则

游戏应具有一定的教育价值,能够帮助幼儿掌握舞蹈技巧,提高身体协调能力。

4. 安全性原则

游戏的设计应考虑到幼儿的安全,避免可能出现的意外伤害。

5. 互动性原则

游戏应鼓励幼儿之间的互动和合作,培养他们的社交能力。

（三）游戏元素在幼儿舞蹈教学资源开发中的框架

1. 游戏类型选择

根据幼儿的年龄和兴趣，选择适合的游戏类型，如角色扮演、音乐律动、舞蹈竞赛等。

2. 游戏内容设计

结合舞蹈教学的目标和内容，设计有趣的游戏环节，使幼儿在参与游戏的过程中学习到舞蹈知识。

3. 游戏规则制定

制定清晰的游戏规则，确保幼儿能够理解并遵守，同时规则应具有灵活性，以适应不同幼儿的参与水平。

4. 游戏材料准备

根据游戏的需要，准备相应的舞蹈服装、道具、音乐等设备，以增强游戏的趣味性和教育性。

5. 游戏实施与评价

在舞蹈教学过程中实施游戏，并根据幼儿的参与度、表现和反馈进行评价，以便及时调整游戏内容和教学策略。

二、游戏元素教学资源开发的步骤

幼儿舞蹈教学是培养幼儿艺术素养和身心发展的重要手段之一。为了激发幼儿对舞蹈的兴趣，提升教学效果，将游戏元素融入幼儿舞蹈教学资源开发显得尤为重要。下文将详细介绍游戏元素在幼儿舞蹈教学资源开发中的步骤，以期为幼儿舞蹈教育工作者提供有益的参考。

（一）明确教学目标与幼儿特点

在开发幼儿舞蹈教学资源时，首先要明确教学目标，了解幼儿的发展特点和兴趣爱好。针对幼儿的身心发展水平，选择适合他们的舞蹈动作和节奏，确保教学内容既有趣又富有教育性。

（二）分析游戏元素与舞蹈教学的契合点

游戏元素与舞蹈教学之间存在天然的契合点。游戏具有趣味性、互动性和挑战性，能够吸引幼儿的注意力，激发他们的学习兴趣。因此，在开发幼儿舞蹈教学资源时，要深入分析游戏元素与舞蹈教学的契合点，找出能够相互促进的教学内容和方法。

（三）设计游戏化的舞蹈教学内容

在明确教学目标和幼儿特点的基础上，设计游戏化的舞蹈教学内容。这包括选择适合幼儿的游戏主题、设计富有挑战性的舞蹈动作、创编富有节奏感的音乐等。通过游戏化的教学内容，幼儿在参与游戏的过程中自然而然地学习到舞蹈知识和技能。

（四）制定游戏化的舞蹈教学方案

根据游戏化的舞蹈教学内容，制定详细的游戏化舞蹈教学方案。这包括教学步骤、教学方法、教学时间分配等。在教学方案中，要注重游戏元素的融入，使舞蹈教学变得生动有趣。例如，可以通过角色扮演、竞赛等形式来增加游戏的互动性和竞争性，激发幼儿的学习热情。

（五）准备舞蹈教学所需的材料与环境

在实施游戏化的舞蹈教学之前，需要准备相应的舞蹈教学材料和环境。这包括舞蹈服装、道具、音乐设备等。同时，还要确保教学环境的安全性和舒适性，以保障幼儿的身心健康。

（六）实施与调整游戏化的舞蹈教学

在实施游戏化的舞蹈教学时，要根据幼儿的反馈和表现及时调整教学策略和方法。要关注幼儿的学习过程，及时发现并解决问题。同时，还要注重与幼儿的互动和沟通，建立良好的师生关系，提升教学效果。

（七）评价与反思游戏化的舞蹈教学效果

在教学结束后，要对游戏化的舞蹈教学效果进行评价和反思。可以通过观察幼儿的表现、收集家长的反馈等方式来了解教学效果。同时，还要分析教学过程中存在的问题和不足，提出改进措施和建议，为今后的教学提供参考和借鉴。

通过以上步骤的开发与实施，游戏元素在幼儿舞蹈教学资源开发中的作用将得到充分发挥。这不仅有助于激发幼儿对舞蹈的兴趣和热情，提高他们的舞蹈技能和身体素质，还能促进他们的全面发展。展望未来，随着教育理念的不断更新和舞蹈艺术的不断发展，游戏元素在幼儿舞蹈教学资源开发中的应用将更加广泛和深入。笔者期待看到更多富有创意和趣味性的游戏元素被融入幼儿舞蹈教学中，为幼儿的成长和发展提供更多的支持和帮助。

综上所述，游戏元素在幼儿舞蹈教学资源开发中具有重要的作用。通过明确教学目标与幼儿特点、分析游戏元素与舞蹈教学的契合点、设计游戏化的舞蹈教学内容、制定游戏化的舞蹈教学方案、准备舞蹈教学所需的材料与环境、实施与调整游戏化的舞蹈教学、评价与反思游戏化的舞蹈教学效果等步骤的开发与实施，教师可以充分利用游戏元素的优势，提高幼儿舞蹈教学的效果和质量。这将有助于培养幼儿的舞蹈兴趣和技能，促进他们的身心健康发展，为他们的全面发展打下坚实的基础。

三、游戏元素教学资源开发中的技术支持

随着信息技术的飞速发展和教育领域的数字化转型，技术支持在幼儿舞蹈教学资源开发中扮演着越来越重要的角色。特别是在将游戏元素融入幼儿舞蹈教学时，技术支持更是起到了关键作用。下文将从多个方面探讨游戏元素在幼儿舞蹈教学资源开发中所需的技术支持，包括硬件和软件设施、多媒体技术的应用、交互技术的运用以及数据分析与优化等方面。

（一）硬件设施

1. 舞蹈教室建设

为了确保幼儿舞蹈教学的顺利进行，舞蹈教室应具备足够的空间、良好的通风和照明条件。此外，舞蹈教室还应配置专业的舞蹈地板，以确保幼儿在舞蹈练习中的安全与舒适。

2. 音响与灯光设备

音响设备用于播放音乐，是舞蹈教学中不可或缺的一部分。高质量的音响设备可以确保音乐的清晰度和音质，为幼儿提供最佳的听觉体验。同时，适当的灯光设备不仅可以营造舒适的舞蹈氛围，还可以在表演时增强视觉效果。

3. 投影与显示设备

利用投影设备播放舞蹈教学视频或展示舞蹈动作图解，可以帮助幼儿更直观

地学习舞蹈。大屏幕显示器则可以让全班幼儿同时观看教学内容,提高教学效率。

(二)软件设施

1. 舞蹈教学软件

专门的舞蹈教学软件可以为幼儿提供丰富的舞蹈教学资源,包括舞蹈动作示范、节奏练习、舞蹈游戏等。这类软件通常具备互动性强、操作简便等特点,能够满足幼儿的学习需求。

2. 多媒体制作工具

为了制作富有吸引力的舞蹈教学材料,教师需要掌握多媒体制作工具,如视频编辑软件、动画制作软件等。这些工具可以帮助教师将文字、图片、音频和视频等多种元素融合在一起,制作出生动有趣的教学内容。

3. 在线学习平台

借助在线学习平台,教师可以实现远程教学,为幼儿提供更为灵活的学习方式。同时,平台上的学习数据和分析功能还可以帮助教师了解幼儿的学习情况,以便及时调整教学策略。

(三)多媒体技术的应用

1. 动画与图像处理

通过动画和图像处理技术,可以将抽象的舞蹈动作变得生动直观。例如,利用动画展示舞蹈动作的分解过程,帮助幼儿更好地理解动作要领。此外,还可以利用图像处理技术为舞蹈教学材料添加特效,增强幼儿的学习兴趣。

2. 音效与配乐

音效和配乐在舞蹈教学中具有举足轻重的地位。通过添加合适的音效和配乐,可以营造出不同的舞蹈氛围,帮助幼儿更好地投入学习。同时,音效和配乐还可以作为教学反馈手段,帮助幼儿调整舞蹈节奏和动作力度。

(四)交互技术的应用

1. 触控技术

触控技术使得幼儿可以直接通过触摸屏幕进行操作和互动。在舞蹈教学中,教师可以利用触控设备设计互动游戏或练习环节,让幼儿通过触摸屏幕完成舞蹈动作的学习和实践。

2. 虚拟现实与增强现实技术

虚拟现实（VR）技术和增强现实（AR）技术可以为幼儿提供沉浸式的舞蹈学习体验。通过这些技术，幼儿仿佛置身于一个虚拟的舞蹈世界中，与虚拟角色一起跳舞、互动。这种新颖的学习方式不仅能激发幼儿的学习兴趣，还能帮助他们更好地理解和掌握舞蹈技巧。

（五）数据分析与优化

1. 学习数据分析

通过收集和分析幼儿在学习过程中产生的数据，教师可以了解幼儿的学习进度、难点和兴趣点。这些数据可以为教师提供有针对性的教学建议，帮助他们更好地指导幼儿学习舞蹈。

2. 教学优化建议

基于学习数据分析结果，教师可以调整教学策略、优化教学内容和方法。例如，针对幼儿的学习难点设计专项练习环节、根据幼儿的兴趣点选择合适的舞蹈主题等。这些优化措施有助于提升教学效果和满足幼儿的学习需求。

综上所述，技术支持在游戏元素融入幼儿舞蹈教学资源开发中发挥着关键作用。通过提供合适的硬件设施和软件设施、应用多媒体技术和交互技术以及进行数据分析和优化等措施，教师可以为幼儿创造一个更加生动、有趣且富有挑战性的舞蹈学习环境。这将有助于激发幼儿对舞蹈的兴趣和热情，提高他们的舞蹈技能和身体素质，为他们的全面发展打下坚实的基础。

第三节　游戏元素教学资源利用效果的评估和反馈

一、评估指标体系的建立

随着幼儿教育的不断发展和创新，游戏元素在幼儿舞蹈教学中的作用日益凸显。为了有效评估游戏元素在幼儿舞蹈教学中的利用效果，需要建立一套科学、合理的评估指标体系。下文将详细探讨如何构建这一评估指标体系，包括评估原则、评估内容、评估方法以及评估结果的运用等方面。

（一）评估原则

1. 科学性原则

评估指标应基于科学的教育理论和幼儿舞蹈教学特点，确保评估结果的客观性和准确性。

2. 全面性原则

评估指标应涵盖游戏元素在幼儿舞蹈教学中的各个方面，包括教学内容、教学方法、教学效果等，以全面反映游戏元素的利用效果。

3. 可操作性原则

评估指标应具有明确的操作性且可量化，便于评估人员进行实际操作和数据分析。

4. 发展性原则

评估指标应关注幼儿的全面发展，包括身体素质、舞蹈技能、情感态度等方面的提升。

（二）评估内容

1. 教学内容评估

评估游戏元素在舞蹈教学内容中的融合程度，包括游戏主题的选择、游戏情节的设计以及游戏与舞蹈动作的融合等。

2. 教学方法评估

评估游戏元素在舞蹈教学中的运用方法，包括游戏化教学策略的实施、师生互动的频率和质量及教学氛围的营造等。

3. 教学效果评估

评估游戏元素在舞蹈教学中的实际效果，包括幼儿对舞蹈技能的掌握程度、身体协调性的提高、情感表达能力的提升以及学习兴趣的激发等。

（三）评估方法

1. 观察法

通过观察幼儿在课堂上的表现，评估游戏元素在舞蹈教学中的实际运用效果。观察内容包括幼儿的参与度、互动情况、动作表现等。

2. 问卷调查法

通过向幼儿、教师及家长发放问卷，收集他们对游戏元素在舞蹈教学中利用效果的看法和评价。问卷内容应涵盖教学内容、教学方法、教学效果等方面。

3. 作品分析法

收集幼儿在舞蹈课程中的作品，如舞蹈视频、照片等，分析作品中游戏元素的应用情况以及幼儿的表现水平。

4. 测试法

通过设定一定的测试标准，对幼儿在舞蹈技能、身体协调性等方面进行测试，以量化评估游戏元素在舞蹈教学中的实际效果。

（四）评估结果的运用

1. 反馈教学

根据评估结果，及时将教学过程中的问题和不足反馈给教师，帮助他们调整教学策略和方法，提高游戏元素在舞蹈教学中的利用效果。

2. 优化课程设计

根据评估结果，对舞蹈课程的设计进行优化，包括调整游戏元素与舞蹈内容的融合方式、优化游戏化教学策略等，以提高课程的质量和吸引力。

3. 指导家长参与

向家长展示评估结果，引导家长更好地理解和支持幼儿在舞蹈学习中的游戏化学习过程，促进家园共育。

4.促进幼儿全面发展

通过科学、合理的评估指标体系,全面了解游戏元素在幼儿舞蹈教学中的利用效果,为幼儿的全面发展提供有力支持。同时,根据评估结果,为不同幼儿提供个性化的教学方案,以满足他们不同的学习需求和兴趣点。

二、评估方法与工具

在幼儿舞蹈教学中,游戏元素的融入不仅能够激发幼儿的学习兴趣,还能在玩乐中提升他们的舞蹈技能和身体素质。为了准确评估游戏元素在幼儿舞蹈教学中的实际效果,需要采用科学、合理的评估方法与工具。下文将详细探讨幼儿舞蹈教学中游戏元素教学资源利用效果的评估方法与工具,以期为教育实践提供有益的参考。

(一)评估方法

1.定性与定量相结合的方法

评估过程中,既要采用定性的方法,如观察、访谈等,以深入了解游戏元素在舞蹈教学中的具体运用情况;又要采用定量的方法,如问卷调查、测试等,以获取客观、可量化的数据,从而更全面地评估游戏元素的教学效果。

2.形成性与终结性相结合的方法

形成性评估关注教学过程,通过定期的观察、反馈和调整,确保游戏元素的有效利用;终结性评估则关注教学结果,通过测试、作品展示等方式,评估幼儿在游戏化舞蹈教学中的实际收获。

3.自我评估与他人评估相结合的方法

鼓励幼儿进行自我评价,让他们反思自己在游戏化舞蹈学习中的表现;同时,也要重视教师、家长等他人的评价,以获得更全面的评估结果。

(二)评估工具

1.观察记录表

制定详细的观察记录表,用于记录幼儿在舞蹈课堂上的表现,如参与度、互动情况、动作规范性等。通过定期的观察记录,教师可以及时发现游戏元素在教学中的问题和不足,从而进行有针对性的调整。

2. 问卷调查表

设计问卷调查表，向幼儿、教师及家长收集对游戏元素在舞蹈教学中利用效果的看法和评价。问卷内容应涵盖教学内容、教学方法、教学效果等方面，以确保评估结果的全面性和客观性。

3. 测试量表

制定针对幼儿舞蹈技能的测试量表，如节奏感、协调性、表现力等。通过定期的测试，教师可以量化评估幼儿在游戏化舞蹈教学中的实际收获和进步情况。

4. 访谈提纲

制定访谈提纲，用于与教师、幼儿及家长进行深入交流，了解他们对游戏元素在舞蹈教学中的看法和体验。通过访谈，可以获取更丰富、更深入的信息，为评估提供更全面的依据。

5. 作品展示平台

为幼儿提供舞蹈作品展示的平台，如舞台表演、视频分享等。通过作品展示，可以直观地看到幼儿在游戏化舞蹈教学中的成果和进步，同时也为他们提供了展示自我、增强自信的机会。

（三）评估实施

1. 明确评估目的和标准

在实施评估之前，应明确评估的目的和标准，确保评估过程的有序性和有效性。同时，要向参与者明确评估的意义和重要性，以获得他们的支持和配合。

2. 选择合适的评估方法和工具

根据评估目的和标准，选择合适的评估方法和工具。要确保评估方法和工具的科学性、合理性和可操作性，以便准确、全面地评估游戏元素在幼儿舞蹈教学中的利用效果。

3. 规范评估过程和记录

在评估过程中，要遵循规范的操作流程，确保评估的公正性和客观性。同时，要做好详细的记录工作，包括观察记录、问卷调查结果、测试数据等，以便后续的数据分析和结果呈现。

4.及时反馈和调整

在评估结束后,要及时向参与者反馈评估结果和建议。要根据评估结果,及时调整游戏元素在舞蹈教学中的运用策略和方法,以提升教学效果和满足幼儿的学习需求。

(四)评估结果的应用

1.指导教学实践

根据评估结果,指导教师在幼儿舞蹈教学中更好地运用游戏元素,提升教学效果和幼儿的参与度。同时,也要鼓励教师根据评估结果进行教学反思和改进,不断提升自己的教学水平。

2.优化课程设计

根据评估结果,对舞蹈课程的设计进行优化和调整,包括游戏元素的融入方式、教学方法的选择等。要确保课程设计符合幼儿的学习特点和兴趣需求,以激发他们的学习兴趣和动力。

3.促进家园共育

通过向家长展示评估结果和建议,引导家长更好地理解和支持幼儿在舞蹈学习中的游戏化过程。同时,也要鼓励家长积极参与幼儿的舞蹈学习和实践活动,促进家园共育和幼儿的全面发展。

三、反馈机制的建立与应用

在幼儿舞蹈教学中,游戏元素的融入已成为一种趋势。游戏不仅能激发幼儿的兴趣,还能锻炼他们的舞蹈技能和身体素质。然而,要确保游戏元素在舞蹈教学中的有效利用,就必须建立和应用一套完善的效果反馈机制。下文将详细阐述如何建立这样的反馈机制,并探讨其在实际教学中的应用。

(一)明确教学目标与游戏元素

在幼儿舞蹈教学中,首先要明确教学目标,确保游戏元素与教学目标紧密相连。游戏元素的选择应能够辅助完成教学任务,提高幼儿的学习效果。例如,通过游戏化的舞蹈动作教授幼儿基本的舞蹈步伐,或者通过角色扮演游戏培养幼儿的舞蹈表现力和创造力。

（二）设计效果反馈机制

为了评估游戏元素在舞蹈教学中的效果，需要设计一套具体、可行的反馈机制。这包括以下几个方面：

1. 观察记录

教师在教学过程中要密切观察幼儿的表现，记录他们在游戏中的反应、学习态度和技能掌握情况。这可以通过观察记录表或视频记录等方式实现。

2. 幼儿自评

在教学结束后，可以让幼儿对自己的学习成果进行自我评价。通过简单的问卷或口头反馈，了解他们对游戏元素的接受程度、学习感受以及自我评估的舞蹈技能水平。

3. 教师评价

教师根据观察记录和幼儿的自评结果，对游戏元素应用在舞蹈教学中的效果进行评价。评价内容包括幼儿的学习兴趣、技能掌握情况、身体素质提升等方面。

4. 家长反馈

邀请家长参与评价过程，了解他们对幼儿在游戏化舞蹈教学中的表现和进步的看法。家长的反馈可以为教师提供更多维度的信息，有助于完善教学效果反馈机制。

（三）应用效果反馈机制

在建立了完善的效果反馈机制后，要将其应用于实际教学中，以提高教学质量。具体应用步骤如下：

1. 调整教学策略

根据效果反馈机制的结果，教师要及时调整教学策略，优化游戏元素的选择和运用。例如，如果发现幼儿在某一舞蹈动作上掌握不佳，可以通过设计更具趣味性的游戏来帮助他们更好地掌握。

2. 个性化教学

针对不同幼儿的反馈结果，教师可以进行个性化教学。对于学习进度较慢的幼儿，可以提供更多的指导和帮助；对于学习进度较快的幼儿，可以提供更具挑战性的舞蹈动作和游戏内容。

第十章　游戏元素在幼儿舞蹈教学中的教学资源开发与利用

3. 定期总结与反思

教师要定期总结游戏化舞蹈教学的经验和教训，反思教学效果反馈机制的运行情况。通过总结反思，可以发现教学中存在的问题和不足，为今后的教学提供改进方向。

（四）案例分析

为了更好地说明效果反馈机制在幼儿舞蹈教学中的应用，下面以一个具体案例为例：

在某幼儿园的舞蹈教学中，教师尝试将游戏元素融入舞蹈教学中。经过一段时间的教学实践后，教师发现幼儿在游戏化舞蹈教学中的表现普遍较好，学习兴趣高涨，舞蹈技能也有所提升。然而，在反馈机制中发现，部分幼儿在节奏感方面存在不足。针对这一问题，教师及时调整了教学策略，增加了节奏感训练的游戏环节。通过一段时间的实践，这些幼儿的节奏感得到了明显的增强。

通过这个案例可以看出，效果反馈机制在幼儿舞蹈教学中具有重要作用。它能够帮助教师及时发现教学中存在的问题和不足，为调整教学策略提供依据；同时还能够激发幼儿的学习兴趣和动力，提高他们的学习效果。

第十一章　游戏元素在幼儿舞蹈教学中的应用案例分析

第一节　游戏元素在幼儿舞蹈教学中的应用案例介绍

舞蹈，作为一种艺术表现形式，能够激发幼儿的创造力、协调性和节奏感。而在幼儿舞蹈教学中，游戏元素的引入不仅能够增加学习的趣味性，还能使幼儿在玩乐中学习，达到寓教于乐的效果。以下将详细介绍几个游戏元素在幼儿舞蹈教学中的应用案例，并分析其教学效果。

一、案例一：《小鸭子跳舞》

（一）背景介绍

在一次幼儿舞蹈课上，教师为了教授幼儿基本的跳跃动作，选择了《小鸭子跳舞》这一主题。教师首先向幼儿介绍了小鸭子的形象和特点，然后引导他们模仿小鸭子走路和跳跃。

（二）游戏元素应用

1. 角色扮演

教师让幼儿扮演小鸭子，穿上小鸭子的服装或戴上小鸭子的头饰，增加游戏的代入感。

2. 音乐与节奏

选用节奏明快、旋律欢快的音乐，让幼儿在音乐的伴奏下跳跃。

3. 情景模拟

设置一个池塘的场景，让幼儿想象自己是小鸭子，在池塘里玩耍、跳跃。

（三）教学效果

通过这一游戏化的教学方式，幼儿不仅学会了跳跃动作，还对小鸭子的形象有了更深刻的认识。他们在游戏中感受到了舞蹈的乐趣，积极参与，学习效果显著。

二、案例二：《彩虹桥上的舞蹈》

（一）背景介绍

为了培养幼儿的平衡感和协调性，教师设计了一堂以《彩虹桥上的舞蹈》为主题的舞蹈课。

（二）游戏元素应用

1. 平衡挑战

在地上用彩色胶带贴出一个彩虹桥的形状，让幼儿在桥上展示舞蹈动作。由于桥面较窄，幼儿需要保持平衡才能完成舞蹈。

2. 合作与互动

鼓励幼儿两两合作，一个幼儿站在桥上跳舞，另一个幼儿则在桥下为其伴舞或进行简单的互动。

3. 创意发挥

让幼儿想象自己正在彩虹桥上与彩虹仙子共舞，鼓励他们自由发挥，创作属于自己的舞蹈动作。

（三）教学效果

这一案例通过游戏元素的应用，幼儿在舞蹈学习中不仅提高了平衡感和协调性，还培养了他们的合作意识和创新能力。幼儿在彩虹桥上尽情舞蹈，体验到了舞蹈的魅力和乐趣。

三、案例三：《动物狂欢节》

（一）背景介绍

为了激发幼儿的舞蹈兴趣，培养他们的表现力和创造力，教师设计了一堂以《动物狂欢节》为主题的舞蹈课。

（二）游戏元素应用

1. 角色扮演与模仿

教师准备了各种动物的头饰和服装，让幼儿选择自己喜欢的动物角色进行扮演。然后，教师引导幼儿模仿该动物的动作和神态，为舞蹈动作的创作打下基础。

2. 舞蹈创作

鼓励幼儿根据自己所扮演的动物的特点，创作属于自己的舞蹈动作。教师提供音乐伴奏，让幼儿在音乐的引导下自由发挥。

3. 表演与展示

最后，组织一个小型的动物狂欢节表演活动，让幼儿展示自己的舞蹈作品。其他幼儿和教师作为观众，给予表演者掌声和鼓励。

（三）教学效果

这一案例中，游戏元素的应用极大地激发了幼儿的舞蹈兴趣和创造力。他们在角色扮演和模仿中深入了解了动物的特点，通过舞蹈创作展示了自己的个性和才华。表演活动更是增强了他们的自信心和表现欲，使他们在玩乐中获得了成长和进步。

四、案例四：《舞动的彩带》

（一）背景介绍

为了培养幼儿的节奏感和身体协调性，教师引入了一种简单的舞蹈道具——彩带，并设计了一堂以《舞动的彩带》为主题的舞蹈课。

（二）游戏元素应用

1. 道具引入

教师向幼儿介绍彩带的使用方法，并示范如何用彩带跟随音乐节奏舞动。

2. 音乐与节奏

选用节奏明快、旋律优美的音乐，让幼儿在音乐的伴奏下舞动彩带。

3. 舞动创意

鼓励幼儿发挥想象力，创造出属于自己的彩带舞动方式。可以是一个人单独舞动，也可以是多人合作进行集体舞动。

（三）教学效果

通过这一案例的教学，幼儿不仅学会了如何使用彩带进行舞蹈表演，还在舞动彩带的过程中培养了节奏感和身体协调性。他们在音乐的伴奏下自由舞动彩带，感受到了舞蹈的韵律和美感。

五、案例五：《快乐的农场舞会》

（一）背景介绍

为了增强幼儿对舞蹈的兴趣和参与度，教师设计了一堂以《快乐的农场舞会》为主题的舞蹈课。

（二）游戏元素应用

1. 情景模拟

设置一个农场的场景，包括草地、树木、动物围栏等。让幼儿想象自己正在农场里参加一场快乐的舞会。

2. 角色扮演与互动

准备各种农场动物的服装和头饰，让幼儿扮演不同的农场动物角色。鼓励他们在舞会中互动、合作表演。

3. 舞蹈与游戏结合

设计一些与农场主题相关的舞蹈动作和游戏环节，如模仿动物的行走姿势、进行简单的追逐游戏等。

第二节　不同年龄段幼儿的游戏元素应用情况比较

舞蹈，作为一种融合了音乐、节奏和身体动作的艺术形式，对于幼儿来说，不仅是身体锻炼和审美培养的有效手段，更是智力开发、情感表达和社交互动的重要途径。在幼儿舞蹈教学中，游戏元素的融入能够显著提高幼儿的学习兴趣和参与度。然而，不同年龄段的幼儿在认知、情感和动作发展上存在差异，因此，游戏元素的应用也需要相应地进行调整。下文将对不同年龄段幼儿舞蹈教学中游戏元素的应用情况进行比较和分析。

一、小班幼儿（3—4岁）舞蹈教学的游戏元素应用

对于小班幼儿来说，他们的注意力往往难以长时间集中，对新鲜事物充满好奇。因此，在舞蹈教学中，游戏元素的应用应以激发兴趣和培养基本动作为主。

1. 游戏化教学内容

选择简单、易记且富有童趣的舞蹈内容，如《小星星》《一闪一闪亮晶晶》等。通过模仿小动物、植物等形象，幼儿在游戏中学习基本的舞蹈步伐和动作。

2. 情景模拟游戏

设置简单的舞蹈场景，如花园、森林等，让幼儿在模拟的情境中舞蹈。这种情景模拟不仅有助于幼儿更好地理解舞蹈内容，还能激发他们的想象力和创造力。

3. 角色扮演游戏

让幼儿扮演自己喜欢的角色，如小兔子、小猫等，通过角色扮演的方式学习舞蹈动作。这种游戏化的教学方式能够让幼儿在愉快的氛围中学习舞蹈，提高他们的参与度和学习兴趣。

二、中班幼儿（4—5岁）舞蹈教学的游戏元素应用

中班幼儿的认知能力和动作协调性有了一定的发展，他们开始能够理解和模仿更复杂的舞蹈动作。因此，在中班幼儿的舞蹈教学中，游戏元素的应用应注重培养幼儿的协调性和创造力。

1. 节奏感知游戏

通过节奏感知游戏，如拍打节奏、听音乐踏步等，幼儿在游戏中感知音乐的节奏和韵律，培养他们的音乐感和节奏感。

2. 动作创意游戏

鼓励幼儿根据自己的想象和创意，创作属于自己的舞蹈动作。教师可以提供一段音乐，让幼儿自由发挥，创作出与音乐相匹配的舞蹈动作。这种游戏化的教学方式能够激发幼儿的创造力和想象力，培养他们的个性和独特性。

3. 合作互动游戏

组织幼儿进行双人舞、小组舞等合作互动游戏，让他们在游戏中学会与他人合作、分享和沟通。这种游戏化的教学方式不仅能够培养幼儿的社交能力，还能提高他们的舞蹈表演能力。

三、大班幼儿（5—6岁）舞蹈教学的游戏元素应用

大班幼儿的认知能力和动作控制能力进一步发展，他们开始能够理解和执行更复杂的舞蹈动作和组合。因此，在大班幼儿的舞蹈教学中，游戏元素的应用应注重培养幼儿的舞蹈表现力和团队合作精神。

1. 舞蹈表演游戏

组织幼儿进行小型的舞蹈表演活动，让他们在游戏中展示自己的舞蹈才华。这种游戏化的教学方式能够激发幼儿的表演欲望和自信心，培养他们的舞台表现力和艺术修养。

2. 团队协作游戏

通过团队协作游戏，如集体舞、队形变换等，让幼儿学会与他人协同合作、共同完成任务。这种游戏化的教学方式能够培养幼儿的团队精神和协作能力，提高他们的集体荣誉感和责任感。

3. 创意编排游戏

鼓励幼儿根据自己的喜好和创意，编排属于自己的舞蹈作品。教师可以提供一段音乐或主题，让幼儿自由发挥，创作出独特的舞蹈作品。这种游戏化的教学方式能够激发幼儿的创造力和想象力，培养他们的创新精神和艺术鉴赏能力。

四、比较与总结

通过对不同年龄段幼儿舞蹈教学中游戏元素应用情况的比较和分析,教师可以发现:

在小班幼儿的舞蹈教学中,游戏元素的应用主要以激发兴趣和培养基本动作为主,注重情景模拟和角色扮演等游戏形式;在中班幼儿的舞蹈教学中,游戏元素的应用开始注重培养幼儿的协调性和创造力,通过节奏感知和动作创意等游戏形式来实现;而在大班幼儿的舞蹈教学中,游戏元素的应用则更加注重培养幼儿的舞蹈表现力和团队合作精神,通过舞蹈表演和团队协作等游戏形式来达成目标。

总的来说,游戏元素在幼儿舞蹈教学中的应用需要根据不同年龄段幼儿的认知、情感和动作发展特点进行调整和优化。通过合理运用游戏元素,教师可以激发幼儿对舞蹈的兴趣和热情,提高他们的学习积极性和参与度,从而实现舞蹈教学的目标。同时,游戏元素的应用也有助于培养幼儿的创造力、协作能力和艺术修养,为他们的全面发展打下坚实的基础。

第十二章　游戏元素在幼儿舞蹈教学中的展望与创新

第一节　游戏元素在未来幼儿舞蹈教学中的发展趋势

一、技术融合与游戏化教学的未来

随着科技的飞速发展和教育理念的不断创新，游戏元素在幼儿舞蹈教学中的运用正逐渐展现出前所未有的潜力和魅力。技术融合与游戏化教学的结合，将为幼儿舞蹈教学带来革命性的变革。下文将从技术融合的角度，探讨游戏元素在未来幼儿舞蹈教学中的发展趋势，并展望游戏化教学的美好未来。

（一）技术融合：舞蹈与科技的完美结合

1. 虚拟现实（VR）技术的引入

虚拟现实技术以其沉浸式的体验，为幼儿舞蹈教学提供了全新的可能。在未来，教师可以设想一个场景：幼儿们戴上 VR 眼镜，仿佛置身于一个充满奇幻色彩的舞蹈世界。在这个世界里，他们可以跟随虚拟舞蹈导师学习各种舞蹈动作，感受舞蹈的韵律和美感。VR 技术不仅可以让幼儿们在安全的环境中进行舞蹈练习，还能通过模拟真实的舞蹈场景，激发他们的创造力和想象力。

2. 增强现实（AR）技术的应用

增强现实技术则可以将虚拟元素与真实世界相结合，为幼儿舞蹈教学增添更多趣味性和互动性。例如，教师可以利用 AR 技术，在教室中投影出各种舞蹈道具和背景，让幼儿们在真实的舞蹈环境中感受虚拟的元素。这样的教学方式不仅能吸引幼儿的注意力，还能让他们在游戏中更好地理解和掌握舞蹈动作。

3. 智能舞蹈辅助设备的开发

随着科技的进步，各种智能舞蹈辅助设备也应运而生。这些设备可以通过传感器和算法，实时监测幼儿的舞蹈动作和姿态，为他们提供个性化的指导和建议。在未来，教师可以期待更多智能舞蹈辅助设备的出现，它们将帮助幼儿们更加科学、高效地学习和练习舞蹈。

（二）游戏化教学的未来：让幼儿在玩乐中成长

1. 游戏化学习环境的构建

未来的幼儿舞蹈教学将更加注重游戏化学习环境的构建。在这样的环境中，幼儿们可以通过游戏化的方式学习舞蹈知识、掌握舞蹈技能。例如，教师可以设计一款舞蹈闯关游戏，让幼儿们在闯关中不断挑战自我、突破自我，从而培养他们的自信心和意志力。

2. 个性化学习体验的打造

随着大数据和人工智能技术的应用，未来的幼儿舞蹈教学将能够更加精准地满足每个幼儿的学习需求。通过分析幼儿的学习数据和行为特征，教师可以为他们推荐适合的学习资源和教学方法，打造个性化的学习体验。这样的教学方式不仅能让幼儿们在舞蹈学习中找到乐趣，还能帮助他们更好地发掘自己的潜力和特长。

3. 社交互动功能的增强

未来的幼儿舞蹈教学将更加注重社交互动功能的增强。通过在线学习平台和社交媒体等渠道，幼儿可以与其他小伙伴一起学习、交流和分享舞蹈经验。这样的社交互动不仅能培养幼儿的团队合作精神和沟通能力，还能让他们在互相学习和激励中不断进步和成长。

综上所述，技术融合与游戏化教学的结合将为未来幼儿舞蹈教学带来无限的可能和机遇。随着科技的不断发展和教育理念的不断创新，笔者有理由相信未来的幼儿舞蹈教学将更加生动有趣、富有成效。在这个过程中，幼儿们将在玩乐中学习、在挑战中成长，享受到舞蹈带来的快乐和成就感。同时教师和教育工作者也需要不断学习和探索新的教学方法和技术手段，适应这一变革并更好地促进幼儿的全面发展。

二、游戏化教学理念的深化

随着教育理念的不断更新和教学方法的持续创新,游戏化教学理念正逐渐深入到各个教育领域,特别是在幼儿舞蹈教学中,游戏元素的融入已经成为一种趋势。游戏化教学理念不仅能让幼儿在轻松愉快的氛围中学习舞蹈,还能激发他们的学习兴趣和创造力,促进他们全面发展。下文将详细探讨游戏元素在未来幼儿舞蹈教学中的发展趋势,并深入分析游戏化教学理念的深化所带来的影响。

(一)游戏元素在幼儿舞蹈教学中的重要作用

1. 激发学习兴趣和动力

对于幼儿来说,游戏是他们最喜欢的活动之一。将游戏元素融入舞蹈教学中,可以将抽象的舞蹈动作转化为有趣的游戏形式,从而激发幼儿对舞蹈的兴趣和动力。在游戏中,幼儿可以更加投入地学习和练习舞蹈,享受舞蹈带来的乐趣和成就感。

2. 促进身体协调性和灵活性

舞蹈是一项需要身体协调性和灵活性的运动。通过游戏化的舞蹈教学,幼儿可以在游戏中自然而然地锻炼身体的各个部位,提高身体的协调性和灵活性。同时,游戏中的互动和竞争元素也能激发幼儿的运动潜能,让他们在玩耍中不断提升自己的舞蹈水平。

3. 培养社交能力和合作精神

游戏化舞蹈教学通常需要幼儿与他人合作完成任务或进行比赛。在这个过程中,幼儿可以学会与他人沟通、协商和分享,培养社交能力和合作精神。同时,游戏中的竞争元素也能激发幼儿的竞争意识,让他们在游戏中学会如何面对挑战和失败。

(二)游戏元素在未来幼儿舞蹈教学中的发展趋势

1. 个性化教学游戏的开发

随着科技的进步和大数据的应用,未来的幼儿舞蹈教学将更加注重个性化教学游戏的开发。通过分析每个幼儿的学习特点、兴趣爱好和舞蹈水平,教师可以为他们定制个性化的教学游戏,以满足他们的学习需求。这样的教学方式不仅能提升教学效果，还能让每个幼儿在舞蹈学习中找到属于自己的乐趣和成就感。

2. 舞蹈模拟游戏的应用

舞蹈模拟游戏是一种通过模拟真实舞蹈环境和角色行为来让幼儿学习舞蹈的游戏。在未来的幼儿舞蹈教学中，舞蹈模拟游戏的应用将越来越广泛。幼儿可以通过这些游戏来模拟各种舞蹈动作和表演场景，从而更加深入地理解舞蹈的内涵和技巧。同时，舞蹈模拟游戏还可以帮助幼儿提高自我评估和自我纠正的能力，让他们在游戏中不断提升自己的舞蹈水平。

3. 舞蹈竞技游戏的推广

舞蹈竞技游戏是一种将舞蹈与竞技相结合的游戏形式。在未来的幼儿舞蹈教学中，舞蹈竞技游戏的推广将有助于激发幼儿的竞争意识和团队合作精神。通过参与舞蹈竞技游戏，幼儿可以与其他小伙伴一起组队参加比赛，共同为团队争取荣誉。这样的游戏形式不仅能培养幼儿的竞争意识，还能让他们在游戏中学会如何与他人合作、如何面对挑战和失败。

（三）游戏化教学理念深化的影响

1. 教学方法的多样化

随着游戏化教学理念的深化，未来的幼儿舞蹈教学方法将更加多样化。教师可以根据教学内容和目标选择不同的游戏形式和教学方法来引导幼儿学习舞蹈。这些多样化的教学方法不仅能激发幼儿的学习兴趣和动力，还能帮助他们在游戏中更好地理解和掌握舞蹈技巧。

2. 教学环境的创新

游戏化教学理念的深化将推动教学环境的创新。未来的幼儿舞蹈教学环境将更加注重游戏元素的融入和互动性的增强。例如，可以在教室中设置舞蹈游戏区域、配备虚拟现实设备等，以营造更加生动有趣的舞蹈学习氛围。这样的教学环境将让幼儿更加投入地参与舞蹈学习，提高学习效果。

3. 教师角色的转变

随着游戏化教学理念的深化，教师在幼儿舞蹈教学中的角色也将发生转变。教师将不再是传统的知识传授者，而是成为幼儿舞蹈学习过程中的引导者和支持者。他们需要具备创新意识和游戏设计能力，能够根据幼儿的学习需求和兴趣点设计有趣的游戏化教学方案。同时，教师还需要关注幼儿的个性化发展，为他们提供个性化的指导和建议。

综上所述，游戏元素在未来幼儿舞蹈教学中的发展趋势将更加明显，游戏化教学理念的深化将带来教学方法的多样化、教学环境的创新以及教师角色的转变。这些变化将为幼儿舞蹈教学注入新的活力和动力，让幼儿在轻松愉快的氛围中学习舞蹈、享受舞蹈带来的乐趣和成就感。同时教师也需要认识到游戏化教学理念并非万能的，它需要与其他教学方法相结合才能发挥最大的效果。因此，在未来的幼儿舞蹈教学中，教师需要不断探索和实践游戏化教学理念的应用方式和方法，以更好地促进幼儿的全面发展。

三、幼儿舞蹈教学中游戏元素的多元化发展

在幼儿舞蹈教学中，游戏元素的融入不仅丰富了教学内容，还极大地提升了幼儿的学习兴趣和参与度。随着教育理念的不断更新，游戏元素在幼儿舞蹈教学中的运用正朝着多元化的方向发展。下文将详细探讨幼儿舞蹈教学中游戏元素的多元化发展，分析其对幼儿舞蹈教学的积极影响，并展望未来的发展趋势。

（一）游戏元素在幼儿舞蹈教学中的作用

1. 激发幼儿学习兴趣

游戏元素以其趣味性、互动性和挑战性等特点，能够迅速吸引幼儿的注意力，激发他们对舞蹈学习的兴趣。在游戏中学习舞蹈，幼儿可以更加投入地参与，享受舞蹈带来的快乐。

2. 促进幼儿身体发展

舞蹈是一项需要身体协调性和灵活性的运动。游戏元素的加入，使得舞蹈动作更加生动有趣，有助于幼儿在游戏中锻炼身体的各个部位，提高身体的协调性和灵活性。

3. 培养幼儿的社交能力

在完成任务或进行比赛的过程中，幼儿可以学会与他人沟通、协商和分享，培养社交能力和合作精神。同时，游戏中的竞争元素也能激发幼儿的竞争意识，让他们在游戏中学会如何面对挑战和失败。

（二）游戏元素在幼儿舞蹈教学中的多元化发展

1. 舞蹈游戏的多样化设计

为了满足不同幼儿的兴趣和需求，教师需要设计多样化的舞蹈游戏。这些游戏可以包括节奏游戏、角色扮演游戏、竞技游戏等，以吸引幼儿积极参与。同时，教师还可以根据幼儿的发展水平，设计具有层次性和挑战性的游戏，让幼儿在游戏中逐步提高舞蹈技能。

2. 多媒体技术的融合应用

随着多媒体技术的快速发展，教师可以利用这些先进技术，将游戏元素与舞蹈教学相结合。例如，利用虚拟现实技术，为幼儿创造一个身临其境的舞蹈环境；通过动画、音乐等多媒体元素，增强舞蹈游戏的趣味性和吸引力。这些多媒体技术的应用，不仅可以激发幼儿的学习兴趣，还能提升教学效果。

3. 舞蹈与其他艺术形式的结合

将舞蹈与其他艺术形式如戏剧、美术等相结合，可以为幼儿提供更加丰富的舞蹈游戏体验。例如，在舞蹈游戏中加入戏剧元素，让幼儿扮演不同的角色，进行故事情节的演绎；或者与美术相结合，让幼儿为舞蹈动作创作相应的背景画面。这种跨艺术形式的结合，不仅可以拓展幼儿的艺术视野，还能培养他们的创造力和想象力。

（三）游戏元素多元化发展对幼儿舞蹈教学的积极影响

1. 提升幼儿舞蹈学习效果

游戏元素的多元化发展使得舞蹈教学更加生动有趣，有助于提升幼儿的学习效果。在游戏中学习舞蹈，幼儿可以更加轻松地掌握舞蹈动作和技巧，同时培养对舞蹈的兴趣和热爱。

2. 促进幼儿全面发展

游戏化舞蹈教学不仅关注幼儿舞蹈技能的培养，还注重幼儿的全面发展。通过多样化的舞蹈游戏和跨艺术形式的结合，可以锻炼幼儿的身体、提高智力、培养情感和社会交往能力等多方面的素质。

3. 增强师生互动与家园共育

游戏元素的多元化发展有助于增强师生之间的互动和家园共育。教师可以通过设计富有创意的舞蹈游戏，与幼儿建立更加紧密的联系；家长也可以参与到幼儿的舞蹈游戏中，与幼儿一起分享快乐时光，促进家园之间的沟通和合作。

（四）未来发展趋势与展望

随着教育理念的不断更新和科技的不断进步，未来幼儿舞蹈教学中游戏元素的多元化发展将更加明显。未来可以预见的是：

1. 个性化教学游戏将得到进一步开发

通过分析每个幼儿的学习特点、兴趣爱好和舞蹈水平，教师可以为他们定制个性化的教学游戏。这种个性化的教学方式将更加符合幼儿的需求和发展特点，提升教学效果。

2. 智能技术在游戏化舞蹈教学中的应用将更加广泛

随着智能技术的不断发展，未来游戏化舞蹈教学将借助智能设备和技术手段，为幼儿提供更加智能化、个性化的学习体验。例如，通过智能传感器和数据分析技术，实时监测幼儿的学习进度和舞蹈动作质量，为他们提供及时的反馈和指导。

3. 游戏化舞蹈教学将更加注重跨学科融合和综合素质培养

未来的游戏化舞蹈教学将更加注重与其他学科领域的融合和交叉。例如，将舞蹈与音乐、戏剧、美术等学科相结合，培养幼儿的综合素质和创造力。同时，游戏化舞蹈教学还将更加注重幼儿的社会交往能力、情感表达能力和团队合作能力的培养。

综上所述，游戏元素在幼儿舞蹈教学中的多元化发展对于提升幼儿舞蹈学习效果和促进幼儿全面发展具有重要意义。未来随着教育理念的不断更新和科技的不断进步，游戏化舞蹈教学将呈现出更加丰富多彩的发展趋势。教师需要不断探索和实践游戏化舞蹈教学的方式和方法，以更好地满足幼儿的学习需求和发展特点，为他们的未来成长奠定坚实的基础。

第二节　游戏元素在幼儿舞蹈教学中的创新理念和方法探索

一、创新教学理念

（一）游戏元素与幼儿舞蹈教学的融合

幼儿舞蹈教学，作为艺术教育的重要组成部分，对于培养幼儿的节奏感、协调性和创造力具有不可替代的作用。传统的幼儿舞蹈教学往往注重技能的传授和动作的规范，忽视了幼儿的兴趣和参与度。随着教育理念的不断更新，游戏元素逐渐被引入幼儿舞蹈教学中，使教学更加生动、有趣和富有创意。

游戏元素的引入，首先体现在舞蹈动作的设计上。教师可以将舞蹈动作与游戏相结合，设计出富有趣味性和互动性的舞蹈游戏。这些游戏可以是角色扮演、竞赛挑战、音乐节奏等多种形式，以满足不同幼儿的兴趣和需求。通过这样的舞蹈游戏，幼儿可以在轻松愉快的氛围中学习舞蹈动作，提高身体协调性和灵活性。

（二）创新理念在幼儿舞蹈教学中的应用

在幼儿舞蹈教学中，创新理念的应用是至关重要的。教师需要不断探索新的教学方法和手段，以满足幼儿的学习需求和兴趣点。

1. 舞蹈创作的创新

鼓励幼儿参与舞蹈创作是培养其创新能力的有效途径。教师可以提供基本的舞蹈元素和动作，然后引导幼儿自由发挥，创作属于自己的舞蹈。这样的活动不仅可以让幼儿体验到创作的乐趣，还能培养他们的想象力和创造力。

2. 舞蹈表现的创新

除了舞蹈动作本身，舞蹈表现也是创新的重要方面。教师可以引导幼儿通过面部表情、身体语言等方式来表达自己的情感和想法。这样的教学方式可以让幼儿更加深入地理解舞蹈的内涵，提高他们的舞蹈表现力和感染力。

3. 舞蹈与科技的结合

随着科技的发展，越来越多的教育技术被应用于幼儿舞蹈教学中。例如，利用虚拟现实（VR）和增强现实（AR）技术，可以为幼儿创造一个逼真的舞蹈环境；利用智能设备和传感器，可以实时监测幼儿的舞蹈动作和表现，为他们提供及时的反馈和指导。这些技术的应用不仅可以增强幼儿的学习体验，还能提升教学效果和效率。

（三）游戏元素在幼儿舞蹈教学中的实践策略

1. 设计富有创意的游戏化舞蹈活动

为了激发幼儿的学习兴趣，教师需要设计富有创意的游戏化舞蹈活动。这些活动可以围绕故事情节、音乐节奏、角色扮演等主题展开，让幼儿在游戏中学习舞蹈技能并享受乐趣。

2. 注重幼儿的主体性和参与性

在游戏化舞蹈教学中，教师应注重幼儿的主体性和参与性。鼓励幼儿积极参与舞蹈游戏的设计和实施过程，让他们在游戏中发挥自己的想象力和创造力。

3. 结合幼儿的生活经验和兴趣点

为了增强游戏化舞蹈教学的针对性和实效性，教师应结合幼儿的生活经验和兴趣点来设计和选择舞蹈游戏。这样可以让幼儿更加容易理解和接受舞蹈教学内容，提高学习效果和参与度。

4. 创设积极的学习环境

一个积极的学习环境对于游戏化舞蹈教学的成功至关重要。教师应努力营造一个宽松、自由、有序的学习氛围，鼓励幼儿大胆尝试和表达自己的想法和感受。同时，教师还应给予幼儿充分的肯定和鼓励，让他们在游戏中感受到成功的喜悦和自信心的提升。

（四）游戏化舞蹈教学对幼儿全面发展的促进作用

1. 提升身体素质和协调能力

游戏化舞蹈教学通过丰富多样的舞蹈游戏和活动，可以有效提升幼儿的身体素质和协调能力。这些游戏和活动可以让幼儿在游戏中锻炼身体的各个部位，提高身体的灵活性和协调性。

2. 培养创造力和想象力

游戏化舞蹈教学注重幼儿的主体性和参与性，鼓励幼儿在游戏中发挥自己的想象力和创造力。这样的教学方式可以有效培养幼儿的创造力和想象力，为他们未来的学习和生活打下坚实的基础。

3. 培养审美情感和表现力

游戏化舞蹈教学不仅关注幼儿舞蹈技能的培养，还注重幼儿的审美情感和表现力的培养。通过引导幼儿欣赏舞蹈作品、参与舞蹈表演等方式，幼儿感受到舞蹈艺术的魅力和价值，培养他们的审美情感和表现力。

综上所述，游戏元素在幼儿舞蹈教学中的创新理念和实践策略对于提升教学效果和促进幼儿全面发展具有重要意义。未来，随着教育理念的不断更新和科技的不断进步，游戏化舞蹈教学将更加注重幼儿的主体地位和参与性，更加注重与其他学科领域的融合和交叉。同时，教师也需要关注游戏化舞蹈教学中可能出现的问题和挑战，如如何平衡游戏与学习的关系、如何确保游戏化教学的安全性和有效性等。相信在不断的探索和实践中，游戏化舞蹈教学将为幼儿的全面发展提供更加有力和有效的支持。

二、教学方法的探索

（一）游戏元素与幼儿舞蹈教学的结合

在幼儿舞蹈教学中，游戏元素的引入可以通过多种方式实现。首先，教师可以在舞蹈动作的设计中加入游戏元素，让舞蹈动作变得更加有趣和生动。例如，可以设计一些模仿动物、植物或人物的舞蹈动作，让幼儿在模仿的过程中学习舞蹈。

其次，教师可以利用游戏化的教学方式来组织舞蹈教学活动。例如，可以通过角色扮演、竞赛挑战、音乐节奏等方式来组织舞蹈游戏，让幼儿在游戏中学习舞蹈知识和技能。这样的教学方式不仅可以让幼儿更加投入地学习舞蹈，还能培养他们的团队合作精神和竞争意识。

最后，教师还可以将舞蹈与其他学科领域相结合，通过跨学科的教学方式来引入游戏元素。例如，可以将舞蹈与音乐、美术、体育等学科相结合，让幼儿在综合性的学习活动中感受舞蹈的魅力。

（二）探索适合幼儿的教学方法

在幼儿舞蹈教学中，教师需要根据幼儿的年龄特点和兴趣爱好来探索适合的教学方法。以下是一些可以尝试的教学方法：

1. 故事化教学法

故事化教学法是一种通过讲述故事来引导幼儿学习的方法。在幼儿舞蹈教学中，教师可以将舞蹈动作和故事情节相结合，通过讲述故事的方式来引导幼儿学习舞蹈。这样的教学方法可以让幼儿更加容易理解和记忆舞蹈动作，同时也能培养他们的想象力和创造力。

2. 情景模拟教学法

情景模拟教学法是一种通过模拟特定情境来引导幼儿学习的方法。在幼儿舞蹈教学中，教师可以模拟一些生活场景或自然场景，让幼儿在模拟的过程中学习舞蹈。这样的教学方法可以让幼儿更加投入地学习舞蹈，同时也能培养他们的观察力和模仿能力。

3. 互动合作教学法

互动合作教学法是一种通过幼儿之间的互动合作来引导幼儿学习的方法。在幼儿舞蹈教学中，教师可以组织一些小组活动或双人活动，让幼儿在互动合作的过程中学习舞蹈。这样的教学方法可以培养幼儿的团队合作精神和沟通能力，同时也能提高他们的舞蹈表演能力。

4. 创意启发教学法

创意启发教学法是一种通过激发幼儿的创造力来引导幼儿学习的方法。在幼儿舞蹈教学中，教师可以鼓励幼儿自由发挥，创作属于自己的舞蹈。这样的教学方法可以让幼儿体验到创作的乐趣，同时也能培养他们的创新精神和自信心。

（三）实施游戏化教学方法的策略

1. 选择适合的游戏元素

在选择游戏元素时，教师需要考虑幼儿的年龄特点和兴趣爱好。对于年龄较小的幼儿，教师可以选择一些简单、有趣的游戏元素，如动物模仿、音乐节奏等；对于年龄较大的幼儿，教师可以选择一些更具挑战性和创造性的游戏元素，如舞蹈创作、角色扮演等。

2. 创造积极的学习氛围

在实施游戏化教学方法时，教师需要创造一个积极、宽松的学习氛围。教师可以鼓励幼儿积极参与舞蹈游戏和活动，给予他们充分的肯定和鼓励。同时，教师还需要关注幼儿的学习过程和情感体验，让他们感受到舞蹈学习的乐趣和价值。

3. 灵活运用多种教学方法

在实施游戏化教学方法时，教师需要灵活运用多种教学方法和手段。可以根据教学内容和幼儿的特点选择合适的教学方法，如故事化教学法、情景模拟教学法、互动合作教学法等。同时，教师还可以结合现代科技手段，如多媒体教学、虚拟现实技术等，来增强教学效果和增强幼儿的参与度。

4. 注重评价与反馈

在实施游戏化教学方法时，教师需要注重评价与反馈。可以通过观察、记录、评价等方式来了解幼儿的学习情况和进步程度，及时给予他们反馈和指导。同时，教师还需要关注幼儿的学习态度和情感体验，让他们感受到自己的进步和成就。

（四）游戏化教学方法在幼儿舞蹈教学中的优势与挑战

1. 优势

游戏化教学方法在幼儿舞蹈教学中具有显著的优势。首先，游戏化教学方法能够激发幼儿的学习兴趣和积极性，让他们在轻松愉快的氛围中学习舞蹈知识和技能。其次，游戏化教学方法能够促进幼儿的全面发展，提高他们的身体素质、协调性和创造力。最后，游戏化教学方法还能够培养幼儿的团队合作精神和沟通能力，为他们的未来发展打下良好的基础。

2. 挑战

尽管游戏化教学方法在幼儿舞蹈教学中具有诸多优势，但在实际应用中也面临一些挑战。首先，教师需要具备较高的教学水平和创新能力，才能设计出有趣、富有挑战性的舞蹈游戏和活动。其次，教师需要关注幼儿的安全和健康问题，确保游戏化教学方法的安全性和有效性。最后，教师还需要平衡游戏与学习的关系，确保幼儿在游戏中能够真正学到有用的知识和技能。

综上所述，游戏元素在幼儿舞蹈教学中的教学方法的探索对于提升教学效果和促进幼儿全面发展具有重要意义。通过选择适合的游戏元素、创造积极的学习氛围、灵活运用多种教学方法以及注重评价与反馈等策略的实施,教师可以充分发挥游戏化教学方法在幼儿舞蹈教学中的优势和作用。

展望未来,随着教育理念的不断更新和科技的不断进步,游戏化教学方法在幼儿舞蹈教学中将具有更加广阔的应用前景。笔者期待更多的教育工作者能够关注这一领域的研究与实践,探索出更多适合幼儿的教学方法和手段,为幼儿的全面发展提供更加有力和有效的支持。

参考文献

[1] 李欣欣. 幼儿舞蹈教学中绘本资源运用研究 [C] // 山西省中大教育研究院. 第十届创新教育学术会议论文集：教育创新篇. 北京：社会科学文献出版社，2023:3.

[2] 史晶晶. 幼儿舞蹈教学中民间舞蹈的传承与发展探究 [J]. 安徽教育科研，2024(1):121-123.

[3] 周小丹. 绘本故事在学前教育专业幼儿舞蹈教学中的运用 [J]. 尚舞，2023(24):139-141.

[4] 李丽华. 浅析青少年宫幼儿舞蹈多样化教学策略 [J]. 天天爱科学（教学研究），2023(11):149-151.

[5] 胡慧文. 如何在幼儿舞蹈教学中培养儿童的创造力 [J]. 尚舞，2023(22):159-161.

[6] 李吉祥. 中华优秀传统文化融入幼儿舞蹈教学的实践与路径探究 [J]. 齐齐哈尔高等师范专科学校学报，2023(6):123-125.

[7] 陈芝均. 本土民族舞蹈在幼儿舞蹈教学中的渗透 [J]. 戏剧之家，2023(30):135-137.

[8] 王颖. 游戏元素在幼儿舞蹈创编教学中的应用研究 [J]. 艺术教育，2023(8):139-142.

[9] 刘锐锐. 幼儿舞蹈教学中教育戏剧的综合运用与创新探索 [J]. 戏剧之家，2023(21):148-150.

[10] 常娟娟. 基于形体解剖特征的3～6岁幼儿舞蹈游戏化课程探索 [J]. 大众文艺，2023(12):160-162.

[11] 李倩. 提升幼儿舞蹈教学效果：论新时期幼儿园舞蹈教学的开展 [J]. 戏剧之家，2023(7):141-143.

[12] 钟非. 高职学前教育专业舞蹈课程：基于开发幼儿创造性理念的幼儿舞蹈教学模式探究 [J]. 戏剧之家,2023(6):113-115.

[13] 沈天承. 基于"创造精神"的幼儿现代舞实践探究：以大班舞蹈活动"朱迪警官破案记"为例 [J]. 求知导刊,2023(4):134-136.

[14] 余松松. 游戏元素在幼儿舞蹈创编教学中的应用研究：以商丘工学院为例 [J]. 大观 (论坛),2020(6):65-66.

[15] 李泉泉. 游戏教学在幼儿园舞蹈活动中的应用研究 [D]. 武汉：华中师范大学,2021.

[16] 孔亚琴. 幼儿舞蹈教学游戏化研究 [D]. 济南：山东师范大学,2016.